MARC LEVY

Bay Daldry'nin Tuhaf İstanbul Yolculuğu

L'étrange voyage de Monsieur Daldry, Marc Levy

© 2011, Marc Levy / Susanna Lea Associates

© 2013, Can Sanat Yayınları Ltd. Şti.

1. basım: Aralık 2013, İstanbul

Bu kitabın 1. baskısı 3 000 adet yapılmıştır.

Yayına hazırlayan: Ayça Sezen

Kapak tasarımı: Act creative

Kapak resmi: © Slim Aarons/Hulton Archive/Getty Images

Kapak baskı: Azra Matbaası

Litros Yolu 2. Matbaacılar Sitesi D Blok 3. Kat No: 3-2

Topkapı-Zeytinburnu, İstanbul

Sertifika No: 27857

İç baskı ve cilt: Ayhan Matbaası

Mahmutbey Mah. Devekaldırımı Cad. Gelincik Sokak No: 6 Kat: 3

Güven İş Merkezi, Bağcılar, İstanbul

Sertifika No: 22749

ISBN 978-975-07-1917-2

CAN SANAT YAYINLARI

YAPIM, DAĞITIM, TİCARET VE SANAYİ LTD. ŞTİ.

Hayriye Caddesi No: 2, 34430 Galatasaray, İstanbul

Telefon: (0212) 252 56 75 / 252 59 88 / 252 59 89 Faks: (0212) 252 72 33

www.canyayinlari.com

yayinevi@canyayinlari.com

Sertifika No: 10758

MARC LEVY

Bay Daldry'nin Tuhaf İstanbul Yolculuğu

ROMAN

Fransızca aslından çeviren
Can Belge

MARC LEVY, 1963 yılında Fransa'da doğdu. On yedi yaşında Kızılhaç örgütüne katıldı, altı yıl boyunca gönüllü olarak hizmet verdi ve bir yandan da Paris-Dauphine Üniversitesi'nde öğrenimini sürdürdü. Yirmi üç yaşında ülkesinden ayrılıp ikinci vatanı ABD'ye yerleşti. Yedi yıl sonra, iki arkadaşıyla birlikte bir mimarlık şirketi kurmak üzere Fransa'ya geri döndü. Kırk yaşına yaklaştığı günlerde, oğluna anlattığı hikâyeleri kâğıda dökmeye karar verince, ilk romanı *Keşke Gerçek Olsa* ortaya çıktı. Dünya çapında büyük bir başarı elde eden kitap, aylarca çoksatar listelerinin başından inmedi ve otuza yakın dile çevrildi. Yazarın ikinci romanı *Neredesin?*, çok geçmeden bir milyon satış rakamına ulaştı. 2003'te yayımlanan *Sonsuzluk İçin Yedi Gün*, Fransa'da 2003'ün en çok satan romanı oldu. 2004'te yayımlanan *Gelecek Sefere*, aşk, mizah ve masalsı öğelerle ördüğü romanlarının son halkası oldu. 2008'de *Dostlarım Aşklarım* adlı romanı filme uyarlandı. 2009'da kısa aralıklarla *İlk Gün* ve *İlk Gece* adlı romanları yayımlandı. En son romanı *Bay Daldry'nin Tuhaf İstanbul Yolculuğu* ise 2011'de Fransa'da yayımlandı.

Marc Levy'nin Can Yayınları'ndaki diğer kitapları:

Pauline,
Louis
ve Georges'a

"Tahminde bulunmak kolay iş değildir,
bilhassa gelecek söz konusu olduğunda."

PIERRE DAC

"Alın yazısına inanmazdım, hayatta tutacağımız yolu gösterdikleri söylenen o küçük işaretlere inanmazdım. Bize istikbalimizi anlatan falcı kadınlara, geleceği söyleyen kartlara inanmazdım. Rastlantıların basitliğine, tesadüfün sahiciliğine inanırdım."

"Bütün bunlara inanmıyordun da, neden bu kadar uzun bir seyahati göze aldın, bunca yolu kalkıp geldin?"

"Bir piyano yüzünden."

"Piyano mu?"

"Subay yemekhanelerinin bir köşesinde unutulmuş piyanolar gibi akordu bozulmuştu. Dikkat çekici bir tarafı vardı, belki de çalan kişiden kaynaklanıyordu."

"Kim çalıyordu?"

"Galiba kapı komşum; gerçi tam da emin değilim."

"Bu akşam burada olmanın sebebi komşunun piyano çalması mı yani?"

"Bir anlamda. Sahanlıkta yankılanan notalar bana yalnızlığımı hissettiriyordu; yalnızlığımdan kaçmak için Brighton'daki o hafta sonu programını kabul ettim."

"Her şeyi başından anlatman lazım, sırayla anlatırsan durumu daha iyi görebilirim."

"Ama uzun bir hikâye."

"Acelemiz yok. Rüzgâr denizden esiyor, havada yağmur kokusu var," dedi Rafael, pencereye yaklaşarak. "En

13

iyi ihtimalle iki-üç günden önce denize çıkamam. Bir çay hazırlayayım, sen de bana hikâyeni anlat. Ayrıca, hiçbir ayrıntıyı atlamayacağına söz ver. Bana verdiğin sır doğruysa, yani ilelebet birbirimize bağlandıysak sahiden, her şeyi bilmem gerekiyor."

Rafael dökme sobanın önünde çömeldi, kapağını açtı ve kor olmuş kömürlere üfledi.

Rafael'in evi de hayatı gibi mütevazıydı. Dört duvar, bir tek oda, derme çatma bir çatı, yıpranmış döşemeler, bir yatak, duvardan çıkma bir lavabo; su, eskimiş musluktan günün havasına göre akardı; kışın buz gibi, yazın da, tam tersi lazımken, ılık. Tek bir pencere vardı ama boğazın girişine bakardı; Alice'in oturduğu sandalyeden boğaza giren gemiler ve arkalarında kalan Avrupa kıyıları görülüyordu.

Alice, Rafael'in ikram ettiği çaydan bir yudum aldı ve hikâyesine başladı.

1

Londra, 22 Aralık 1950, Cuma

Sağanak yağmur, yatağın üzerini örten cam çatıda tıkırdıyordu. Kuvvetli bir kış yağmuruydu. Fakat şehri savaşın pisliğinden temizlemek için daha niceleri gerekirdi. Savaş biteli beş sene olmuştu, birçok mahalle hâlâ bombardımanların izlerini taşıyordu. Hayat ufak ufak yoluna girmeye başlamıştı, önceki seneye göre daha doyurucu yemekler yemek mümkündü ama hâlâ doyasıya yenen, konserve dışında et bulunabilen günler gibi değildi.

Alice, arkadaş grubuyla birlikte akşamı evde geçiriyordu. Harrington&Sons'da kitapçılık yapan müthiş kontrbasçı Sam, marangoz ve eşsiz trompetçi Anton, terhis olur almaz Chelsea Hastanesi'nde iş bulan hastabakıcı Carol ve hayatını, Victoria Garı'nın merdivenlerinde ya da izin verildikçe *pub*'larda gün aşırı şarkı söyleyerek kazanan Eddy.

Yaklaşan Noel'i kutlama arzusuyla, ertesi gün gidip Brighton'da biraz dolaşmayı öneren de Eddy olmuştu. Büyük iskeleye yayılan eğlenceler başlamış olacaktı, şenlik de, cumartesi akşamı, doruk noktasına varmış olurdu.

Hepsi ceplerindeki son kuruşları saydı. Eddy'nin Nothing Hill'deki bir barda topladığı para vardı, Anton patronundan küçük bir yıl sonu ikramiyesi almıştı, Carol'da zırnık yoktu ama o zaten hep öyleydi ve kadim dostları onun parasını her zaman öderlerdi. Sam, Amerikalı bir müşterisine *Dışa Yolculuk*'u ve *Mrs. Dalloway*'in ikinci

15

baskısını satmış, böylece bir haftalık parasını bir günde kazanmıştı. Alice'in ise biraz birikmişi vardı, onları harcamayı hak ediyordu, bütün sene köle gibi çalışmıştı ve bir cumartesi gününü arkadaşlarıyla geçirmek için her türlü bahaneyi uydurabilirdi.

Anton'ın getirdiği şarap mantar kokuyordu, genizde de sirkemsi bir tat bırakıyordu. Ama hepsi, koro halinde şarkı söyleyecek kadar içmişti. Her şarkıyı bir öncekinden daha çok bağırarak söylüyorlardı. Öyle ki, sonunda komşuları Bay Daldry gelip kapıyı çaldı.

Kapıyı açma cesaretini bir tek Sam bulabildi, gürültüyü derhal keseceklerine söz verdi, herkesin eve dönme vakti gelmişti zaten. Bay Daldry özrünü kabul etti. Fakat biraz soğuk bir sesle uyumaya çalıştığını ve komşularının bunu zorlaştırmamaları gerektiğini söylemeden de geçmemişti. Paylaştıkları Victoria tarzı evin bir caz kulübüne dönmesi hoş değildi, muhabbetlerini duvarın diğer tarafından dinlemek zaten yeterince tatsız oluyordu. Bay Daldry bunları söyledikten sonra karşıdaki dairesine geri dönmüştü.

Alice'in arkadaşları paltolarını, atkılarını ve berelerini giydi ve ertesi sabah, saat onda Victoria İstasyonu'nda, Brighton treninin peronunda buluşmak üzere sözleştiler.

Alice hızlıca, duruma göre atölye, yemek odası, yatak odası, salon olabilen büyük odaya çeki düzen verdi.

Koltuğunu yatağa dönüştürmekle uğraşırken aniden doğrulup kapıya baktı. Nasıl olmuştu da komşusu gelip böyle güzel bir akşamı kesme küstahlığı gösterebilmişti? Hangi hakla evine girebilmişti?

Portmantoda asılı şalını kaptı, girişteki aynada kendine şöyle bir baktı, sonra onu yaşlı gösteren şalı geri bıraktı ve kararlı adımlarla gidip Bay Daldry'nin kapısına vurdu. Elleri belinde, kapının açılmasını bekledi.

"Herhalde bir yangın çıktı ve beni alevlerden kurtarmak için bu ani histeriye kapıldınız," dedi Bay Daldry soğuk bir sesle.

"Bir kere, hafta sonu saat on bir, uygunsuz bir vakit

değildir. Ayrıca ben nasıl sizin sık sık bastığınız gamlara sesimi çıkarmıyorsam, siz de benim kırk yılda bir yaptığım gürültüyü hoş görebilirdiniz."

"Gürültücü arkadaşlarınızı her cumartesi getiriyorsunuz. Üstelik maalesef içkiye abanmak gibi kötü bir huyunuz var ki, bu da benim uykuma hiç iyi gelmiyor. Ayrıca, benim piyanom yok, dolayısıyla bahsettiğiniz gamlar başka bir komşunun eseri olsa gerek, belki alt kattaki hanımdır. Ben ressamım hanımefendi, müzisyen değilim. Ve resim, gürültü çıkarmaz. Ben burada tek başımayken, bu eski ev ne kadar sessiz ve sakindi!"

"Resim mi yapıyorsunuz? Tam olarak ne resmi yapıyorsunuz Bay Daldry?" diye sordu Alice.

"Şehir manzaraları."

"Ne tuhaf, sizi ressam olarak düşünemiyorum, ben sizin..."

"Ne yaptığımı düşünmüştünüz, Bayan Pendelbury?"

"İsmim Alice. Hiçbir muhabbetimizi kaçırmadığınıza göre ismimi biliyor olmalısınız."

"Bizi ayıran duvarların kalın olmaması benim kabahatim değil. Artık resmen tanıştığımıza göre gidip yatabilir miyim, yoksa bu sahanlık muhabbetini sürdürecek miyiz?"

Alice, komşusunu birkaç saniye süzdü.

"Sizin sorununuz ne?" diye sordu.

"Efendim?"

"Neden bu mesafeli ve düşmanca tavrı sürdürüyorsunuz? Komşu olarak, geçinmek için ufak bir çaba gösterebiliriz, en azından geçiniyor gibi yapabiliriz."

"Sizden epey önceden beri burada yaşıyorum Bayan Pendelbury ama siz, aslında benim tutmak istediğim bu daireye yerleştiğinizden beri hayatım, en hafif deyişle, altüst oldu, huzurum ise çok uzakta kalmış bir hatıra artık. Şahane dostlarınıza yemek yaparken kaç defa tuzunuz, ununuz ya da margarininiz kalmadı diye, ya da elektrikler kesildiğinde mum istemeye kapıma geldiniz? Hiç sordunuz mu kendinize, bu ikide bir kapıma dadanmalarınızın özel hayatımı nasıl etkilediğini?"

"Benim dairemi mi tutmak istiyordunuz?"

"Orayı atölye yapmak istiyordum. Burada cam çatısı olan tek daire sizinki. Maalesef güzelliğiniz sayesinde ev sahibimiz sizi tercih etti, ben de mütevazı penceremden giren soluk ışıkla yetinmek zorunda kaldım."

"Ev sahibimizle hiç tanışmadım ki ben, bu daireyi bir emlakçının aracılığıyla kiraladım."

"Bu muhabbeti burada kesebilir miyiz artık?"

"Bu yüzden mi buraya geldiğimden beri bana soğuk davranıyorsunuz Bay Daldry? Sizin istediğiniz atölyeyi tuttum diye mi?"

"Bayan Pendelbury, şu an itibariyle soğuk olan bir şey varsa ayaklarımdır. Gevezeliğiniz yüzünden cereyanda kalmış vaziyetteler. Müsaadeniz olursa üşütmeden içeri girmek istiyorum. Size iyi bir gece dilerim, benimki, sayenizde, biraz kısa olacak."

Bay Daldry kapıyı Alice'in suratına kapattı usulca.

"Ne tuhaf adam!" diye söylendi Alice dairesine dönerken.

"Sizi duydum!" diye salonundan bağırdı Daldry ânında. "İyi geceler Bayan Pendelbury."

Alice dairesine döndükten sonra çabucak elini yüzünü yıkadı ve yorganının altına girip büzüştü. Daldry haklıydı, kış, Victoria tarzı evin her köşesine işlemişti. Yetersiz kalan ısıtma da cıvayı yükseltmeye yetmiyordu. Komodin görevi gören taburenin üstünden bir kitap aldı, birkaç satır okuduktan sonra bıraktı. Işığı söndürüp gözlerinin karanlığa alışmasını bekledi. Yağmur, cam çatıdan oluk oluk akıyordu, Alice titredi ve ormandaki ıslanmış toprağı, sonbaharda meşelerden ayrılan yaprakları düşündü. Derin derin iç çekti ve ılık bir toprak kokusu kapladı içini.

Alice'in özel bir yeteneği vardı. Normalin çok üstündeki koku alma becerisi sayesinde en ufak bir kokuyu alabiliyor ve onu sonsuza kadar da unutmuyordu. Günlerini, atölyesindeki uzun masaya eğilmiş, belki bir gün bir parfüm olabilecek ahengi yakalamak niyetiyle molekülleri bir araya getirmeye çalışarak geçiyordu. Alice "burun" du. Yalnız çalışırdı ve her ay Londra'daki parfümerileri dolaşıp bulduğu formülleri sunardı. Geçen ilkbaharda bir parfümcüyü, kendi yarattığı parfümlerden birini pazarlamaya ikna etmeyi başarmıştı. "Yabangülü kolonyası" Kensington'lı bir parfümcüyü tavlamıştı ve zengin müşteri kitlesi arasında da belli bir başarıya ulaşmıştı. Buradan sağladığı aylık gelir de, Alice'in önceki senelere nispeten daha rahat yaşamasına imkân sağlamıştı.

Başucu lambasını yeniden yaktı ve gidip çalışma masasına yerleşti. Bir sürü küçük şişeye batırdığı üç kâğıt şeridi alıp gecenin geç saatlerine kadar, bulduğu notaları defterine geçirdi.

* * *

Alice çalar saatin ziliyle uyandı, susturmak için yastığını fırlattı. Güneş, sabah sisinin ardından yüzünü aydınlatıyordu.

"Kahrolasıca cam çatı!" diye homurdandı.

Sonra bir gar peronundaki randevusu geldi aklına ve bu, yatakta tembellik etme arzusunun önüne geçti.

Sıçrayarak çıktı yataktan, dolabından rastgele bir şeyler alıp aceleyle duşa girdi.

Evinden çıkarken Alice saatine bir göz attı. Otobüsle, Victoria İstasyonu'na vaktinde yetişmesi mümkün değildi. Bir taksiye işaret etti ve biner binmez de şoförden en hızlı güzergâhtan götürmesini istedi.

Trenin kalkmasından beş dakika evvel gara geldiğinde, gişelerin önünde uzayıp giden yolcu kuyruğunu gördü. Alice perona baktı ve koşar adım oraya yöneldi.

Anton, onu ilk vagonun önünde bekliyordu.

"Nerede kaldın yahu? Çabuk ol, atla!" dedi basamağa atlamasına yardım ederek.

Alice arkadaş grubunun kendisini beklediği kompartımanda, cam kenarına yerleşti.

"Sizce, bilet kontrolü yapmaları olasılığı nedir?" diye sordu, nefes nefese yerine otururken.

"Ben biletimi seve seve verirdim sana, ama ben de almadım ki," diye cevap verdi Eddy.

"Ben bire iki diyorum," dedi Carol.

"Cumartesi sabahı mı? Ben bire üç diyorum... Varınca görürüz," diye konuyu bağladı Sam.

Alice başını cama yasladı ve gözlerini kapadı. Kıyı kasabasıyla başkenti ayıran yol bir saatti. Yol boyu uyudu.

Brighton Garı'nda, peron çıkışında bir kontrolör yolcuların biletlerini istiyordu. Alice onun önünde durup ceplerini arar gibi yaptı. Eddy de aynısını yaptı. Anton gülümsedi ve ikisine de birer bilet uzattı.

"Bendeydi," dedi kontrolöre.

Kolunu Alice'in beline dolayarak onu istasyona doğru çekti.

"Nasıl olduğunu sorma, gecikeceğini biliyordum. Hep geç kalıyorsun! Eddy'yi zaten iyi bilirsin, beleşçinin önde gidenidir. Ben de, bugünün başlamadan bitmesini hiç istemiyordum."

Alice cebinden iki şilin çıkarıp Anton'a uzattı, ama Anton arkadaşının elini bozuk paraların üstüne kapadı.

"Haydi bakalım," dedi, "gün çok çabuk geçecek ve ben hiçbir şeyi kaçırmak istemiyorum."

Alice onun hoplaya zıplaya uzaklaşmasını seyretti, bir an gözünde tanıdık bir ergen görüntüsü belirip kayboldu, bu onu gülümsetti.

"Geliyor musun?" diye sordu Anton arkasını dönerek.

Queen's Road ve West Street'ten kıyı boyunca uzanan yürüyüş yoluna indiler. Kalabalık artmaya başlamıştı bile. Dalgaların üzerinde iki büyük iskele uzanıyordu. Üstlerinde yükselen ahşap yapılar nedeniyle büyük gemilere benziyorlardı.

Şenlik eğlenceleri Palace Pier'in üstündeydi. Arkadaş grubu iskelenin girişi olan saat kulesinin altına geldi. Anton, Eddy'nin biletini aldı ve onunkini de aldığını göstermek için Alice'e bir işaret yaptı.

"Gün boyu her şeyi sen ısmarlayacak değilsin ya," diye fısıldadı Alice, Anton'ın kulağına.

"Hoşuma gidiyorsa niye olmasın?"

"Çünkü böyle olması için hiçbir sebep yok ve..."

"Hoşuma gitmesi iyi bir sebep sayılmaz mı?"

"Saat kaç?" diye sordu Eddy. "Acıktım."

Oradan birkaç metre ötede, içinde kış bahçesi bulunan büyük binanın önünde bir *fish and chips* tezgâhı duruyordu. Kızartma ve sirke kokusu onlara kadar geliyordu. Eddy karnını ovuşturup Sam'i kulübeye doğru iktekledi. Alice gruba dahil olurken memnuniyetsiz bir biçimde suratını buruşturdu. Herkes siparişini verdi, Alice satıcının parasını ödedi ve kızarmış balığını uzatırken Eddy'ye gülümsedi.

Parmaklığa yan yana dizilip öğle yemeklerini yediler. Anton sessizdi, dalgaların, iskelenin ayakları arasında dolaşmasını seyrediyordu. Eddy ile Sam dünyayı kurtarıyorlardı. Eddy'nin zaman geçirmek için en sevdiği muhabbet hükümeti eleştirmekti. Başbakanı yoksullar için hiçbir şey yapmamakla ya da yeteri kadar yapmamakla, şehrin yeniden inşası için hummalı bir çalışmaya girişmemekle suçluyordu. Sonuçta, işsizleri ve yiyecek bir şey bulamayanları bu işe koşmak yeterli olurdu. Sam ona ekonomiden dem vuruyordu, nitelikli işçi bulmanın zorluğunu anlatıyordu, Eddy esnediği zaman da onu tembel bir anarşist olmakla suçluyordu, ki bunun arkadaşını pek de rahatsız ettiği söylenemezdi. Aynı bölükte savaşmışlardı ve sarsılmaz bir dostlukları vardı; dünya görüşleri ne kadar farklı olursa olsun.

Alice gruptan azıcık uzakta duruyordu; kesif kızartma kokusundan kaçıyordu. Carol onun yanına gitti, ikisi bir süre konuşmadan durdu, bakışları açık denize kilitlenmişti.

"Anton'a dikkat etmelisin," diye mırıldandı Carol.

"Neden, hasta mı?" diye sordu Alice.

"Sana âşık olduğunu görmüyor musun? Bunu anlamak için hastabakıcı olmak şart değil. Bir ara hastaneye uğra da gözlerine baktıralım, bunu görmediğine göre miyop oldun herhalde."

"Saçmalıyorsun, çocukluğumuzdan beri tanırız birbirimizi, aramızda kadim bir dostluktan başka bir şey yok."

"Ona dikkat etmeni söylüyorum, o kadar," diye sözünü kesti Carol. "Eğer sen de ona karşı bir şeyler hissediyorsan ayak sürümene gerek yok. Sizi birlikte görmek hepimizi mutlu eder, birbirinize yakışıyorsunuz. Eğer bir şey hissetmiyorsan böyle her anlama gelebilecek şekilde davranma, ona boşuna acı çektiriyorsun."

Alice, gruba sırtını dönüp Carol'ın yüzüne bakmak için yer değiştirdi.

"Her anlama gelecek ne yapmışım?"

"Benim ona âşık olduğumu bilmiyormuş gibi davranman mesela," dedi Carol.

İki martı, Carol'ın denize attığı balık ve kızarmış patates artıklarıyla karınlarını doyurdu. Carol yediklerinin kâğıt külâhlarını çöpe atıp erkeklerin yanına gitti.

"Suların çekilmesini mi bekleyeceksin, bizimle mi geleceksin?" diye sordu Sam, Alice'e. "Oyun makinelerinin olduğu bölüme gideceğiz. Yumruk darbesiyle sigar kazanabileceğimiz bir makine gördüm orada," diye ekledi kollarını sıvayarak.

Alet, her deneme için bir çeyrek peniyle çalışıyordu. Mümkün olduğu kadar güçlü bir şekilde vurulan yay, demirden bir topu havaya fırlatıyordu. Eğer bu top iki metre yukarıdaki çana çarparsa bir sigar kazanıyordunuz. Bir Havana purosu kadar olmasa da, Sam için o sigarın bir cazibesi vardı. Sekiz deneme yaptı ve iki peni bıraktı; muhtemelen, az ötedeki tütüncü dükkânında bunun yarı fiyatına aynı derece kötü bir sigar bulabilirdi.

"Bir çeyreklik ver ve izle beni," dedi Eddy.

Sam bozukluğu verip kenara çekildi. Eddy tokmağı basit bir çekiçmiş gibi havaya kaldırıp, fazla bir güç kullanmadan öylece yayın üstüne bıraktı. Demir top fırladı ve zile vurdu. Panayır görevlisi ödülünü verdi.

"Bu benimki," dedi Eddy, "bir çeyrek daha ver, senin için de kazanayım bir tane."

Bir dakika sonra iki arkadaş sigarlarını yakıyordu, Eddy

çok memnundu, Sam, alçak sesle hesap yapıyordu: Bu fiyata bir paket sigar alabilirdi. Embassy marka yirmi sigaraya karşılık kötü bir dal sigar, çok kârlı görünmüyordu.

Erkekler çarpışan arabaları fark etti, bir an göz göze geldiler, aynı anda üçü de kendini birer arabanın içine attı. Üçü de direksiyona yapışıp gaz pedalına abanarak, kızların endişeli bakışları eşliğinde diğerlerine mümkün olduğu kadar güçlü çarpmaya çalışıyordu. Araba turu bittikten sonra silah atışına geçtiler. Anton, açık ara en iyileriydi. Beş defa hedefi tam ortadan vurarak kazandığı porselen çaydanlığı Alice'e hediye etti.

Gruptan biraz uzakta duran Carol, tahta atların ışıklı kordonların altında dönüp durduğu atlıkarıncayı seyrediyordu. Anton ona yaklaşıp koluna girdi.

"Biliyorum, çocukça bir şey," diye iç çekti Carol, "ama bunu daha önce hiç yapmadığımı söylersem..."

"Küçükken de mi hiç binmedin atlıkarıncaya?" diye sordu Anton.

"Benim çocukluğum köyde geçti, bizim köye panayır falan gelmezdi. Hastabakıcılık eğitimim için Londra'ya geldiğimde de yaşım geçmişti, zaten sonra savaş patladı ve..."

"Ve şimdi bir tur binmek istiyorsun... O zaman gel benimle," dedi Anton, Carol'ı bilet satılan kulübeye doğru sürükleyerek. "İlk atlıkarınca turunu ben ısmarlamak istiyorum, hadi, şuna atla bakalım," dedi yelesi yaldızlı bir atı göstererek, "ötekiler bana daha sinirli göründü, ilk seferde biraz tedbirli olmakta fayda var."

"Sen gelmiyor musun benimle?" diye sordu Carol.

"Yok, hayır, hiç bana göre değil. Bakmak bile başımı döndürüyor. Ama sana söz, bir çaba göstereceğim ve gözlerimi senden ayırmayacağım."

Bir zil sesi duyuldu, Anton platformdan aşağı indi. Atlıkarınca dönmeye başladı.

Sam, Alice ve Eddy, bir sürü çocuğun arasında tek yetişkin olan Carol'ı seyretmek için yaklaştılar. Çocuklar parmaklarıyla gösterip Carol'la dalga geçiyorlardı. İkinci tur dönülürken, Carol yanaklarından süzülen gözyaşlarını beceriksizce, elinin tersiyle silmeye çalışıyordu.

"Çok kötüsün!" dedi Alice, Anton'ın omzuna vurarak.

"İyi bir şey yaptığımı sanıyordum, nesi var anlamadım, o istemişti halbuki..."

"Seninle birlikte ata binmek istemişti, geri zekâlı, kendini herkesin önünde böyle gülünç duruma sokmak istememişti."

"Anton niyetinin iyilik yapmak olduğunu söyledi işte, uzatmayın," diye itiraz etti Sam.

"Azıcık beyefendi olsanız, burada dikilip duracağınıza yanına giderdiniz."

İkisi birbirlerine bakana kadar Eddy çoktan atlıkarıncaya tırmanmış, arada bir sevimsiz sevimsiz sırıtan veletlere küçük şaplaklar aşkederek at sürüsünün arasında ilerliyordu. Atlıkarınca korkunç bir şekilde dönmeye devam ediyordu, Eddy sonunda Carol'ın hizasına geldi.

"Sanırım bir seyise ihtiyacınız var hanımefendi?" dedi, elini tahta atın yelesine koyarak.

"Yalvarırım Eddy, inmeme yardım et."

Ama Eddy bacaklarını açıp atın sağrısına yerleşti ve kollarını Carol'ın beline dolayıp kulağına eğildi.

"Yaptıklarının bu sümüklülerin yanına kalacağını mı sanıyorsun? Öyle eğleneceğiz ki kıskançlıktan çatlayacaklar. Kendini hafife alma canım, ben *pub*'larda zıkkımlanırken sen bombaların altında sedye taşıyordun. Şu aptalların önünden bir dahaki geçişimizde kahkahalarla gülmeni istiyorum, anlaştık mı?"

"Bunu nasıl yapacağım Eddy?" diye sordu Carol hıçkırarak.

"Eğer bu yumurcakların ortasında, atın üstünde kendini gülünç buluyorsan bir de beni düşün, arkanda, sigarım ve kasketimle oturuyorum."

Bir sonraki turda Eddy ile Carol katıla katıla gülüyorlardı.

Atlıkarınca yavaşladı ve durdu.

Anton kendini affettirmek için, biraz ilerideki büfede

herkese birer bira ısmarladı. Hoparlörler cızırdadı ve birden, ateşli bir fokstrot doldurdu etrafı. Alice, bir direğe iliştirilmiş afişe baktı: Harry Groombridge ve orkestrası, iskeledeki, savaştan sonra kafeye dönüştürülmüş eski büyük tiyatroda bir müzikal komediye eşlik ediyordu.

"Gitsek mi?" diye önerdi Alice.

"Kim tutar bizi?" diye sordu Eddy.

"Son treni kaçırırız. Bu mevsimde plajda uyuyabileceğimi sanmıyorum," dedi Sam.

"O kadar emin olma," diye itiraz etti Carol. "Gösteri bittiğinde gara yürümek için bir yarım saatimiz olacak. Gerçekten fena halde soğudu hava, biraz dans ederek ısınmaya hiç itirazım olmaz. Ayrıca Noel öncesi de nefis bir hatıra olur, ne dersiniz?"

Erkeklerin önerebileceği daha iyi bir şey yoktu. Sam hızlıca bir hesap yaptı; giriş iki peniydi, eğer gitmezlerse muhtemelen bir *pub*'da akşam yemeği yiyeceklerdi, gösteriyi seçmek daha ekonomik görünüyordu.

Salon tıklım tıklımdı, seyirciler sahnenin önünde itişiyordu, çoğu dans ediyordu. Anton, Alice'i dansa kaldırırken, Eddy'yi de Carol'ın kollarına itti, Sam çiftlerle dalga geçerek pistten uzaklaştı.

Anton'ın korktuğu gibi gün çok hızlı geçmişti. Grup, seyircileri selamlamaya geldiğinde Carol arkadaşlarına işaret etti, yola çıkma zamanı gelmişti. Çıkışa doğru ilerlediler.

Esintiyle titreşen fenerler bu kış gecesinde devasa iskeleye, bütün o ışıklarıyla asla açılamayacağı bir denizi aydınlatan tuhaf bir yolcu gemisi havası veriyordu.

Arkadaş grubu çıkışa doğru ilerliyordu. Bir falcı kadın, kulübesinden, Alice'e kocaman gülümsedi.

"Geleceğin senin için neler hazırladığını hiç merak etmedin mi?" diye sordu Anton.

"Hayır, hiç etmedim. Geleceğin yazılı olduğuna inanmıyorum," dedi Alice.

"Savaşın başında bir falcı, ağabeyime evinden taşınması koşuluyla hayatta kalacağını söylemişti," dedi Carol.

"Birliğine katıldığında bu kehaneti çoktan unutmuştu. İki hafta sonra, oturduğu bina Alman bombardımanıyla yıkıldı. Hiçbir komşusu kurtulamadı."

"Bunun adı öngörü kabiliyeti," dedi Alice, soğuk bir sesle.

"Londra'nın hava saldırısına maruz kalacağını bilen kimse yoktu o sıralar," diye itiraz etti Carol.

"Gidip falcıya danışmak ister misin?" diye sordu Anton neşeli bir sesle.

"Aptallaşma, treni yakalamamız lazım."

"Kırk beş dakikamız var, gösteri beklenenden daha erken bitti. Vaktimiz bol, haydi, ben ısmarlıyorum."

"O ihtiyar karının kandırmacalarını dinlemek gibi bir hevesim hiç yok."

"Alice'i rahat bırak," diye araya girdi Sam, "görmüyor musun, ürküyor bundan."

"Siz üçünüz beni sinir etmeye mi çalışıyorsunuz? Korktuğum falan yok, kartlara da kristal kürelere de inanmıyorum. Ayrıca benim geleceğim sizi neden bu kadar ilgilendiriyor?"

"Belki de bu beylerden biri, gizliden gizliye, sonunda seni yatağa atıp atamayacağını öğrenmek istiyor," diye fısıldadı Carol.

Anton ve Eddy afallamış bir şekilde ona döndüler. Carol kızarmıştı. Sevimli görünmek için sinsice gülmeye çalıştı.

"Ona en azından treni kaçırıp kaçırmayacağımızı sorabilirsin, hiç olmazsa bu faydalı bir bilgi olabilir," diye ekledi Sam, "sonucu çabucak alabiliriz."

"Siz istediğiniz kadar dalga geçin, ben inanıyorum," diye devam etti Anton. "Eğer sen gidersen ben de peşinden geleceğim."

Arkadaşları, Alice'in etrafında bir çember oluşturmuştu ve gözlerini ayırmadan ona bakıyorlardı.

"İyice salaklaştığınızın farkındasınız herhalde," dedi Alice kendine bir çıkış yolu bulmaya çalışarak.

"Ödlek!" diye atıldı Sam.

Alice aniden döndü.

"Demek öyle! Madem trenlerini kaçırmaya ahdetmiş birbirinden aptal dört yumurcakla uğraşıyorum, o halde gidip şu kadının saçmalıklarını dinleyeceğim. Sonra da eve döneceğiz. Oldu mu?" diye sordu ve elini Anton'a uzattı: "Şu iki peniyi verecek misin bana?"

Anton ceplerini karıştırıp ona iki peniyi uzattı ve Alice falcı kadına doğru yöneldi.

Kulübeye doğru ilerlerken, falcı da ona gülümsemeye devam ediyordu. Denizden gelen esinti şiddetlenmişti, soğuk yanaklarını ısırıyordu ve yaşlı kadının gözlerinin içine bakması birdenbire yasaklanmış gibi, başını öne eğmeye zorluyordu. Belki de Sam haklıydı, bu deneyim onu sandığından daha fazla tedirgin ediyordu.

Falcı, Alice'i bir tabureye oturttu. Gözleri çok büyüktü, derin bakan gözleri ve hiç değişmeyen tebessümü büyüleyiciydi. Masasının üstünde ne kristal küre vardı ne de tarot kartları, sadece, Alice'in ellerine doğru uzattığı kahverengi lekeli uzun elleri. Elleri birbirine temas ettiğinde, Alice, içini tuhaf bir dinginliğin kapladığını hissetti, uzun zamandır hissetmediği bir huzur...

"Senin yüzünü daha önce gördüm, küçük kız," diye fısıldadı falcı kadın.

"Deminden beri bana bakıyorsunuz!"

"Yeteneklerime inanmıyorsun değil mi?"

"Rasyonel bir insanımdır," diye cevap verdi Alice.

"Yalan söylüyorsun, sen bir sanatçısın, bazen korku seni durdursa da, bağımsız ve irade sahibi bir kadınsın."

"Neden herkes benim korktuğumu söyleyip duruyor bu akşam?"

"Bana yaklaşırken kendinden pek emin gözükmüyordun."

Falcı kadının gözleri Alice'in gözlerine daha yakından bakıyordu artık, yüzleri iyice yaklaşmıştı.

"Ben bu gözleri nerede gördüm?"

"Belki başka bir yaşamda," dedi Alice alaycı bir edayla.

Şaşıran falcı aniden doğruldu.

"Amber, vanilya ve meşin," diye fısıldadı Alice.

27

"Neden bahsediyorsun?"

"Kokunuzdan, Doğu'ya olan aşkınızdan. Ben de bazı şeyleri fark ederim," dedi Alice daha da sert bir sesle.

"Bir yeteneğin var, bu doğru, ama bundan daha önemlisi, tamamen bihaber olduğun bir hikâyen var," diye cevap verdi yaşlı kadın.

"Yüzünüzden hiç eksik etmediğiniz bu tebessüm," dedi Alice alaycı bir edayla, "avınız kendini daha güvende hissetsin diye mi?"

"Neden bana geldiğini biliyorum," dedi falcı kadın, "aslında eğlecelidir."

"Arkadaşlarımın bana meydan okuduğunu görmediniz mi?"

"Sen kolay kolay meydan okunacak biri değilsin. Ayrıca, bizim bir araya gelmemiz arkadaşlarının işi değil."

"Kimin işi peki?"

"Yakana yapışan ve geceleri seni uykusuz bırakan yalnızlığının."

"Hiçbir eğlenceli tarafı yok bu söylediklerinizin. Bana hakikaten şaşıracağım bir şey söyleyin. Sohbetinizin sıkıcı olduğunu söylemiyorum ama inanın, yetişmem gereken bir tren var."

"Hayır, daha ziyade hüzünlü şeyler söylüyorum, ama buna karşılık eğlenceli olan..."

Bakışları Alice'ten ayrılıp uzaklara kilitlendi. Alice bir an terk edilmiş gibi hissetti kendini.

"Bir şey mi diyecektiniz?" diye sordu.

"Sahiden eğlenceli olan," diye devam etti falcı kadın kendine gelerek, "şu ki, hayatında, başka herkesten çok yer tutacak adamın, var olup olmadığını bilmesen bile hayatın boyunca arayıp durduğun adamın, birkaç saniye önce arkandan geçip gitmiş olması."

Alice dondu kaldı ve arkasına bakma arzusuna engel olamadı. Taburesinde dönüp arkasına baktığında ise, artık gitmek gerektiğini işaret eden dört arkadaşından başka kimseyi göremedi.

"Onlardan biri mi?" diye geveledi Alice. "Bu gizemli

adam Sam mi? Ya da Eddy mi, Anton mu? Büyük keha-
netiniz bu mu?"

"Sana söylediğime kulak ver Alice, duymak istediğine
değil. Sana, hayatında herkesten çok yer tutacak adamın
arkandan geçip gittiğini söyledim. Artık orada değil."

"Peki bu yakışıklı prens şimdi nerede?"

"Sabırlı ol kızım. Ona ulaşana kadar altı kişiyle karşı-
laşman gerekiyor."

"İşe bak, altı kişi... Başka bir şey yok mu?"

"Yolculuk var, en önemlisi... Bir gün anlayacaksın, ama
şimdi geç oldu, sana bilmen gerekeni söyledim. Söyledik-
lerimin tek kelimesine bile inanmadığın için, bu seansa
para almayacağım."

"Hayır, parasını ödemeyi tercih ederim."

"Akılsızlık etme. Birlikte geçirdiğimiz zamanın bir dost
ziyareti olduğunu varsayalım. Seni gördüğüme memnun
oldum Alice, bunu beklemiyordum. Sen özel bir insan-
sın, özellikle de hikâyen öyle."

"Ne hikâyesi?"

"Zamanımız kalmadı, zaten anlatsam hiç inanmazsın.
Git artık. Yoksa arkadaşların onlara treni kaçırttığın için
kızacak sana. Çabuk olun. Ayrıca dikkat edin, kaza geliyo-
rum demez. Öyle bakma bana, bu söylediğim kehanet de-
ğil, sadece sağduyu."

Falcı kadın, Alice'e gitmesini söyledi. Alice ona birkaç
saniye baktı, iki kadın karşılıklı son kez gülümsedi ve Ali-
ce arkadaşlarının yanına gitti.

"Suratın asılmış, hayrola? Ne dedi sana?" diye sordu
Anton.

"Şimdi sırası değil, saatten haberiniz yok mu?"

Alice cevabı beklemeden iskelenin girişindeki kemer-
li kapıya doğru atıldı.

"Haklı," dedi Sam, "trenin kalkmasına yirmi dakika-
dan az var."

Hepsi birlikte koşmaya başladı. Kumsalda esen rüzgâra
inceden bir yağmur eşlik ediyordu. Eddy, Carol'ın koluna
girdi.

"Dikkat et, yollar kayıyor," dedi birlikte koşarlarken.

Yürüyüş yolunu aşıp ıssız sokağa ulaştılar. Gazlı sokak lambaları sokağı cılız bir ışıkla aydınlatıyordu. Uzakta, Brighton Garı'nın ışıkları seçiliyordu. On dakikadan az zamanları kalmıştı. Tam Eddy karşıdan karşıya geçecekken, köşeden bir atlı araba fırladı.

"Dikkat!" diye bağırdı Anton.

Alice, çevik bir hamleyle Eddy'yi kolundan yakalamayı başardı. Atların çarpmasından son anda kurtuldular ve arabacının umutsuzca asıldığı dizginlerin ucundaki hayvanların nefeslerini suratlarında hissettiler.

"Hayatımı kurtardın!" diye bağırdı Eddy afallamış halde.

"Sonra teşekkür edersin," diye cevap verdi Alice, "acele edelim."

Perona geldiklerinde istasyon şefine doğru bağırmaya başladılar. Şef, fenerini alıp ilk vagona binmelerini söyledi. Erkekler kızların trene atlamalarına yardım etti. Tren harekete geçtiğinde Anton hâlâ basamağın üzerindeydi. Eddy onu omzundan yakaladı ve içeri çekip kapıyı arkasından kapadı.

"Tam zamanında!" diye iç geçirdi Carol. "Sen Eddy, beni çok korkuttun, az kalsın arabanın altında kalıyordun."

"Sanırım Alice daha da fazla korktu, baksanıza, bembeyaz olmuş," dedi Eddy.

Alice bir şey söylemiyordu. Koltuğa oturup uzaklaşan şehri seyretti pencereden. Dalgın dalgın düşünürken, falcı kadını ve söylediklerini hatırladı, aklına kadının uyarısı gelince, rengi daha da uçtu.

"Hadi anlat bakalım," diye atıldı Anton. "Senin yüzünden hepimiz yıldızların altında uyumak zorunda kalacaktık az kalsın."

"Sizin aptalca meydan okumanız yüzünden," dedi kuru bir sesle Alice.

"Epey sürdü hakikaten, sahiden inanılmaz bir şey söyledi mi bari?" diye sordu Carol.

"Bilmediğim bir şey söylemedi. Size söyledim, falcılık

bir aptal tuzağıdır. Gözlem yeteneğiyle, asgari bir sezgiyle ve inandırıcı bir sesle herkesi kandırabilir ve onu her şeye inandırabilirsiniz."

"Ama kadının sana ne söylediğini bize hâlâ söylemedin," dedi Sam.

"Konuyu değiştirmeyi teklif ediyorum," diye araya girdi Anton. "Çok güzel bir gün geçirdik, eve dönüyoruz, kavga etmeye bahane aramaya gerek yok. Özür dilerim Alice, ısrar etmemeliydik. Oraya gitmek istemiyordun ve biz de biraz fazla..."

"Sersemce davrandınız, evet. Ama ben daha da sersemce davrandım," dedi Alice, Anton'a bakarak. "Neyse, çok daha heyecanlı bir sorum var, Noel gecesi ne yapıyorsunuz?"

Carol, St. Mawes'a, ailesinin yanına gidiyordu. Anton şehirde, anne babasıyla akşam yemeği yiyecekti. Eddy akşamı kız kardeşiyle geçirmeye söz vermişti, küçük yeğenleri Noel Baba'yı bekliyordu, eniştesi de bu rolü onun üstlenmesini istemişti. Kıyafeti bile kiralamıştı. Eniştesi başını sık sık dertten kurtardığı, üstelik bunu kız kardeşine hiçbir şey söylemeden yaptığı için, bu işten kaçması kolay değildi. Sam ise, patronunun Westminster Yetimhanesi yararına düzenlediği bir akşama davetliydi, görevi de hediyeleri dağıtmaktı.

"Ya sen Alice?" diye sordu Anton.

"Ben... ben de bir akşama davetliyim."

"Neredeymiş bu?" diye ısrar etti Anton.

Carol, Anton'ın kavalkemiğine bir tekme attı. Ardından çok acıktığını söyleyerek çantasından bir paket bisküvi çıkardı. Herkese birer çikolatalı bisküvi ikram etti ve acı içinde bacağını ovuşturan Anton'a dik dik baktı.

Tren, Victoria Garı'na girdi. Lokomotifin göz yaşartan dumanı peronu doldurmuştu. Büyük merdivenlerle inilen sokağın kokusu da daha cazip değildi. Yoğun bir duman; gün boyu evlerin bacalarından tüten kömür dumanı, sisin içinde turuncu ölgün ışık huzmeleri bırakan tungstenli sokak lambalarının etrafında uçuşan kara bir duman mahalleyi zehirliyordu.

Beş kafadar tramvayı bekledi. Tramvaydan ilk inen Alice ile Carol oldu. Birbirlerine üç sokak mesafede oturuyorlardı.

Apartmanının önünde vedalaşırken, "Bu arada haberin olsun," dedi Carol, Alice'e, "eğer fikrini değiştirirsen ve davetine gitmek istemezsen, St. Mawes'a gelip Noel'i bizimle geçirebilirsin, annem seni tanımayı çok istiyor. Mektuplarımda sık sık senden bahsediyorum, mesleğin onun çok ilgisini çekiyor."

"Biliyorsun, mesleğimden bahsetmek pek bana göre değil," dedi Alice, Carol'a teşekkür ederken.

Arkadaşına sarılıp öptü ve apartmanına girdi.

Hemen yukarıda, evine girmekte olan komşusunun ayak seslerini duydu. Sahanlıkta karşılaşmamak için durup biraz bekledi, muhabbet edecek hali yoktu hiç.

* * *

Evi neredeyse Londra sokakları kadar soğuktu. Alice omuzlarındaki paltoyu ve elindeki parmaksız eldivenleri çıkarmadı. Çaydanlığı doldurdu, ocağın üstüne koydu, ahşap raftan çay kavanozunu indirdi ama içinde sadece üç dal çay bulabildi. Atölyedeki masasının üstünde duran küçük kutunun kurutulmuş gül yapraklarını sakladığı çekmecesini açtı, birkaç tanesini fincanına attı ve kaynar suyu üstüne boşalttı. Yatağına yerleşip önceki gece bıraktığı kitabı aldı.

Oda birden karanlığa gömüldü. Alice yatağın üstünde ayağa kalkıp cam çatıdan dışarı baktı. Bütün mahalle karanlıktaydı. Elektrik kesintileri çoğunlukla sabahın ilk saatlerine kadar sürerdi. Alice mum aramaya koyuldu. Lavabonun yanında duran erimiş mum tepeciği, son mumu da önceki hafta kullandığını hatırlattı ona.

Kısa fitili yakmayı denediyse de boşuna, alev titredi, çıtırdadı ve söndü.

Alice o akşam yazmak istiyordu, nota kâğıtlarına tuzlu sudan, eski gemilerin ahşabından, dalgaların kemirdiği küpeştelerden koymak istiyordu. Zifiri karanlığa gömüldüğü o gece uyku tutmayacaktı Alice'i. Kapıya kadar yürüdü, önce tereddüt etti, sonra iç çekip, komşusundan bir kez daha yardım istemek üzere sahanlığa adımını attı.

Daldry elinde bir mumla kapıyı açtı. Altında pamuklu bir pijama, üstünde balıkçı yaka bir kazak vardı. Hepsinin üstüne de lacivert bir ropdöşambr giymişti. Mum ışığı, suratına tuhaf bir renk veriyordu.

"Sizi bekliyordum Bayan Pendelbury."

"Bekliyor muydunuz?" dedi Alice şaşırarak.

"Elektrikler kesildiği andan beri. Tahmin edeceğiniz gibi, ropdöşambrla uyumam. Buyurun, işte benden isteyeceğiniz şey," dedi cebinden bir mum çıkararak. "Almaya geldiğiniz şey buydu, değil mi?"

"Özür dilerim Bay Daldry," dedi Alice başını eğerek, "yenisini almayı bu kez unutmayacağım."

"Bunu yapacağınıza pek inanmıyorum artık, hanımefendi."

"Bana Alice diyebilirsiniz, biliyorsunuz."

"İyi geceler Bayan Alice."

Daldry kapısını kapadı, Alice evine döndü. Fakat birkaç saniye sonra kapının vurulduğunu duydu. Alice kapıyı açtı, Daldry karşısında duruyordu, elinde de bir kutu kibrit vardı.

"Sanırım bu da sizde yoktur. Mumlar, yandıkları zaman çok daha yararlı oluyorlar. Öyle bakmayın bana, kâhin değilim. Geçen sefer kibritiniz de yoktu. Gerçekten uyumak istediğim için de tedbirli davranmayı tercih ettim."

Alice, komşusuna son kibritini bitki çayı hazırlamak için kullandığını itiraf etmek istemedi. Daldry fitili yaktı ve alev balmumunun üstünde parlayınca memnun olmuş göründü.

"Sizi kızdıracak bir şey mi söyledim?" diye sordu Daldry.

"Neden öyle dediniz?" cevabını verdi Alice.

"Aniden renginiz karardı."

"Karanlıktayız Bay Daldry."

"Ben size Alice diyeceksem, siz de bana ismimle hitap etmelisiniz, Ethan benim adım."

"Pekâlâ, size Ethan diyeceğim," dedi Alice komşusuna gülümseyerek.

"Ama, ne diyeceğiniz bir yana, sahiden sıkkın bir haliniz var."

"Sadece yorgunum."

"O zaman sizi yalnız bırakayım, iyi geceler Bayan Alice."

"İyi geceler Bay Ethan."

2

24 Aralık 1950, Pazar

Alice alışveriş yapmak için dışarı çıktı. Mahallede her yer kapalıydı; Portobello Pazarı'na giden otobüse bindi.

Seyyar bakkala uğradı. Gerçek bir ziyafet için gerekli her şeyi almak niyetindeydi. Üç güzel yumurta seçti, gördüğü iki beykın dilimi karşısında tasarruf planlarını unutuverdi. Az ileride, fırıncının tezgâhında enfes pastalar sergileniyordu, meyveli bir turtayla bir kavanoz bal aldı kendine.

O akşam, yemeği güzel bir kitap eşliğinde, yatağında yiyecekti. Uzun bir gece olacaktı ve ertesi gün yaşam sevincine kavuşacaktı yeniden. Uykusunu alamadığı zaman Alice aksi olurdu ve şu son haftalarda, atölyesindeki masasının başında biraz fazla zaman geçirmişti. Çiçekçinin vitrininde bir gül buketi dikkatini çekti. Çok akıllıca olmayacaktı belki ama sonuçta, Noel'di. Ayrıca kuruttuktan sonra yapraklarını da kullanabilirdi. Dükkâna girdi, iki şilin verdi ve gönlü şenlenmiş bir halde çıktı. Yürüyüşüne devam etti. Bu sefer de parfümerinin önünde durdu. Dükkânın kapı tokmağında "Kapalı" yazan bir levha asılıydı. Alice yüzünü cama yaklaştırdı ve şişelerin arasında kendi yarattığı parfümlerden birini gördü. Bir dostunu selamlar gibi selam verdi ona, sonra da otobüs durağına doğru uzaklaştı.

Eve dönünce aldıklarını yerleştirdi, çiçekleri bir vazoya koydu ve gidip parkta biraz dolaşmaya karar verdi. Merdivenlerin aşağısında komşusuyla karşılaştı, o da alışverişten dönmüş gibi görünüyordu.

"Ne yapayım, Noel alışverişi!.." dedi komşusu, alışveriş çantasındaki yiyeceklerin bolluğundan biraz utanmış olarak.

"Evet, Noel," dedi Alice. "Misafir mi ağırlayacaksınız bu akşam?"

"Ne münasebet! Partilerden nefret ederim," dedi komşusu fısıldayarak, kendini biraz fazla ele verdiğinin farkındaydı.

"Siz de mi?"

"Hele yılbaşından hiç bahsetmeyin. Bence o daha da kötü! Hangi günün bayram olacağını ya da olmayacağını nasıl bilebiliriz ki? Kim kalkmadan evvel iyi bir gün geçireceğini bilebilir? Kendini mutlu olmaya zorlamak, bunu hayli ikiyüzlüce buluyorum."

"Ama çocuklar var..."

"Benim yok. Mutluymuş gibi yapmamak için bir sebep daha. Bir de şu Noel Baba'ya inandırma takıntısı var... Ne derseniz deyin, ben bunu çirkin buluyorum. Sonunda bir gün onlara gerçeği söylemek zorundasınız, o halde neye yarıyor? Biraz sadistçe bile buluyorum hatta. En salakları, kırmızılı amcanın gelişini haftalarca tetikte bekliyor ve anne babaları bu alçakça dümeni itiraf ettikleri zaman da müthiş bir ihanete uğramışlık hissine kapılıyorlar. Daha zeki olanlar ise sırra vâkıf oluyorlar ki, bu da en az öteki kadar kötü. Peki ya siz, aileniz mi gelecek ziyaretinize?"

"Hayır."

"Ya?"

"Benim artık bir ailem yok, Bay Daldry."

"Eh, onları ağırlamamak için gayet geçerli bir sebep bu."

Alice komşusuna baktı ve kahkahayla güldü. Daldry'nin yanakları kızardı.

"Tamamen saçmaladım galiba, değil mi?"

"Ama gayet iyi niyetliydiniz."

"Benim bir ailem var... yani babam, annem, bir ağabey, bir abla, korkunç yeğenler falan filan..."

"Noel akşamını onlarla geçirmiyor musunuz?"

"Hayır, yıllardır geçirmiyorum. Onlarla anlaşamıyorum, onlar da benimle anlaşamıyor."

"Bu da, evde kalmak için kötü bir sebep değil."

"Elimden geleni yaptım ama her aile toplantısı bir facia oldu. Babamla ben hiçbir konuda anlaşamıyoruz. Mesleğimi gülünç buluyor, ben de onunkini korkunç sıkıcı buluyorum. Sonuçta, birbirimize tahammül edemiyoruz. Kahvaltınızı ettiniz mi?"

"Benim kahvaltımla sizin babanız arasında ne gibi bir bağ var, Bay Daldry?"

"Hiçbir bağ yok."

"Kahvaltı etmedim."

"Bizim sokağın köşesindeki *pub*, çok güzel yulaf lapası yapıyor. Biraz kadınsı olmakla birlikte gayet kullanışlı diyebileceğim şu sepeti eve bırakıp gelmemi beklerseniz, sizi oraya götüreyim."

"Ama Hyde Park'a gitmek üzereydim ben," dedi Alice.

"Boş mideyle mi, bu soğukta? Hiç tavsiye etmem. Gidip kahvaltı edelim, masadan araklayacağımız ekmeklerle de Hyde Park'taki ördeklerin karınlarını doyururuz. Ördeklerin iyi yanı, onları memnun etmek için Noel Baba gibi giyinmek zorunda kalmamanız."

Alice komşusuna gülümsedi.

"Peki çıkarın bakalım erzağınızı yukarı, sizi burada bekliyorum. Şu sizin yulaf lapasının tadına bakıp, ördeklerin Noeli'ni kutlamaya gideriz."

"Harika," diye cevapladı Daldry merdivenleri tırmanırken. "Bir dakikaya aşağıdayım."

Alice'in komşusu birkaç saniye sonra yeniden sokaktaydı. Soluk soluğa kaldığını mümkün olduğunca belli etmemeye çalışıyordu.

Pub'ın camekânının arkasındaki bir masaya oturdular. Daldry, Alice'e çay, kendine de kahve ısmarladı. Garson

37

kız onlara birer tabak yulaf lapası getirdi. Daldry bir ekmek sepeti istedi ve ekmekleri hızla cebine sokuşturdu. Bu hali Alice'i çok eğlendirdi.

"Ne tür manzaralar yapıyorsunuz?"

"Sadece tamamen gereksiz şeylerin resimlerini yapıyorum. İnsanlar kırları, deniz kıyısını, ovaları ya da ormanları görmekten hoşlanır, bense kavşak resimleri yapıyorum."

"Kavşak mı?"

"Öyle. Kesişen sokaklar, caddeler. Bir kavşağın ne çok ayrıntı barındırdığını tahmin bile edemezsiniz. Koşanlar, yolunu arayanlar. Hareket eden her şey bir araya gelir orada: At arabaları, otomobiller, motosikletler, bisikletler; yayalar, bira teslimatçıları el arabalarını iter, kadın ve erkeğin her türlüsü orada yan yana gelir, birbirlerine yol verir, görmezden gelir yahut selamlaşır, çarpışır, küfürleşir. Kavşak dediğin, heyecan verici bir yerdir."

"Gerçekten tuhaf bir insansınız, Bay Daldry."

"Belki. Ama kabul edin ki, bir gelincik tarlası adamı sıkıntıdan öldürebilir. Hayata dair nasıl bir olay gerçekleşebilir ki orada? Alçaktan uçan iki arının çarpışması mı? Dün şövalemi Trafalgar Meydanı'na yerleştirmiştim. İkide bir omuz yemeden durabileceğim tatmin edici bir görüş açısı bulmak hiç kolay değil, ama yavaş yavaş öğrenmeye başladım bu işi. Dolayısıyla doğru yerdeydim. Aniden bastıran sağanaktan ürken ve muhtemelen gülünç topuzunu sağlama almak isteyen bir kadın dikkat etmeden yola atladı. İki atın çektiği bir araba ona çarpmamak için müthiş bir manevra yaptı. Arabacı ustaydı bereket, kadın korktuğuyla kaldı. Ama arabanın taşıdığı fıçılar yola saçıldı ve ters yönden gelen tramvayın onlardan kaçmak için yapabileceği bir şey yoktu. Fıçılardan biri, çarpmanın etkisiyle kelimenin tam anlamıyla patladı. Kaldırımda bir Guinness seli oluştu. İki ayyaş gördüm, yere kapanıp o biraları içmeye hazırdılar. Vatmanla arabacı arasındaki ağız dalaşından, yoldan geçenlerin kavgaya karışmasından, bu kargaşaya son vermek isteyen polisler-

38

den, gündelik hasılatı için kargaşayı fırsat bilen yankesiciden ve dikkatsizliğiyle sebep olduğu bu skandalın utancı suratında, ayaklarının ucuna basa basa uzaklaşan kaosun baş sorumlusu kadından bahsetmiyorum bile."

"Bütün bunların resmini mi yaptınız yoksa?" diye sordu Alice şaşkına dönmüş bir halde.

"Hayır, şimdilik sadece kavşağı çizmekle yetindim, daha yapacak çok iş var, ama hepsi hafızamda, önemli olan bu."

"Bir sokaktan geçerken bunca ayrıntıya dikkat etmek aklımın ucundan bile geçmezdi."

"Bense, çevremizde neredeyse görünmez olan bu ayrıntılara vurgun olmuşumdur daima. İnsanları gözlemek ne çok şey öğretiyor. Hemen dönmeyin, arkanızda ihtiyar bir kadın var. Durun, isterseniz kalkın, hiçbir şey yokmuş gibi yer değiştirelim."

Alice denileni yaptı ve az önce Daldry'nin oturduğu sandalyeye geçti, o da kendisininkine oturmuştu.

"Şimdi sizin görüş alanınıza girdiğine göre, ona dikkatle bakın ve bana ne gördüğünüzü söyleyin."

"Yaşını biraz almış, tek başına yemek yiyen bir kadın. Şık giyinmiş sayılabilir ve bir şapkası var."

"Daha dikkatli olun, başka ne görüyorsunuz?"

Alice yaşlı kadını inceledi.

"Özel bir şey görmüyorum, peçetesiyle ağzını siliyor. Bence siz söyleyin neyi görmediğimi, beni fark edecek şimdi."

"Makyajı var, değil mi? Çok hafif, ama yanakları pudralı. Kirpiklerinde rimel var, dudaklarına biraz ruj sürmüş."

"Evet, doğru, yani öyle galiba."

"Dudaklarına bakın şimdi, hareketsiz mi duruyorlar?"

"Hayır, gerçekten," dedi Alice şaşkın şaşkın, "hafifçe hareket ediyorlar. Yaşından kaynaklanan bir tiki var muhtemelen."

"Kesinlikle hayır! Bu kadın dul. Merhum kocasıyla konuşuyor. Yalnız başına yemiyor, sanki karşısında oturuyormuş gibi kocasına hitap etmeye devam ediyor. Bakımlı olmaya çalışıyor çünkü kocası hâlâ hayatında. Onun yanında olduğunu hayal ediyor. Çok dokunaklı değil mi? Sevilen varlığı durmaksızın yeniden yaratmak için gereken aşkı düşünsenize. Bu kadın haklı, biri sizi terk etti diye yok olmuş olmaz. Azıcık ruhsal fanteziyle, yalnızlık yok edilebilir. Biraz sonra, hesabı ödeme vakti geldiğinde, paranın konacağı tabağı masanın öbür tarafına itecek çünkü hesabı daima kocası öderdi. Dışarı çıktığında da, göreceksiniz, karşıya geçmeden evvel kaldırımda biraz bekleyecek, çünkü daima, önce kocası yola adımını atardı, olması gerektiği gibi. Eminim ki, her gece uyumadan önce onunla konuşuyor ve her sabah ona iyi günler diliyor, o nerede olursa olsun."

"Bütün bunları birkaç saniyede mi gördünüz yani?"

Daldry, Alice'e gülümserken kötü giyinmiş ve zilzurna sarhoş bir yaşlı adam, sallanarak lokantadan içeri girdi, yaşlı kadına yaklaştı ve kalkma vaktinin geldiğini belirtti. Kadın hesabı ödedi, kalktı ve at yarışlarından geldiği her halinden belli sarhoş kocasının peşinden salonu terk etti.

Sırtı onlara dönük olduğundan, Daldry yaşanan sahneyi görmemişti.

"Haklısınız," dedi Alice. "Sizin yaşlı hanım harfiyen dediklerinizi yaptı. Tabağı masanın öbür tarafına itti, kalktı ve lokantadan çıkarken de sanırım kendisine kapıyı tutan görünmez bir adama teşekkür etti."

Daldry memnun görünüyordu. Bir kaşık yulaf lapası aldı, ağzını sildi ve Alice'e baktı.

"Ee? Yulaf lapası hakkında ne düşünüyorsunuz, enfes değil mi?"

"Falcılığa inanır mısınız?" diye sordu Alice.

"Anlamadım?"

"Geleceği öngörmenin mümkün olduğuna inanır mısınız?"

"Zor bir soru," dedi Daldry, garson kızdan bir tabak yulaf lapası daha isterken. "Gelecek önceden yazılmış mıdır? Sıkıcı olmaz mıydı sizce? Ya özgür irade ne olacak? Bence falcılar, sadece fazlaca sezgiye sahip olan kişiler.

Şarlatanları bir kenara bırakıp içlerinde en samimi olanlara biraz kredi açalım. Hayatta neye özlem duyduğumuzu anlamalarını, er veya geç gireceğimiz yolu görmelerini sağlayan bir yetenekleri var mıdır? Aslında, olabilir. Babamı ele alın mesela. Gözleri mükemmel görüyor ama tam anlamıyla kör. Oysa bir köstebek kadar miyop olan annem, kocasının tahmin bile edemeyeceği şeyleri görebiliyor. Daha ben bebekken ressam olacağımı biliyordu, bunu bana sık sık söylerdi. Ayrıca, resimlerimin dünyanın en büyük müzelerinde sergileneceğini de gördüğünü söyleyeyim. Beş yılda bir tablo bile satamadım; ne yapayım, değersiz bir sanatçıyım. Yine kendimi anlatmaya daldım ve sorunuzu unuttum. Neden sormuştunuz bu soruyu?"

"Çünkü dün, başıma tuhaf bir şey geldi. Buna en ufak bir önem vehmedeceğim asla aklıma gelmezdi. Halbuki, olaydan beri ondan başka bir şey düşünemez oldum ve bundan rahatsız olmaya başladım."

"Öyleyse bana dün başınıza gelenleri anlatmaya başlayın, ben de size fikrimi söyleyeyim."

Alice komşusuna doğru eğildi ve Brighton'daki akşamını, özellikle de falcı kadınla karşılaşmasını özetledi.

Daldry onu sözünü kesmeden dinledi. Alice önceki geceki tuhaf muhabbeti anlatmayı bitirdikten sonra Daldry garson kıza döndü, hesabı istedi ve çıkıp biraz dolaşmayı teklif etti.

Lokantadan çıkıp birkaç adım yürüdüler.

"Doğru anladıysam," dedi Daldry bozulmuş gibi yaparak, "hayatınızın adamıyla karşılaşmanız için, öncelikle yolunuzun altı kişiyle kesişmesi gerekiyor."

"Hayatımda herkesten çok yer tutacak adam," diye düzeltti Alice.

"Aynı şey. Peki siz bu adamla ilgili ona hiçbir şey sormadınız mı, kimdir, nerede yaşar?"

"Hayır, sadece biz konuşurken arkamdan geçtiğini iddia etti, o kadar."

"Gerçekten pek yetersiz," diye devam etti Daldry düşünceli düşünceli. "Bir de yolculuk mu var demiştiniz?"

"Evet. Ama bütün bunlar saçmalık, bu saçmalıkları size anlatarak kendimi de gülünç duruma sokuyorum."

"Ama bu saçmalık dediğiniz şeyler sizi gece boyunca uyutmamış."

"Çok mu yorgun görünüyorum?"

"Evinizde dolaşıp durduğunuzu duydum. Bizi ayıran duvarlar hakikaten karton gibi."

"Sizi rahatsız ettiğim için özür dilerim..."

"Pekâlâ, ikimizin de uykumuza kavuşması için tek bir çözüm geliyor aklıma, korkarım ördeklerin Noel'i yarına kadar bekleyecek."

"Neden ki?" diye sordu Alice evlerinin önüne geldikleri sırada.

"Yukarıdan üstünüze yünlü bir şeyler ve kalın bir atkı alın, birkaç dakika sonra burada buluşalım."

"Ne tuhaf bir gün!" diye söylendi Alice merdivenleri çıkarken. Noel arifesi hiç de umduğu gibi geçmiyordu. Önce tahammül etmekte güçlük çektiği komşusuyla yaptığı beklenmedik kahvaltı, sonra daha da beklenmedik bu sohbet... Saçma ve bir yere varmayacak bu hikâyeyi neden ona açmıştı ki?

Komodininin çekmecesini açtı. Yünlü bir şey ve kalın bir atkı, demişti. Birbirine uyan şeyleri seçmekte fena halde zorlandı. Ona hoş bir siluet veren lacivert bir yün hırkayla, kalın örgü bir ceket arasında kararsız kaldı.

Aynada kendine baktı, saçına şöyle bir şekil verdi ama makyaj namına herhangi bir müdahalede bulunmadı, ne de olsa yapacakları basit bir gezintiden ibaretti.

Nihayet evden çıkabildi ama sokağa indiğinde Daldry orada değildi. Acaba fikrini değiştirmiş olabilir miydi? Tuhaf bir adamdı sonuçta.

İki küçük korna sesi eşliğinde gece mavisi rengi bir Austin 10, kaldırım kenarına park etti. Daldry koşup yolcu kapısını açtı Alice'e.

"Arabanız mı var?" diye sordu Alice şaşırmış bir halde.

"Şimdi çaldım."

"Ciddi söyleyin!"

"Eğer falcınız, Pencap'ta pembe bir fille karşılaşacağınızı söylese ona inanır mıydınız? Elbette bir arabam var."

"Benimle açık açık alay ettiğiniz için teşekkür ederim. Şaşkınlığımı mazur görün, kendi arabası olan tek tanıdığım sizsiniz hayatta."

"Kelepir bir model, ayrıca bir Rolls Royce da sayılmaz, süspansiyonlar sayesinde bunu hemen fark edeceksiniz. Ama su kaynatmıyor ve görevini de layığıyla yapıyor. Onu daima resim yaptığım kavşağın kenarında tutarım, her resmimde görünür, bir ritüeldir bu."

"O resimleri bir gün bana göstermelisiniz," dedi Alice arabaya yerleşirken.

Daldry anlaşılmaz birkaç kelime mırıldandı, debriyaj sarsıldı ve araba yola koyuldu.

"Fazla meraklı görünmek istemem ama nereye gittiğimizi sorabilir miyim?"

"Nereye olacak," diye cevap verdi Daldry, "Brighton'a tabii ki!"

"Brighton'a mı? Neden ki?"

"Şu falcı kadını bir daha görmeniz ve aslında dün sormanız gereken bütün soruları sorabilmeniz için."

"Ama bu gerçekten çılgınca..."

"Bir buçuk saatte, yol buzlanmışsa en fazla iki saatte varırız, bunda çılgınca bir taraf göremiyorum ben. Hava kararmadan dönmüş oluruz ve şayet biz dönüş yolundayken gece bastırırsa, önünüzde, kaputun her iki tarafında gördüğünüz şu büyük krom yuvarlaklara far deniyor... Gördüğünüz gibi, bizi bekleyen herhangi bir tehlike yok."

"Bay Daldry, rica etsem her fırsatta benimle alay etmeyi kesebilir misiniz?"

"Bayan Pendelbury, elimden geleni yapacağıma söz veriyorum ama siz de benden imkânsızı istemeyin."

Lambeth tarafından şehri terk edip Croydon'a kadar devam ettiler. Daldry, Alice'ten torpido gözündeki haritayı çıkarmasını ve güneyde bir yerlerdeki Brighton Road'u bulmasını rica etti. Alice ona sağa dönmesini söyledi, sonra geri dönmesini söyledi çünkü haritayı ters tutmuştu. Böyle birkaç yanlıştan sonra, yayanın biri onları doğru yolu soktu.

Redhill'de Daldry benzin almak ve lastiklerin basıncını kontrol etmek için durdu. Austin'in direksiyonu biraz sağa çekiyor gibi geliyordu. Alice dizinde haritayla, yerinde kalmayı tercih etti.

Crawley'den sonra Daldry hızı düşürmek zorunda kaldı, etraf beyaza bürünmüştü, ön cam buzlanmış ve araba da virajlarda tehlikeli bir şekilde kaymaya başlamıştı. Bir saatin sonunda o kadar üşümüşlerdi ki, konuşacak halleri kalmamıştı. Daldry ısıtmayı sonuna kadar açmıştı ama küçük radyatörün kaputun altından giren buz gibi havayla mücadele edecek gücü yoktu. Huit Cloches Hanı'nda mola verdiler. Şömineye en yakın masaya oturup uzunca bir süre ısındılar. Son bir kaynar çaydan sonra yeniden yola koyuldular.

Daldry, Brighton'a yaklaştıklarını söyledi. Ama yolculuğun en fazla iki saat süreceğine söz vermemiş miydi? Londra'dan yola çıkalı dört saat olmuştu bile.

Nihayet hedefe vardıklarında, panayır yeri kapanmaya başlamış, uzun iskele neredeyse boşalmıştı, son gezginler de Noel kutlamalarına hazırlanmak üzere evlerine dönüyorlardı.

"Pekâlâ," dedi Daldry saati kafaya takmadan arabasından inerken, "nerede bulacağız şu falcı kadını?"

"Bizi beklediğinden emin değilim," dedi Alice omuzlarını ovuşturarak.

"Karamsar olmayalım, gidip bakalım."

Alice, Daldry'yi biletçiye götürdü ama kapalıydı.

"Harika," dedi Daldry, "giriş bedava."

Önceki akşamki o tuhaf karşılaşmanın gerçekleştiği kulübenin önünde Alice derin bir huzursuzluğa kapıldı, endişeden soluğu kesilir gibi olmuştu. Durdu. Onun kendini iyi hissetmediğini sezen Daldry ona döndü.

"Şu falcı, sizin benim gibi bir insan en nihayetinde...

Yani sizin gibi, diyelim. Endişelenmeyin demek istiyorum kısacası, üstünüzdeki büyüyü bozmak için gereken şeyi yapacağız sadece."

"Hâlâ benimle alay ediyorsunuz, hiç nazik değilsiniz."

"Sizi gülümsetmek istiyordum. Haydi Alice, gidip şu deli kadının size söyleyeceklerini dinleyin, dönüş yolunda saçmalıklarına ikimiz birlikte güleriz. Londra'ya vardığımızda ise öyle yorgun olacağız ki, isterseniz kehanet deyin buna ama melekler gibi uyuyacağız. Haydi, cesur olun biraz. Sizi bekliyorum, hiçbir yere kıpırdamayacağım."

"Sağ olun, haklısınız, çocuk gibi davrandım."

"Evet... Tamam... Ama gidin artık, her ihtimale karşı zifiri karanlık olmadan dönmekte fayda var, arabamın sadece bir farı çalışıyor."

Alice kulübeye doğru ilerledi. Ön kapı kapalıydı ama panjurların arasından bir ışık huzmesi süzülüyordu. Arka tarafa geçip kapıyı vurdu.

Falcı kadın, Alice'i gördüğüne şaşırmış gibiydi.

"Ne işin var burada? Bir şey mi oldu?" diye sordu.

"Hayır," diye cevap verdi Alice.

"Çok iyi görünmüyorsun, rengin solmuş," dedi yaşlı kadın.

"Soğuktandır herhalde, iliklerime kadar dondum."

"İçeri gir," dedi falcı kadın, "gel şu sobanın yanında ısın."

Alice kulübeye girdi ve vanilya, amber ve meşin kokularını hemen tanıdı. Sıcağın etkisiyle daha da kuvvetlenmişlerdi. Bir banka oturdu, falcı kadın da onun yanına oturup ellerini kendi ellerine aldı.

"Demek yeniden beni görmeye geldin."

"Ben... ben buradan geçiyordum, ışığı gördüm."

"Gerçekten çok sevimlisin."

"Siz kimsiniz?" diye sordu Alice.

"Buraya gelenlerin ciddiye aldığı bir falcıyım; onlara geleceği söyleyeyim diye çok uzaklardan gelen insanlar var. Ama dün, senin gözünde deli karının tekiydim. Bugün geri geldiğine göre, sanırım hakkımdaki fikrini değiştirmiş olmalısın. Neyi öğrenmek istiyorsun?"

"Biz konuşurken arkamdan geçen şu adam. Kimdir o? Ayrıca, onunla karşılaşana kadar neden başka altı kişiyle tanışmak zorundayım?"

"Üzgünüm tatlım, bu sorulara bir cevabım yok, ben sana, bana görüneni söyledim; bir şey uyduramam, bunu asla yapmadım, yalanı sevmem."

"Ben de sevmem," diye itiraz etti Alice.

"Ama dükkânımın önünden tesadüfen geçmedin değil mi?"

Alice baş hareketiyle onayladı.

"Dün bana ismimle hitap ettiniz. Size ismimi söylememiştim, nereden bildiniz?" diye sordu Alice.

"Ya sen, sen nasıl aldığın kokuların ne olduğunu ânında söyleyebiliyorsun?"

"Özel bir yeteneğim var, burunum ben."

"Ben de falcıyım işte. İkimiz de kendi alanlarımızda ustayız."

"Buraya döndüm, çünkü beni buna teşvik ettiler. Doğrudur, dün bana söyledikleriniz beni sarstı," diye itiraf etti Alice, "bütün gece sizin yüzünüzden uyuyamadım."

"Anlıyorum; senin yerinde olsam muhtemelen bana da aynısı olurdu."

"Bana doğruyu söyleyin, bütün bunları dün sahiden gördünüz mü?"

"Doğruyu mu? Tanrı'ya şükür, gelecek mermere kazınmıyor. Geleceğini, senin seçimlerin belirleyecek."

"Yani öngörüleriniz uydurmacalardan mı ibaret?"

"Olasılıklar bunlar, kesin şeyler değil. Son kararı senden başkası veremez."

"Neye karar vereceğim?"

"Gördüğüm şeyi sana açıklamamı isteyip istemediğine. Ama cevap vermeden önce iki kere düşün. Bilmenin bazen bir bedeli olabilir."

"Öyleyse, öncelikle samimi olup olmadığınızı bilmek isterim."

"Dün senden para istedim mi? Gelip ikinci defa kapımı çalan sensin. Ama o kadar endişeli, sarsılmış görünü-

46

yorsun ki, belki de burada kessek daha iyi olur. Evine dön Alice; eğer seni rahatlatacaksa söyleyeyim, önünde seni bekleyen ciddi bir tehlike yok."

Alice uzun uzun baktı falcı kadına. Artık ondan korkmuyordu, bilakis, yanında olması hoşuna gitmeye başlamıştı, boğuk sesi de Alice'i yatıştırıyordu. Bunca yolu hiçbir şey öğrenmeden dönmek için gelmemişti, ayrıca falcı kadına meydan okuma fikri de hoşuna gitmiyor değildi. Alice doğruldu ve ellerini kadına uzattı.

"Tamam, ne görüyorsanız söyleyin, haklısınız, neye inanıp neye inanmayacağıma son tahlilde ben karar veririm."

"Emin misin bundan?"

"Annem her pazar beni ayine götürürdü. Kışları, bizim mahallenin kilisesi dayanılmaz soğuk olurdu. Hiç görmediğim ve kimseye bir faydası olmamış bir tanrıya saatlerce dualar ederdim, sizi dinlemek için geçireceğim birkaç dakika da sorun olmaz diye düşünüyorum."

"Annenle babanın savaştan sağ çıkamamasına üzüldüm," dedi falcı kadın, Alice'in sözünü keserek.

"Bunu nereden biliyorsunuz?"

"Sus," dedi kadın, işaretparmağını dudaklarına götürerek. "Buraya dinlemeye geldin ama sadece konuşuyorsun."

Falcı kadın, Alice'in ellerini, avuçları göğe bakacak şekilde ters çevirdi.

"Sende iki hayat var Alice, biri senin bildiğin hayat, diğeri de uzun zamandır seni bekliyor. Bu iki yaşantının hiçbir ortak yanı yok. Dün sana bahsettiğim adam, öteki hayat yolunun üzerinde bir yerlerde bekliyor, bugün sürdüğün hayatta ise hiçbir zaman görünmeyecek. Onunla tanışman, uzun bir yolculuğa çıkman gerektiriyor. Güzergâhı boyunca, var olduğuna inandığın hiçbir şeyin gerçek olmadığını keşfedeceğin bir yolculuk."

"Bu anlattıklarınız saçmalıktan ibaret," diye itiraz etti Alice.

"Olabilir. Basit bir panayır falcısından başka bir şey değilim zaten ben."

"Bu yolculuk nereye olacak peki?"

"Geldiğin yere tatlım, kendi hikâyene."

"Londra'dan geliyorum ve akşam da oraya dönmek niyetindeyim."

"Ben senin doğumuna şahit olan topraklardan bahsediyorum."

"Gene Londra. Holborn'da doğdum ben."

"Hayır, inan bana öyle değil," diye cevap verdi falcı kadın gülümseyerek.

"Annemin beni nerede doğurduğunu biliyorum herhalde!"

"Sen dünyaya güneyde gelmişsin, bunu görmek için falcı olmaya lüzum yok, yüz hatların bunu gösteriyor."

"Söylediklerinizi çürüttüğüm için üzgünüm ama atalarımın hepsi kuzeylidir, anne tarafım Birmingham'lı, baba tarafım da Yorkshire'lıdır."

"İkisi de Doğuludur," diye fısıldadı falcı kadın. "Sen artık var olmayan bir imparatorluktan geliyorsun, binlerce kilometre uzakta, çok eski bir ülkeden... Damarlarında akan kan Hazar'la Karadeniz arasında bir yerden çıkıyor. Bir aynada bak ve kendin de gör."

"Uyduruyorsunuz," diye isyan etti Alice.

"Tekrar ediyorum Alice, bu yolculuğa girişmek için bazı şeyleri kabullenmeye hazır olman gerekiyor. Şu andaki tepkine bakınca, hazır olmadığın sonucunu çıkarıyorum. Burada bırakman daha doğru olacak."

"Asla! Uykusuz gecelerden bıktım! Sizin bir şarlatan olduğunuza ikna olmadan Londra'ya dönmeyeceğim."

Falcı kadın ciddi bir ifadeyle baktı Alice'e.

"Özür dilerim, beni affedin," diye toparlamaya çalıştı Alice, "öyle demek istemedim, size saygısızlık etmek değildi niyetim."

Falcı kadın, Alice'in ellerini bıraktı ve ayağa kalktı.

"Evine dön ve sana söylediğim her şeyi unut; asıl ben özür dilerim. Gerçek şu ki, ben insanların zaaflarını kullanan ve bununla eğlenen deli ihtiyarın tekiyim. Geleceği söyleyeceğim derken sonunda ben de kendimi oyunuma kaptırıyorum. Hiçbir endişen olmaksızın hayatını yaşa.

Güzel kadınsın, zevkine göre bir adamla karşılaşacağını söylemek için falcı olmaya gerek yok."

Falcı kadın, kulübesinin kapısına doğru yürüdü ama Alice yerinden kımıldamadı.

"Sizi demin daha samimi bulmuştum halbuki. Peki, oyunu oynayalım o halde," dedi Alice. "Bunun bir oyun olduğunu düşünmemem için bir sebep yok sonuçta. Sizin kehanetlerinizi ciddiye aldığımı varsayalım. Nereden başlamalıyım?"

"Çok yorucusun tatlım, son kez söylüyorum, sana hiçbir kehanette bulunmadım. Sadece kafamdan geçenleri söyledim. Onun için boşa zaman kaybetmeye gerek yok. Bu Noel gününde yapacak daha iyi bir işin yok mu?"

"Sizi rahat bırakayım diye kendinizi aşağılayıp durmanıza da gerek yok. Bana cevap verdikten sonra gideceğime söz veriyorum."

Falcı kadın, kulübesinin kapısına asılı duran küçük bir Bizans ikonuna baktı, bir azizin neredeyse tamamen silinmiş yüzünü okşadı ve yüzünde daha da kaygılı bir ifadeyle Alice'e döndü.

"İstanbul'da, seni bir sonraki aşamaya götürecek kişiyle karşılaşacaksın. Ama asla unutma: Eğer bu yolculuğu sonuna kadar sürdürürsen, hakikat diye bildiğin şeyden geriye bir şey kalmayacak. Artık rahat bırak beni, çok yoruldum."

Falcı kadın kapıyı açtı, soğuk kış havası kulübeye doldu. Alice paltosuna sarındı, cebinden para çantasını çıkardı ama falcı kadın parayı kabul etmedi. Atkısını boynuna dolayıp yaşlı kadınla vedalaştı.

İskelede kimsecikler yoktu, fenerler rüzgârla titreşiyor ve çıtırtılarıyla değişik bir melodi çıkarıyorlardı.

Önünde bir araba farı yanıp söndü. Daldry, Austin'in ön camının arkasından hareketler yapıyordu. Soğuktan donarak ona doğru koştu Alice.

* * *

"Endişelenmeye başlamıştım. Kendi kendime yüz defa gidip sizi alsam mı artık, diye sordum. Bu soğukta sizi dışarıda beklememe imkân yoktu," diye şikâyet etti Daldry.

"Sanırım gece sürüşü yapmak zorunda kalacağız," diye cevap verdi Alice gökyüzüne bakarak.

"O kulübede ne kadar uzun kaldınız öyle," diye devam etti Daldry, Austin'in motorunu çalıştırırken.

"Zamanın nasıl geçtiğini fark etmedim."

"Ben ettim. Umarım buna değmiştir."

Alice arka koltuktan yol haritasını aldı ve dizlerinin üstüne koydu. Daldry ona, Londra'ya dönüş istikametinde gittiklerine göre artık haritayı baş aşağı tutmanın daha iyi olacağını söyledi. Gaza basmasıyla araba yola fırladı.

"İlginç bir Noel akşamı oluyor herhalde sizin için?" dedi Alice neredeyse özür dileyen bir ses tonuyla.

"Radyomun yanı başında sıkılarak geçireceğimden daha ilginç hakikaten. Ama yol şartları çok zorlamazsa, hâlâ yemek saatine yetişme şansımız var. Gece yarısına daha çok var."

"Korkarım Londra'ya da öyle," diye iç çekti Alice.

"Bana daha uzun süre eziyet çektirecek misiniz? Görüşmenin bir faydası oldu mu? O kadının sebep olduğu endişelerden kurtuldunuz mu nihayet?"

"Tam olarak değil," diye cevapladı Alice.

Daldry camını araladı.

"Bir sigara içsem rahatsız olur musunuz?"

"Bana da bir tane verirseniz olmam."

"Siz içiyor musunuz?"

"Hayır," dedi Alice, "ama bu akşam içebilirim."

Daldry pardösüsünün cebinden bir paket Embassy çıkardı.

"Şu direksiyonu tutuverin bir dakika, kullanmayı biliyorsunuz değil mi?"

"Onu da bilmiyorum," cevabını verdi Alice, dudaklarının arasına iki sigara iliştirmeye çalışan Daldry'nin bıraktığı direksiyona uzanarak.

"Tekerlekleri yolun ortasında tutmaya gayret edin."

Daldry çakmağını yaktı, boşta kalan eliyle yol kenarına doğru kayan Austin'i doğrulttu ve sigaralardan birini Alice'e uzattı.

"Yani tamamıyla boşa gitti bu iş," dedi Daldry, "üstelik düne göre daha da sarsılmış görünüyorsunuz."

"Sanırım falcı kadının sözlerini gereğinden fazla ciddiye aldım. Yorgunluktan olacak. Son zamanlarda yeteri kadar uyuyamadım. Bitkin haldeyim. Kadın sandığımdan da deli çıktı."

Sigarasından içine çektiği ilk nefes Alice'i öksürttü. Daldry sigarayı parmaklarından aldı ve camdan dışarı attı.

"Dinlenin o zaman. Geldiğimiz zaman sizi uyandırırım."

Alice başını cama yasladı, gözkapaklarının ağırlaştığını hissetti.

Daldry ona uyurken baktı bir an, sonra dikkatini yola verdi.

* * *

Daldry, Austin'i kaldırım kenarına park edip motoru durdurdu. Alice'i nasıl uyandıracağını düşünüyordu. Konuşursa kız sıçrayacaktı, elini omzuna koysa fazla ileri gitmiş olacaktı, hafifçe öksürse belki iş görürdü ama yol boyu süspansiyonların gıcırtısından uyanmadığına göre, kim bilir nasıl şiddetli öksürmek gerekecekti.

"Geceyi burada geçirmeye kalkarsak soğuktan ölürüz," diye mırıldandı Alice, tek gözünü aralayarak.

Yerinden sıçrayan Daldry oldu.

Oturdukları kata geldiklerinde Alice de Daldry de, ne söylemenin uygun olacağını bilemediler. Alice önden gitti.

"Saat daha on bir."

"Haklısınız," dedi Daldry, "on biri çok az geçiyor."

"Pazardan ne almıştınız bu sabah?" diye sordu Alice.

"Jambon, bir kavanoz turşu, barbunya fasulyesi ve bir dilim kuru pasta. Ya siz?"

"Yumurta, beykın, çörek ve bal."

"Gerçek bir ziyafet!" diye bağırdı Daldry. "Açlıktan ölüyorum."

"Beni kahvaltıya davet ettiniz, size muazzam bir benzin parasına mal oldum. Üstelik, size hâlâ teşekkür etmiş değilim. Size bir yemek borçluyum."

"Çok büyük memnuniyetle. Bütün hafta boşum."

"Ethan, ben bu akşamdan bahsediyordum!"

"Ne tesadüf, ben de boşum bu akşam."

"Şüphelenmeye başlamıştım."

"Noel'i aynı duvarın iki yanında ayrı ayrı kutlamanın aptalca olacağını kabul ediyorum."

"O zaman bir omlet hazırlayacağım ikimize."

"Bu harika bir fikir," dedi Daldry. "Pardösümü eve bırakıp geliyorum."

Alice ocağı yaktı, sandığı odanın ortasına itti, iki yanına iki büyük yastık yerleştirdi, üstüne bir örtü serdi ve iki kişilik servis çıkardı. Sonra yatağının üstüne çıktı, çatı camını açıp çatının üstünde, kış soğuğunda muhafaza ettiği yumurtaları ve tereyağını aldı.

Birkaç dakika sonra Daldry kapıyı vurdu. Ceketi ve flanel pantolonuyla odaya girdi, sepeti de elindeydi.

"Bu saatte bulmak imkânsız olduğundan, çiçek yerine sabah pazardan aldıklarımı getirdim size; omletle birlikte nefis olacaktır."

Daldry sepetinden bir şişe şarap, cebinden de bir tirbuşon çıkardı.

"En nihayetinde Noel, suya talim edecek değiliz ya!"

Yemek boyunca Daldry, Alice'e çocukluğuna dair hikâyeler anlattı. Ailesiyle arasındaki imkânsız ilişkiden bahsetti, annesinin, mantık evliliği gereği zevkleri, dünya görüşleri ve bilhassa da ruhsal inceliği bakımından hiç uyuşmadığı bir adamla birlikte yaşamaktan çektiği acıları, şiirsellikten yoksun ama hırs bakımından hayli zengin ağabeyini ve bu ağabeyin, baba mesleğinin tek mirasçısı olmak adına kendisini aileden uzaklaştırmak için neler yaptığını anlattı. Bu arada Alice'e sürekli sıkılıp sıkılmadığını sordu ve her defasında olumsuz yanıt aldı. Alice bu aile portresini büyüleyici bulmuştu.

"Peki ya siz," diye soru Daldry, "sizin çocukluğunuz nasıl geçti?"

"Mutlu geçti," dedi Alice. "Tek çocuktum; bir kardeşim olmasını istemezdim desem yalan olur, zira çok istedim; ama böyle de, annemle babamın bütün ilgisi bende toplanmış oldu."

"Peki babanız ne iş yapıyordu?" diye sordu Daldry.

"Eczacıydı. Boş vakitlerinde de araştırma yapardı. Şifalı bitkilerin faydalarına meraklıydı, dünyanın dört bir yanından getirirdi o bitkilerden. Annem de onunla birlikte çalışırdı. Üniversite sıralarında tanışmışlar. Para içinde yüzmüyorduk ama eczacılık iyi kazandıran bir işti. Annemle babam birbirlerini severlerdi, evde çok eğlenirdik."

"Ne kadar şanslıymışsınız."

"Evet, bunu kabul ediyorum. Ama öte yandan, böyle büyük bir aşka şahit olmak da insanda tatmini zor bir beklenti yaratıyor."

Alice kalkıp tabakları lavaboya götürdü. Daldry de yemekten geri kalanları toplayıp ona katıldı. Çalışma masasının önünde durup, içlerinde kâğıttan uzun şeritler duran küçük seramik kâseleri ve rafın üzerindeki tasnif edilmiş küçük şişeleri inceledi.

"Sağda absolüler var. Konkretlerden ya da rezinoidlerden çıkartılırlar. Ortadakilerse, üstünde çalıştığım akorlar."

"Siz de kimyager misiniz babanız gibi?" diye sordu Daldry, şaşırmıştı.

"Absolüler özdür, konkretlerse gül, yasemin, leylak gibi bitkisel kökenli bazı hammaddelerin kokulu özlerinden çıkartılır. İlginizi çeken o masaya ise, org denir. İtriyatçılarla müzisyenlerin kelime hazneleri hayli müşterektir. Bizim de notalarımız ve akorlarımız vardır. Babam eczacıydı, bense burun dediklerindenim. Karışımlar yaratmayı, yeni hoş kokular bulmayı deniyorum."

"Çok ilginç bir meslek doğrusu! Peki hiç kendi yarattığınız bir koku oldu mu? Yani çarşıdan aldığımız parfümler gibi demek istiyorum, benim de bilebileceğim bir şey mesela?"

"Evet, böyle bir şey geldi başıma," diye cevapladı Alice, sesinde bir gülüş seziliyordu. "Bu henüz epey gizli bir bilgi ama Londra'daki bazı parfümeri vitrinlerinde benim buluşlarımdan birine rastlanabiliyor."

"İnsanın kendi işini vitrinde görmesi harika bir şey olmalı. Belki de adamın biri, sizin parfümünüz sayesinde bir kadını baştan çıkarttı."

Bu sefer Alice sahiden güldü.

"Sizi hayal kırıklığına uğratacağım için üzgünüm, ama bugüne kadar sadece kadınlar için parfümler yaptım. Ama bana bir fikir vermiş oldunuz, biberli bir nota bulmalıyım, odunsu, erkeksi bir doku, sedir ya da vetiver olabilir, bunu düşünmeliyim."

Alice çörekten iki dilim kesti.

"Şu tatlıdan da yiyelim, sonra sizi azat edeceğim. Harika bir akşam geçiriyorum ama uykudan da öleceğim."

"Ben de öyle," dedi Daldry esneyerek. "Dönüş yolunda çok kar yağdı, arabayı çok ihtiyatlı kullanmak zorunda kaldım."

"Teşekkür ederim," diye iç çekti Alice, bir dilim çöreği Daldry'ye uzatırken.

"Asıl ben size teşekkür ederim, ne zamandır çörek yememiştim."

"Beni Brighton'a kadar götürdüğünüz için teşekkür ederim. Çok büyük iyilik ettiniz."

Daldry gözlerini cam çatıya doğru kaldırdı.

"Gün içerisinde, ışık bu odada olağanüstü olmalı."

"Öyledir sahiden. Bir gün çay içmeye davet ederim sizi, kendi gözlerinizle görürsünüz."

Son çörek lokmalarını da yedikten sonra Daldry kalktı, Alice onu kapıya kadar geçirdi.

"Yolum pek uzun değil," dedi Daldry sahanlığa adımını atarken.

"Öyle."
"Mutlu Noeller, Bayan Pendelbury."
"Mutlu Noeller, Bay Daldry."

3

Tavandaki cam, incecik, ipeksi bir tabakayla kaplanmıştı, şehir kar altındaydı. Alice yatağında doğrulup dışarı bakmaya çalıştı. Penceresinin kanadını açmasıyla kapaması bir oldu, soğuk dondurucuydu.

Gözleri hâlâ uykudan mahmur, yalpalayarak ocağa kadar gidip çaydanlığı ateşin üstüne koydu. Daldry, kibritlerini rafta bırakma nezaketi göstermişti. Önceki akşamı hatırlayınca gülümsedi.

Canı çalışmak istemiyordu. Bir Noel günü, ziyaret edilecek bir ailesi olmadığı için çıkıp parkta dolaşmaya karar verdi.

Sımsıkı giyinip, ayaklarının ucuna basa basa evden ayrıldı. Victoria tarzı ev sessizdi, Daldry hâlâ uyuyor olmalıydı.

Sokak el değmemiş, pürüzsüz bir beyaza bürünmüştü, bu görüntü Alice'i büyüledi. Karın, şehrin bütün pisliklerini örtmek gibi bir gücü vardı, en hüzünlü mahalleler bile kışın ortasında bir miktar güzelleşebiliyordu.

Bir tramvay yaklaşıyordu. Alice kavşağa doğru koştu, tramvaya atladı, vatmandan biletini aldı ve vagonun en arkasındaki sıraya oturdu.

Yarım saat sonra Queen's Gate'ten Hyde Park'a giriyordu. Kensington Palace'a giden çapraz yoldan yürüdü. Küçük gölün önünde durdu. Ördekler, bir parça yiyecek bulma ümidiyle bulanık suyun üstünde kayarak Alice'e doğru geliyorlardı. Onlara verecek bir şeyi olmadığı için üzüldü. Gölün öbür tarafında, banka oturmuş bir adam ona eliyle bir işaret yaptı. Ayağa kalktı. Gittikçe daha da belirginleşen el kol hareketleriyle Alice'i yanına çağırıyordu. Ördekler Alice'e doğru gelmekten vazgeçip geri döndüler ve meçhul adama doğru hızla yüzmeye başladılar. Alice gölün etrafını dolaştı, ördeklere yemek vermek için diz çökmüş adama yaklaştı.

"Daldry? Bu ne sürpriz, beni mi izliyordunuz?"

"Şaşırtıcı olan, yabancı bir adam size asılınca koşar adım yanına gelmeniz. Sizden önce geldim buraya, nasıl takip edeyim sizi?"

"Ne yapıyorsunuz burada?" diye sordu Alice.

"Ördeklerin Noeli'ni unuttunuz mu? Biraz hava alayım diye çıktığımda paltomun cebinde *pub*'dan aşırdığımız ekmekleri buldum ve kendi kendime, hazır dolaşmaya çıkmışken ördekleri de besleyeyim bari, dedim. Siz ne yapıyorsunuz peki?"

"Sevdiğim bir yer burası."

Daldry ekmeği ikiye bölüp bir parçasını Alice'e verdi.

"Eh," dedi Daldry, "küçük maceramız fazla bir işe yaramadı."

Ördekleri beslemekle meşgul olan Alice cevap vermedi.

"Dün gece de uzun uzun evde dolaşıp durduğunuzu duydum. Yine mi uyuyamadınız? Yorgundunuz halbuki."

"Uyudum ama kısa bir süre sonra uyandım. Bir kâbus gördüm, hatta belki birkaç tane."

Daldry, ekmeğinin hepsini ördeklere dağıtmıştı. Alice de öyle. Daldry doğruldu ve elini Alice'e uzatarak kalkmasına yardım etti.

"Neden falcı kadının dün söylediklerini bana anlatmıyorsunuz?"

Hyde Park'ın karlı yürüyüş yolları tenha sayılırdı. Alice falcı kadınla arasında geçen konuşmayı olduğu gibi anlattı, kadının kendi kendini şarlatanlıkla suçladığı bölümü bile atlamadı.

"Ne tuhaf çark etmiş kadın! Peki, madem şarlatan olduğunu itiraf etmiş, neden hâlâ kafaya takıyorsunuz?"

"Çünkü tam da o noktada kadına inanmaya başladım. Aslında ben gayet rasyonel biriyimdir ve inanın, en yakın arkadaşım bana bu anlattıklarımın yarısını anlatsa, sabaha kadar onunla dalga geçerdim."

"En yakın arkadaşınıza bulaşmayın da, sizin durumunuzla biz ilgilenelim. Bu aşamada sizi rahatsız eden ne?"

"Falcı kadının söylediği her şey son derece rahatsız edici, kendinizi benim yerime koyun."

"Demek size İstanbul'dan bahsetti, öyle mi? Nereden aklına gelmiş! Belki de, aklınızda bir şey kalmasın diye oraya gitmelisiniz."

"Bu gerçekten komik bir fikir. Austin'le beni oraya götürmek ister misiniz?"

"Korkarım bu, Austin'in görev alanını aşar. Öylesine söylemiştim zaten."

Yürüyüş yolunu tırmanan bir çiftin yanından geçtiler. Daldry sustu ve konuşmasına devam etmek için uzaklaşmalarını bekledi.

"Bu hikâyede sizi neyin rahatsız ettiğini söyleyeyim. Falcı kadının, bu yolculuğun sonunda, hayatınızın adamının sizi beklediğini söylemesi. Sizi suçlamıyorum, gerçekten çılgınca ve çok gizemli bir romantizm var bunda."

"Benim kafamı kurcalayansa," dedi soğuk bir sesle Alice, "orada doğmuş olduğumu çok kendinden emin bir ifadeyle iddia etmesi."

"Ama nüfus kâğıdınız tersini ispatlıyor."

"On yaşındayken, annemle, Holborn'daki dispanserin önünden geçtiğimizi hatırlıyorum, bana, seni burada doğurdum, deyişi hâlâ kulaklarımda."

"O zaman unutun bütün bunları! Sizi Brighton'a götürmemeliydim. İyilik ettiğimi düşünüyordum ama tam tersi oldu. Sizi, hiçbir önemi olmayan bir şeyi ciddiye almaya teşvik etmiş oldum."

"Benim artık işimin başına oturma vaktim geldi, aylaklık bana iyi gelmiyor."

"Sizi durduran ne?"

"Dün, nezle olmak gibi bir talihsizlik yaşadım. Önemli bir şey değil ama mesleğim için fazlasıyla sıkıntı yaratıyor."

"Nezlenin tedavisi bir hafta sürer, ama hiçbir şey yapmazsan yedi günde iyileşirsin derler," dedi Daldry gülerek. "Sanırım hastalığınızın ilacı sabır. Eğer soğuk aldıysanız eve gidip kendinizi sıcak tutmanızda fayda var. Arabamı bu yolun sonunda, Prince's Gate'in önünde bıraktım. Sizi eve götüreceğim."

Austin çalışmamakta direniyordu. Daldry, Alice'ten direksiyona geçmesini rica etti, kendisi arabayı itecekti. Bütün yapması gereken, araba azıcık hız kazandığı anda ayağını debriyajdan çekmekti.

"Hiç zor değil," diye teselli etti Alice'i, "sol ayak basılı duracak, motor çalıştığında sağ ayağınızla da hafifçe basacaksınız, sonra da iki ayak aynı anda soldaki iki pedala basacak. Ve tabii, tekerlekleri yolda tutacaksınız."

"Ama bu çok karmaşık!" diye isyan etti Alice.

Lastikler karda kayıyordu, Daldry'nin ayağı kaydı ve boylu boyunca yola kapaklandı. Austin'in içinde, sahneyi dikiz aynasından izleyen Alice kahkahalarla gülüyordu. O ânın neşesiyle Alice kontak anahtarını çevirmeyi akıl etti ve arabanın motoru öksürüp çalışmaya başladı. Alice'in keyfi iyice yerine gelmişti.

"Babanızın eczacı olduğuna emin misiniz, tamirci olmasın?" diye sordu Daldry yolcu koltuğuna yerleşirken.

Pardösüsü karla kaplanmıştı, yüzünün hali de daha parlak değildi.

"Çok özür dilerim, bunda gülünecek hiçbir şey yok fakat kendimi tutamıyorum," dedi Alice neşe içinde.

"Neyse, hadi, gaza basın bari," dedi Daldry homurdanarak, "madem araba size alıştı, bakalım gaza bastığınızda da o kadar itaatkâr olacak mı!"

"Daha önce hiç araba kullanmadığımı biliyorsunuz," dedi Alice, hâlâ gülüyordu.

"Her şeyin bir ilki vardır," dedi Daldry kayıtsızca, "soldaki pedala basın, sonra yavaş yavaş bırakırken hafifçe gaz pedalına basın."

Tekerlekler buzlu yolun üstünde dönmeye başladı. Direksiyona yapışan Alice, arabayı öyle bir ustalıkla yola soktu ki, komşusu hayret etti.

O Noel sabahı, yollar neredeyse ıssızdı. Alice, Daldry'nin talimatlarını dikkatle dinleyerek arabayı kullanıyordu. Yaptığı birkaç ani fren iki defa stop etmesine neden olsa da, herhangi bir olaya mahal vermeden arabayı eve götürmeyi becerdi.

"Baş döndürücü bir tecrübe oldu," dedi Alice kontağı kapatırken. "Araba kullanmaya bayıldım."

"O halde bu hafta ikinci dersi de yapabiliriz, eğer isterseniz."

"O kadar hoşuma gider ki!"

Sahanlığa geldiklerinde Daldry ve Alice vedalaştılar. Alice'in ateşi vardı ve yatıp biraz dinleme fikri çok cazip görünüyordu. Daldry'ye teşekkür etti ve kendini eve atar atmaz da paltosunu yatağın üstüne örtüp yorganın altına büzüldü.

* * *

Sıcak bir rüzgârla karışmış hafif bir pus vardı havada. Toprak bir sokağın tepesinden, uzun bir merdivenle şehrin başka bir mahallesine iniliyordu.

Alice çıplak ayaklarıyla ilerlerken dört bir tarafına bakıyordu. Esnafın alacalı renkli demir kepenkleri hep inikti.

Uzaktan ona seslenen bir ses duydu. Basamakların tepesinde bir kadın, pusuda bir tehlike onları bekliyormuş gibi, acele etmesini işaret ediyordu.

Alice onun yanına gitmek için koştu ama kadın kaçtı ve kayboldu.

Arkasında bir uğultu vardı, çığlıklar, haykırışlar. Alice merdivenlere doğru koştu, kadın onu basamakların aşağı-

sında bekliyordu ama ilerlemesine izin vermedi. Onu çok sevdiğini söyledi ve veda etti.

Kadın uzaklaşırken, silueti ufacık oluncaya değin küçülüyor, Alice'in kalbinde ise büyüye büyüye devasa bir hal alıyordu.

Alice kadına doğru atıldı, basamaklar ayaklarının altında parçalanıyordu, merdiven uzun bir yarık halinde ikiye ayrıldı ve Alice'in arkasındaki uğultu dayanılmaz bir hale geldi. Kafasını kaldırdı. Kızıl bir güneş derisini yakıyordu, vücudundaki ıslaklığı, dudaklarındaki tuzu, saçlarının arasındaki toprağı hissetti. Etrafında dönüp duran toz bulutları havayı nefes alınamaz bir hale getirmişti.

Birkaç metre ileriden sürekli bir sızlanma sesi geliyordu, bir inleme, anlamını kavrayamadığı, mırıltı halinde gelen kelimeler. Boğazı düğümlendi, Alice boğuluyordu.

Kuvvetli bir el onu kolundan yakaladı ve büyük merdiven, ayağının altından kayıp gitmeden onu çekip kaldırdı.

Alice haykırdı, elinden geldiğince karşı koydu ama onu tutan kişi fazlasıyla kuvvetliydi ve Alice bilincini kaybetmekte olduğunu hissetti, bununla mücadele edecek gücü yoktu. Tepesindeki gökyüzü devasa ve kıpkırmızıydı.

* * *

Alice gözlerini yeniden açtığında, karla kaplı çatının beyazı gözlerini kamaştırdı. Titriyordu, alnı ateşten yanıyordu. El yordamıyla, taburenin üzerindeki su bardağını aradı ve ilk yudumu içtikten sonra bir öksürük nöbetine tutuldu. Gücü tükeniyordu. Kalkması lazımdı, gidip, onu iliklerine kadar donduran bu soğuktan koruyacak bir örtü bulmalıydı kendine. Doğrulmaya çalıştı ama boşuna, yeniden yığıldı.

* * *

İsminin fısıldandığını duydu, tanıdık bir ses onu yatıştırmaya çalışıyordu.

Başı dizlerinin arasında, büzüşmüş bir halde daracık bir kulübenin içinde saklanıyordu. Ağzını kapatan bir el konuşmasına izin vermiyordu. Ağlamak istiyordu, ama onu kollarında tutan kişi susmasını söylüyordu.

Kapıya art arda inen yumruğun sesini duydu. Darbeler gittikçe şiddetleniyordu, artık sert tekmelerle vuruluyordu kapıya. Ayak sesleri vardı, biri içeri girmişti. Küçük kulübesinin içinde Alice nefesini tutmuştu, sanki nefes almıyordu artık.

* * *

"Alice, uyanın!"

Daldry yatağa yaklaştı ve bir elini Alice'in alnına koydu.

"Zavallıcık, yanıyorsunuz."

Daldry, Alice'in kalkmasına yardım etti, yastığı düzeltti ve daha rahat bir pozisyonda yatmasını sağladı.

"Doktor çağıracağım."

Birkaç dakika sonra yeniden Alice'in başucuna geldi.

"Nezleden daha ciddi bir şey olmasından endişe ediyorum. Doktor birazdan burada olur. Siz dinlenin, ben yanınızda olacağım."

Daldry yatağın ayakucuna oturdu ve söz verdiği gibi bekledi. Doktor bir saat içinde geldi. Alice'i muayene etti, nabzını ölçtü, kalp atışlarını ve nefesini dikkatle dinledi.

"Durumu hafife alınacak gibi değil, muhtemelen grip. Sıcak tutun, terlemesi lazım. Hafif şekerli ılık su ve bitki çayı içirin," dedi doktor, Daldry'ye. "Azar azar ama mümkün olduğu kadar sık içirin."

Daldry'ye aspirin de verdi.

"İşte bu, ateşini düşürecektir. Eğer yarına kadar düşmezse, hastaneye götürün."

Daldry doktorun parasını ödedi ve Noel günü kalkıp geldiği için teşekkür etti. Kendi evinden getirdiği iki kalın örtüyü Alice'in üzerine örttü. Uzun çalışma masasının önünde duran koltuğu odanın ortasına çekti ve geceyi geçirmek üzere oraya yerleşti.

"Sanırım her şeye rağmen, gürültücü arkadaşlarınızın beni uyutmamasını tercih ederim, en azından yatağımda olurdum," diye söylendi.

* * *

Odadaki gürültü kesilmişti. Alice, saklandığı kulübenin kapısını itti. Sessizlik ve yokluk hüküm sürüyordu. Eşyalar ters dönmüş, yatağı dağınık. Yerde kırılmış bir çerçeve duruyor. Alice, cam kırıklarına dikkat ederek resmi yerine, komodine koydu. İki suratın kendisine gülümsediği, çini mürekkebiyle yapılmış bir resim. Pencere açıktı, dışarıda tatlı bir rüzgâr esiyor, perdeleri havalandırıyordu. Alice yaklaştı, pencerenin pervazı çok yüksek. Aşağıdaki sokağı görebilmek için bir taburenin üstüne çıkması gerekti. Tırmandı, gün ışığı pırıl pırıl, gözlerini kırpıştırdı.

Kaldırımdan bir adam ona bakıyor ve gülümsüyordu; sevgi dolu, iyilik dolu bir yüzü vardı. O adamı sonsuz bir aşkla seviyordu. Onu hep böyle sevmişti, ezelden beri tanıyordu onu. Ona doğru gitmek isterdi, onu kollarına alsın isterdi, onu tutmak, ismini haykırmak isterdi ama artık sesi çıkmıyordu. O zaman Alice ona eliyle bir işaret yaptı; karşılık olarak, adam da kasketini salladı, gülümsedi ve kayboldu.

* * *

Alice yeniden açtı gözlerini. Daldry başının altından tutup onu doğrultmuş, dudaklarına dayadığı bir bardak suyu yavaşça içmesini rica ediyordu.

"Onu gördüm," diye mırıldandı Alice, "oradaydı."

"Doktoru diyorsunuz," dedi Daldry. "Hem pazar hem de Noel, çok vicdanlı biri olsa gerek."

"Doktor değildi."

"Öyle görünüyordu halbuki."

"Beni orada bekleyen adamı gördüm."

"Tamam," dedi Daldry, "daha iyi olduğunuzda bundan bahsederiz yine. Bu arada dinlenin siz. Sanırım ateşiniz azıcık düştü bile."

"Düşündüğümden de yakışıklıydı."

"Buna hiç şüphem yok. Ben de gribe yakalanmalıyım, belki benim ziyaretime de Esther Williams gelir. *Beni Baloya Götür*'de[1] muhteşemdi."

"Evet," diye mırıldandı Alice yarı sayıklar bir şekilde, "beni baloya götürecek."

"Harika, ben de o arada uyurum biraz."

"Onu bulmalıyım," diye fısıldadı Alice, gözleri kapalıydı. "Oraya gitmeliyim, onu bulmalıyım."

"Çok iyi bir fikir. Yine de birkaç gün beklemenizi öneririm. Şu halinizle, ateşin yalnızca sizin bacayı sarması yüksek ihtimal."

Alice yeniden uyumuştu. Daldry iç çekti ve koltuğuna geri döndü. Saat sabahın dördüydü. Rahatsız pozisyonu nedeniyle sırt ağrısı çekiyordu, ensesi canını fena halde yakıyordu ama Alice'in rengi biraz yerine gelmişti sanki. Aspirin işe yaramıştı, ateş düşüyordu. Daldry ışığı söndürdü ve biraz uyuyabilmek için dua etti.

* * *

Alice şiddetli bir horlama sesine uyandı. Uzuvları hâlâ ağrıyordu ama soğuk, vücudunu terk etmiş, yerini tatlı bir ılıklık almıştı.

Gözlerini açtı ve koltukta yığılıp kalmış komşusunu

---

1. Orijinal adı *Take me out to the Ball Game* olan film, Fransa'da *Emmenez-moi au bal* (Beni Baloya Götür), Türkiye'de ise *Gençlerin Sevgilisi* adıyla gösterilmiştir. (Y.N.)

gördü. Ayaklarının üstünde bir örtü duruyordu. Sağ kaşının, nefes alışverişiyle ahenkli bir şekilde kalkıp inmesi Alice'i güldürdü. Birden, komşusunun bütün geceyi ona göz kulak olmak için orada geçirdiğini anladı ve bundan müthiş bir utanç duydu. Üzerindeki örtüyü dikkatle kaldırdı, katladı ve sessizce ocağa gitti. Gürültü yapmamak için bin bir itina göstererek çay yapmaya girişti ve ocağın yanında bekledi. Daldry'nin horlaması gittikçe şiddetlendi, sonunda öyle bir hal aldı ki, kendi bile uykusunda rahatsız oldu. Yan tarafına döndü, kaydı ve boylu boyunca parkeye yapıştı.

"Ayakta ne işiniz var?" diye sordu Daldry esneyerek.

"Çay yapıyordum," dedi Alice iki fincana çay koyarken.

Daldry, böbreklerini ovuşturarak ayağa kalktı.

"Derhal gidip yatağınıza yatar mısınız!"

"Çok daha iyi hissediyorum kendimi."

"Bana ablamı hatırlatıyorsunuz... ve bu bir iltifat değil. Hem inatçı hem gamsızdır. Gücünüzü azıcık toplar toplamaz kendinizi soğuğa maruz bırakıyorsunuz. Haydi! Tartışma istemiyorum, doğru yatağa! Çayınızı ben yaparım. Vücudumu birkaç karınca değil, bütün bir karınca kolonisi istila etmiş olsa da, kollarım hâlâ iş görecek durumda."

"Size verdiğim rahatsızlıktan dolayı çok mahcubum," dedi Alice, Daldry'nin dediğini yaparken.

Yatağına oturup, Daldry'nin verdiği tabağı kucağına yerleştirdi.

"İştahınız biraz yerine geldi mi?" diye sordu Daldry.

"Pek değil, doğrusu."

"Ama yine de biraz yemelisiniz, bu gerekli," dedi Daldry.

Kendi dairesine gidip teneke bir bisküvi kutusuyla geri geldi.

"Gerçek *shortbread*[1] mi bunlar?" diye sordu Alice. "Ne zamandır ağzıma koymamıştım."

---

1. (İng.) Geleneksel İngiliz kurabiyesi. (Y.N.)

"Olabildiğince gerçek; ev yapımı," dedi Daldry gururla bir kurabiyeyi çay fincanına batırarak.

"Nefis görünüyorlar," dedi Alice.

"Elbette! Kendim yaptım demedim mi?"

"Çılgınca..."

"Benim *shortbread*'imin nesi çılgınca oluyormuş acaba?" diye sordu Daldry bozulmuş bir halde.

"... Bazı tatların insana çocukluğunu hatırlatması diyorum, çılgınca. Pazar günleri annem yapardı bunlardan, haftanın her günü, ödevlerim bittikten sonra sıcak çikolatayla birlikte yerdik. O zamanlar çok da bayılmazdım. Fincanımın dibinde erimeye bırakırdım, annem de bu numarama uyanmazdı. Daha sonra, savaş zamanı, sığınaklarda sirenlerin susmasını beklerken bu *shortbread*'ler geldi hep gözümün önüne. Yakınlarda bir yere düşen bir bombanın etkisiyle yıkılmış bir mahzenin dibinde, bunlardan yemenin hayalini az kurmadım."

"Annemle bu kadar yakın bir an geçirme olanağım sanırım hiç olmadı benim," dedi Daldry. "Kurabiyelerimin hatıranızdakiler kadar leziz olduklarını iddia edecek değilim, ama umarım beğenirsiniz."

"Bir tane daha alabilir miyim?" diye sordu Alice.

"Bu arada, gece boyunca korkunç kâbuslar gördünüz," diye mırıldandı Daldry.

"Biliyorum, hatırlıyorum, eski zamanlardan kalma bir sokakta çıplak ayak geziniyordum."

"Ama zaman bir şey ifade etmez rüyalarda."

"Anlamıyorsunuz, o yeri tanıyorum gibi geliyordu."

"Muhtemelen birkaç anı kırıntısı, kâbuslarda her şey birbirine karışır."

"Bu seferki korkutucu bir karışımdı Daldry, Alman V1 füzelerinin altında olduğundan daha fazla korktum."

"Belki kâbusunuzda onlar da vardı."

"Hayır, tamamen başka bir yerdeydim. Peşimdeydiler, bana bir fenalık etmek istiyorlardı. Ama o ortaya çıktığında korkudan eser kalmadı. Artık başıma bir kötülük gelmeyeceğini hissediyordum."

"Kim ortaya çıktığında?"

"Sokaktaki adam, bana gülümsüyordu. Kasketiyle bana selam verdi ve sonra gitti."

"Gayet gerçekmiş gibi anlatıyorsunuz."

Alice iç çekti.

"Evinize gidip uyumalıydınız Daldry, yüzünüz bembeyaz."

"Hasta olan sizsiniz. Ne var ki, koltuğunuzun çok rahat olmadığını da kabul ediyorum."

Kapı vuruldu. Daldry açmaya gitti ve karşısında Carol'ı buldu. Elinde hasır bir sepet vardı.

"Ne işiniz var burada? Alice'in yalnızken de sizi rahatsız ettiğini söylemeyin bana," dedi Carol, odaya girerken.

Carol arkadaşını yatakta görünce şaşırdı.

"Arkadaşınız şiddetli bir grip geçirdi," dedi Daldry, Carol'dan utanmış, ceketini düzeltiyordu.

"Demek tam zamanında geldim. Bizi yalnız bırakabilirsiniz, ben hemşireyim. Alice emin ellerde artık."

Daldry'yi kapıya kadar geçirip dışarı itekledi.

"Çıkabilirsiniz," dedi, "Alice'in dinlenmeye ihtiyacı var, ben onunla ilgileneceğim."

"Ethan?" diye seslendi Alice yatağından.

Daldry, ayaklarının ucunda yükselip Carol'ın omzu üzerinden onu görmeye çalıştı.

"Her şey için çok teşekkürler," diye iç çekti Alice.

Daldry, ona yapmacık bir gülümseme gönderip çıktı.

Kapıyı kapatır kapatmaz Carol yatağın yanına geldi, elini Alice'in alnına koydu, boynuna dokundu ve dilini çıkarmasını söyledi.

"Hâlâ biraz ateşin var. Sana köyden bir sürü güzel şey getirdim. Taze yumurta, süt, reçel, annemin dün yaptığı turtadan. Nasıl hissediyorsun kendini?"

"Sen geldiğinden beri bir fırtınanın ortasında gibi."

"Her şey için teşekkürler Ethan," diye kırıttı Carol çaydanlığı doldururken. "Son akşam yemeğimizden beri aranızdaki ilişki epey gelişmiş bakıyorum. Anlatacağın bir şey var mı?"

"Ne kadar aptalsın! İmaların ne kadar yersiz!"

"Hiçbir imada bulunmadım, tespitte bulunuyorum."

"Komşuyuz sadece, başka bir şey yok."

"Geçen hafta öyleydiniz. Sana 'Bayan Pendelbury' diye hitap ediyordu, sen de ona 'partiyi berbat eden Bay Mızmız' diyordun. Sizi bu kadar yakınlaştıracak bir şeyler olmuş besbelli."

Alice cevap vermedi. Carol, elinde çaydanlık, ona bakıyordu.

"O derece yani!"

"Brighton'a gittik," diye iç çekti Alice.

"Noel'deki esrarengiz davetin o muydu? Haklısın, çok aptalım ben! Sanmıştım ki, oğlanlar anlamasın diye uyduruyorsun. Noel gecesi seni Londra'da yalnız bıraktım ve annemle babama gelmen için yeteri kadar ısrarcı olmadım diye kendi kendime kızıp durdum. Meğer bu esnada, hanımefendi komşusuyla deniz kenarında eğlencedeymiş. Ben gerçekten kaz kafalılar kraliçesiyim."

Carol, Alice'in yatağının yanındaki taburenin üstüne bir fincan çay bıraktı.

"Neden hiç kendine eşya almayı düşünmüyorsun? Gerçek bir komodin mesela? Yoksa, yoksa esrarengiz bayan," diye heyecanlandı birden, "komşunun o son eve geliş olayı da, yoksa, bizi evden yollayıp geceyi birlikte geçirmek için bir tertip miydi?"

"Carol!" diye fısıldadı Alice, komşusuyla arasındaki ortak duvarı göstererek. "Sus ve otur! Griplerin hepsinden daha öldürücüsün."

"Bu grip değil, ciddi bir soğuk algınlığı," dedi Carol, terslendiği için sinirlenmişti.

"O yolculuğu planlamamıştık. Onun bir cömertlik gösterisiydi. Şu sinsi tavrını bırak artık, Daldry'yle aramda karşılıklı ve zarif bir sempati dışında bir şey yok. Benim tipim değil kesinlikle."

"Neden döndün Brighton'a?"

"Çok bitkinim, bırak dinleneyim ne olursun," diye yalvardı Alice.

"İlgimden bu denli rahatsız olduğunu görmek çok üzücü."

"Aptalca şeyler söyleyeceğine bana şu turtadan ver biraz," dedi Alice hapşırmadan hemen önce.

"Gördün mü, nezlesin işte!"

"Bundan kurtulup derhal çalışmaya başlamalıyım," dedi Alice yatağında doğrularak. "Hiçbir şey yapmadan durmak beni delirtecek."

"Hastalığının geçmesi için sabretmen lazım. Brighton'daki şu küçük gezinti, seni en az bir hafta koku alma duyundan mahrum bırakacak. Neyse, oraya ne yapmaya gittiğini söyleyecek misin artık bana?"

Alice anlattıkça Carol'ın şaşkınlığı artıyordu.

"Ben de senin yerinde olsam dehşete düşerdim. Döner dönmez neden hasta olduğun belli oldu."

"Aman ne komik!" dedi Alice omzunu silkerek.

"Aman Alice, gülünç şeyler bunlar, hepsi boş laf. 'Var olduğuna inandığın hiçbir şeyin gerçek olmaması' da ne demekmiş? Ama ne olursa olsun, sana bu saçmalıkları dinletmek için onca kilometre yapmayı göze alması, komşun açısından hoş bir şey. Gerçi, seni arabasıyla gezdirmek isteyecek daha bir sürü adam sayabilirim. Hayat ne adaletsiz. Verecek bir aşkı olan benim, ama erkekler seni beğeniyor."

"Hangi erkekler? Sabahtan akşama kadar yalnızım ben. Geceleri de farklı değil."

"Yine Anton'dan bahsedelim istersen? Yalnızsan bu tamamen senin suçun. İyi vakit geçirmeyi bilmeyen bir idealistsin. Ama belki de özünde haklı olan sensindir. Sanırım, ilk öpücüğümü atlıkarıncanın üstünde almak hoşuma giderdi," diye devam etti Carol üzgün bir sesle. "Gitmem lazım, hastaneye geç kalacağım. Ayrıca, komşun geri dönecek olursa sizi rahatsız etmek istemem."

"Yeter artık, sana aramızda hiçbir şey olmadığını söyledim."

"Biliyorum, senin tipin değil. Hele şimdi, uzak diyarlarda yakışıklı bir prens seni beklediğine göre... Belki de bir tatile çıkıp, o adamın peşine düşmelisin. Eğer imkânım olsaydı seve seve gelirdim seninle. Dalga geçiyorum gerçi, ama iki kız seyahat etmek müthiş bir macera olurdu... Türkiye'de hava sıcak olur, erkeklerin cildi altın sarısı olmalı."

Alice uyuyakalmıştı. Carol koltuğun ayağındaki örtüyü alıp yatağın üzerine serdi.

"Uyu güzelim," diye fısıldadı, "ben kötü yürekli biriyim, kıskancın tekiyim ama sen benim en iyi arkadaşımsın, seni kardeşim gibi seviyorum. Yarın nöbetim bitince gelip sana bir daha bakacağım. Çok çabuk iyileşeceksin."

Carol paltosunu giyip ayaklarının ucunda evi terk etti. Sahanlıkta alışverişe çıkan Daldry'yle karşılaştı. Merdivenleri birlikte indiler. Sokağa çıktıklarında Carol ona döndü.

"Yakında iyileşir."

"Bu iyi haber."

"Onunla böyle yakından ilgilenmeniz çok nazikçe."

"Hiç önemli değil, komşular arasında lafı olmaz..."

"Görüşmek üzere Bay Daldry."

"Son bir şey, hanımefendi. Sizi ilgilendirmese de bilmenizi isterim, o da benim tipim değil, hem de hiç değil."

· Daldry, Carol'a hoşça kal demeden dönüp gitti.

4

Hafta geçmek bilmedi. Alice'in artık ateşi yoktu ama çalışmaya da başlayamıyordu, yediklerinin tadını bile ancak alıyordu. Daldry o günden sonra görünmemişti. Alice birkaç defa kapısını çalmıştı ama hiçbirinde komşusunun dairesinden ses çıkmamıştı.

Carol, nöbetleri arasında devamlı gelip onu gördü, ona yiyecek bir şeyler ve hastanenin bekleme odasından yürüttüğü gazeteleri getirdi. O kış soğuğunda, şunun şurası üç sokak ötedeki evine gidecek gücü bulamadığı bir gece, Alice'in evinde yatıya bile kalmıştı.

O gece, Carol, Alice'in yanında yatmıştı ve neredeyse her gece görmeye başladığı kâbustan uyandırmak için, Alice'i tüm gücüyle sarsmak zorunda kalmıştı.

Cumartesi günü, Alice nihayet çalışma masasına geçebilmenin mutluluğuyla otururken, sahanlıkta ayak sesleri duydu. Koltuğunu geriye itti ve hızla kapıya koştu. Daldry, elinde küçük bir valizle evine dönüyordu.

"Merhaba Alice," dedi arkasını dönmeden.

Anahtarı kilitte döndürdü ama girmeden önce durakladı.

"Kusura bakmayın size uğrayamadım, birkaç gündür burada değildim," diye devam etti, sırtı hâlâ Alice'e dönüktü.

"Özür dilemeyin, ben sadece sizden haber alamadığım için endişelenmiştim."

"Seyahate çıktım. Size bir not bırakabilirdim ama yapmadım," dedi Daldry yüzü kapıya dönük.

"Neden bana sırtınızı dönüyorsunuz?" diye sordu Alice.

Daldry usulca döndü, rengi uçmuştu, üç günlük sakalı vardı, gözkapakları çökmüştü, gözleri kıpkırmızı ve nemliydi.

"Bir şeyiniz mi var?" diye sordu Alice endişe içinde.

"Hayır, ben iyiyim. Ama babam, geçen pazartesi uyanmamaya karar vermiş. Üç gün önce gömdük onu."

"Gelin," dedi Alice, "size çay yapayım."

Daldry bavulunu bıraktı ve komşusunun peşinden gitti. Asık suratıyla koltuğa çöktü. Alice de tabureyi çekip karşısına oturdu.

Daldry camekâna bakıyordu ama bakışları boştu. Alice onun sessizliğine saygı gösterdi ve bir saat boyunca hiçbir şey söylemeden bekledi. Sonunda Daldry iç geçirip ayağa kalktı.

"Teşekkür ederim," dedi. "İhtiyaç duyduğum şey tam olarak buydu. Şimdi evime döneceğim, güzel bir duş alacağım ve cumburlop yatağa gireceğim."

"Cumburloptan önce yemeğe gelin, size bir omlet yapayım."

"Pek aç değilim."

"Yemelisiniz yine de, buna ihtiyacınız var," dedi Alice.

Daldry bir süre sonra geri geldi. Flanel pantolonunun üstüne boğazlı kazak giymişti. Saçları hâlâ darmadağınık, gözleri de çöküktü.

"Görünüşümü affedin," dedi, "tıraş takımımı annemlerin evinde unutmuşum galiba ve bu saatte gidip yenisini bulmak da zor biraz."

"Sakal size yakışmış aslında," dedi Alice onu karşılarken.

Sandığın üstünde yediler akşam yemeklerini. Alice bir şişe cin açmıştı. Daldry içkiyi memnuniyetle içiyordu ama iştahı hiç yoktu. Tamamen nezaket gereği, omletten bir parça yemeye çalıştı.

"Kendi kendime söz vermiştim," dedi sessizliğin ortasında, "günün birinde gidip onunla erkek erkeğe hesaplaşacaktım. Ona, sürdüğüm hayatın kendi seçimim olduğunu açıklayacaktım. Hakkında söyleyecek çok şey olsa da, ben onun hayatını asla yargılamadım, ondan da aynısını beklediğimi söyleyecektim."

"Bunu size söylemekten imtina etse de, eminim, size hayrandı."

"Onu tanımadınız," diye iç çekti Daldry.

"Ne olursa olsun, siz onun oğluydunuz."

"Kırk yıl boyunca onun eksikliğini duydum, tam alışmıştım. Şimdi artık burada değil, oysa acısı sanki daha canlı."

"Biliyorum," dedi Alice alçak sesle.

"Dün akşam onun çalışma odasına girdim. Annem beni çekmeceleri karıştırırken yakaladı. Vasiyetnamesini arıyorum sandı. Bana bıraktığı şeylerin umurumda olmadığını söyledim, bu tür işleri kardeşlerime bıraktım. Aradığım tek şey bir kelimeydi, bana bırakmış olabileceği bir mektup. Annem bana sarıldı ve, 'Hayatım, sana hiçbir şey yazmadı,' dedi. Tabutu toprağın altına indirilirken ağlayamadım. On yaşında, bir ağaçtan düşüp bacağımı ciddi şekilde yaraladığım yazdan beri, ağlamadım ben. Ama bu sabah, içinde büyüdüğüm ev dikiz aynamda yitip giderken gözyaşlarımı tutamadım. Yol kenarında durmak zorunda kaldım çünkü hiçbir şey göremiyordum. Arabamın içinde çocuk gibi ağlarken, kendimi o kadar gülünç hissettim ki."

"Yeniden çocuk olmuştunuz Daldry, babanızı yeni gömmüştünüz."

"Çok saçma, görüyorsunuz değil mi, piyanist olsam, bu belki onu bir parça gururlandırırdı, hatta belki gelip beni dinlerdi bile. Ama resim onu hiç ilgilendirmiyordu. Ona göre bu bir meslek değildi. Olsa olsa zaman geçirme yöntemiydi. Sonuçta ölümü, bütün ailemi bir kez daha bir arada görme imkânı verdi bana."

"Onun portresini yapmalısınız. Sonra da evinize dönüp resmi güzel bir yere, mesela çalışma odasına asmalısınız. Eminim, nerede olursa olsun, bu onu çok etkilerdi."

Daldry bir kahkaha attı.

"Ne korkunç bir düşünce! Anneme bu kadar şeytanca bir oyun oynayacak kadar kötü kalpli değilim. Ağlama nöbetlerimle misafirperverliğinizi epey istismar ettim. Omletiniz nefisti. Yine istismar ettiğim cininiz daha da güzeldi. Artık iyileştiğinize göre, diyelim ben biraz daha formda olduğum bir zaman, yeni bir sürüş dersi yapalım."

"Memnuniyetle," dedi Alice.

Daldry komşusunu selamladı. Normalde dimdik duran biri olduğu halde bugün biraz kamburu çıkmıştı, duraksayarak yürüyordu. Sahanlığın ortasında fikir değiştirdi, dönüp yeniden Alice'in evine girdi, cin şişesini alıp çıktı.

Daldry gider gitmez Alice yattı. Bitkin düşmüştü ve fena halde uyku bastırmıştı.

* * *

"Gel," diye fısıldadı ses, "buradan gitmemiz lazım."

Bir kapı açıldı geceye, dar sokakta hiç ışık yoktu, sokak lambaları sönmüş, evlerin panjurları kapalıydı. Bir kadın onu elinden tutup çekiştirdi. Birlikte yürüdüler, sessiz adımlarla. Issız kaldırımlar boyu ilerlediler, görünmemeye çalışıyorlardı. Ay ışığından doğan hiçbir gölgenin varlıklarına ihanet etmemesi için gayret ediyorlardı. Yükleri fazla ağır değil. Birkaç eşyalarını taşıdıkları küçük, siyah bir bavul. Uzun merdivenin tepesine geldiler. Oradan, şehrin tamamı görünüyordu. Uzakta büyük bir ateş göğü kızıla boyadı. "Bütün bir mahalle yanıyor," dedi ses, "delirmişler. İlerleyelim. Orada güvende olacaksınız, bizi koruyacaklar, bundan eminim. Gel, beni takip et hayatım."

Alice hiç bu kadar korkmamıştı. Ağrıyan ayakları acı veriyordu, ayakkabısı yoktu, bu mezbelelikte bulmaya imkân da yoktu. Açılan bir garaj kapısının aralığından bir siluet belirdi. İhtiyarın biri onlara işaret etti, geri gelmelerini söyledi. Parmağıyla, silahlı genç adamların pusuya yattıkları bir barikatı işaret etti.

Kadın tereddüt etti, döndü, omzundan çaprazlama bağlı bir eşarbın içinde bir bebek taşıyor, başını okşayarak onu sakinleştirmeye çalışıyordu. Çılgın koşu yeniden başladı.

Dik bir yola oyulmuş on küçük basamak bir yokuşun tepesine çıkıyor. Bir çeşmenin yanından geçtiler, durgun suyun teskin edici bir yanı vardı. Sağ taraflarında, uzun bir kale duvarının içinde aralık bir kapı göründü. Kadın belli ki buraları biliyordu, Alice onu takip etti. Metruk bir bahçeden geçtiler, uzamış otlar hareketsiz. Devedikenleri onu yakalamak ister gibi Alice'in baldırlarını tırmandılar. Bir çığlık attı ama çığlığı kendi içinde boğuldu.

Dingin bir meyve bahçesinin dibinde, bir kilisenin ortadan yarılmış cephesini görür gibi oldu. Apsisi geçtiler. Her taraf yıkılmış, sıralar yanmış ve ters dönmüştü. Alice başını kaldırınca tonozlarda, eski yüzyıllara, izi bile kalmamış uzak çağlara ait hikâyeler anlatan mozaikler gördü. Az ileride, yüzü solmuş bir İsa, sanki ona bakıyordu. Bir kapı açıldı. Alice ikinci apsise girdi. Ortada fayansla kaplı, devasa ve yalnız bir sanduka duruyordu. Sessizce yanından geçtiler. Şimdi de eski bir vestiyerdeler. Yanmış taşların kekremsi kokusuna kekik ve kimyon kokusu karışmış. Alice henüz bu isimleri bilmiyor ama kokuları biliyordu, onlar tanıdık. Artık gerisinde kalmış geniş bir arazide bol bol yetişiyordu o otlardan. Böyle rüzgâra karışıp gelse de, onları ayırt edebiliyordu.

Yanıp kül olmuş kilise ise, artık sadece bir anı, onu çekiştiren kadın bir parmaklıktan atlattı, şimdi başka bir ara sokakta koşuyorlar. Alice'in gücü artık tükendi, ayakta duracak hali yok, onu tutan el gevşedi ve biraz sonra da terk etti. Alice parke yola oturdu, kadın arkasına bakmadan uzaklaştı.

Kuvvetli bir yağmur bardaktan boşanırca yağmaya başladı. Alice yardım istedi ama sağanağın sesi çok güçlü, bir süre sonra siluet kayboldu. Alice yalnız kaldı, dizlerinin üs-

*tünde, donmuş bir halde. Umutsuzca bağırdı, uzun bir hay-
kırış, sanki can çekişiyordu.*

* * *

Dolu taneleri cam çatıya çarpıp sekiyordu. Alice nefes
nefese doğruldu yatağında, masa lambasının düğmesini
aradı. Işığı yakınca gözleriyle odayı taradı, bildiği bütün
eşyalara teker teker baktı.

İki yumruğuyla yatağa vurdu. Gecelerdir onu dehşete
düşüren aynı kâbusu bir defa daha görmek onu çılgına
çevirmişti. Kalktı, çalışma masasına gitti, evin arka tarafı-
na bakan pencereyi açtı ve temiz havayı ciğerlerine dol-
durdu. Daldry'nin dairesinde ışık yanıyordu, onu göre-
mese de, komşusunun varlığı onu rahatlattı. Ertesi gün
Carol'a gidecek ve ona danışacaktı. Uykusunu düzenle-
yecek bir ilaç olmalıydı mutlaka. Hayali korkulara, tanı-
madığı sokaklarda sonsuz bir kaçışa teslim olmamış bir
gece, eksiksiz ve tatlı bir gece... Başka bir şey istemiyordu
Alice.

* * *

Sonraki günleri çalışma masasında geçirdi. Her akşam
yatağa gitme saatini geciktirmek için, bir korkuya direnir
gibi uykusuyla mücadele ediyordu; sabah kalkar kalkmaz
kapıldığı bir korkuydu bu. Her gece, yağmurun ıslattığı
dar bir sokakta bitkin bir şekilde yığılıp kalmasıyla sona
eren aynı kâbusu görüp duruyordu.

Öğle yemeği arasında Carol'ın ziyaretine gitti.

Alice danışmaya kendini tanıttı ve arkadaşına geldiği-
nin haber verilmesini istedi. Bir salonda, sirenlerini öttü-
re öttüre gelen ambulanslardan çıkan sedyelerin arasında
yaklaşık yarım saat bekledi. Kadının biri, çocuğuyla ilgi-
lenilsin diye yalvarıyordu. Yaşlı bir adam, sayıklayarak

başka hastaların sıralarını bekledikleri bankların arasında dolanıyordu. Genç bir adam ona gülümsedi, soluk bir teni vardı, kaşı yarılmış, yanağından koyu bir kan akıyordu. Kaburgalarını tutan ellilerinde bir adam, fena halde acı çekiyor gibiydi. Bu insanlık dramının orta yerinde, Alice kendini suçlu hissetti aniden. Belki kendi geceleri kâbuslarla geçiyordu, ama arkadaşının günleri de belli ki daha iyi geçmiyordu. Carol göründü sonunda, tekerlekleri linolyuma sürtündükçe gıcırdayan bir sedye sürüklüyordu.

"Nereden çıktın sen?" diye sordu Alice'i görünce. "Bir sıkıntın mı var?"

"Seni öğle yemeğine çıkarmak istedim sadece."

"Ne hoş bir sürpriz. Şunu halledeyim," dedi hastasını göstererek, "sonra seninim. Niye acaba bana haber vermediler ki? Uzun zamandır mı bekliyorsun burada?"

Carol sedyeyi bir arkadaşına doğru sürükledi, hemşire bluzunu çıkardı, dolabından paltosunu ve atkısını aldı, hızla arkadaşının yanına geldi. Alice'i hastaneden dışarı çıkardı.

"Gel," dedi, "sokağın köşesinde bir *pub* var, bu mahalledeki ehveni şer yer orası. Hatta bizim kafeteryanın yanında büyük bir lokanta gibi duruyor."

"Peki ya bekleyen bütün o hastalar?"

"Oradan hasta hiç eksik olmaz, yirmi dört saatin yirmi dördü, Tanrı'nın her günü. Ama Tanrı bana da arada bir doyurayım diye bir mide vermiş ki, onları iyileştirebilecek gücüm olsun. Hadi gidip bir şeyler yiyelim."

Pub tıklım tıklımdı. Carol, bar tezgâhının arkasında duran dükkân sahibine işveli bir gülücük gönderdi, adam da ona en arkadaki boş masayı işaret etti. İki kadın bekleyen kalabalığın önüne geçti.

"Onunla yatıyor musun?" diye sordu Alice sandalyesine otururken.

"Geçen yaz onu tedavi etmiştim. Çok büyük bir çıbandı, hem de tam bir gizlilik isteyen, mahrem bir yerde!

77

O zamandan beri en sadık hizmetçim," diye cevap verdi Carol gülerek.

"Nasıl bir hayat yaşadığından hiç haberim yoktu..."

"Büyüleyici mi?"

"Çetin," cevabını verdi Alice.

"Her zaman o kadar kolay olmasa da yaptığım işi seviyorum. Küçükken de oyuncak bebeklerime sargı falan yapardım. Annem fena halde endişelenirdi bundan. Onu korkmuş gördükçe, benim de daha fazla yapasım gelirdi. Neyse. Seni buraya getiren nedir? Parfümlerinden birine ilham almak için acile koku beğenmeye gelmedin herhalde?"

"Seninle yemek yemeye geldim, ille başka sebep mi lazım?"

"Şunu unutma, iyi bir hemşire, hastalarının kafalarındaki şişleri iyileştirmekle kalmaz, kafalarını kurcalayan bir şey varsa onu da fark eder."

"Ama ben senin hastalarından biri değilim."

"Seni o salonda gördüğümde öyleymiş gibi görünüyordun halbuki. Söyle bana Alice, yolunda gitmeyen ne?"

"Mönüye baktın mı?"

"Çıkar mönüyü aklından," diye emretti Carol listeyi Alice'in elinden çekip alarak. "Günün yemeğini yiyecek zamanım ancak var."

Bir garson onlara iki tabak koyun yahnisi getirdi.

"Biliyorum," dedi Carol, "çok iştah açıcı bir görüntüsü yok ama seveceksin."

Alice çatalıyla et parçalarını sosun içinde yüzen sebzelerden ayırdı.

"Yani," dedi Carol ağzı doluyken, "bana sorununun ne olduğunu söylersen belki iştahın da yerine gelir."

Alice çatalını bir patatese batırıp midesi bulanmış bir şekilde suratını buruşturdu.

"Peki," diye devam etti Carol, "belki ben ısrarcı ve haddimi aşmış olabilirim ama sen de, birazdan tramvayına bindiğinde, şu iğrenç yahninin tadına bile bakmadan gününün yarısını boşa geçirdiğin için aptallık ettiğini düşüneceksin. Hele hesabı da ödeyeceğini düşününce... Alice, söyle bana nen var, sustukça beni daha da paniğe sokuyorsun."

Alice sonunda gecelerini teslim alan kâbustan, günlerini zehreden sıkıntısından bahsetmeye karar verdi.

Carol onu büyük bir dikkatle dinledi.

"Sana bir şey anlatmalıyım," dedi Carol. "Londra semalarındaki ilk bombardıman gecesinde nöbetçiydim. Yaralılar hemen gelmeye başladı, çoğu yanık şikâyetiyle ve kendi imkânlarıyla geliyordu. Hastane personelinin bir kısmı bir yerlere sığınmak için sıvışmıştı. Ama çoğumuz, görevimizin başında kalmıştık. Benim orada kalmamın kahramanca bir sebebi yoktu, korkaklıktan kalmıştım. Burnumu dışarı çıkarmaya ödüm kopuyordu. Sokağa çıkarsam alevlerin arasında yok olacağımdan korkuyordum. Bir saatin sonunda yaralı akını kesildi. Neredeyse kimse gelmez olmuştu. Servis şefi, Doktor Turner diye biri, gayet yakışıklı, gözleri bir rahibeyi bile yoldan çıkartabilecek bir adam, bizi bir araya topladı ve, 'Artık yaralı gelmemesinin sebebi yıkıntıların altında kalmaları, bizim gidip onları bulmamız lazım,' dedi. Hepimiz dehşete düşmüş bir şekilde ona baktık. Ardından, 'Kimseyi zorlamıyorum. Ama cesareti olanlar sedyeleri kapsınlar ve sokağa çıkalım. Dışarıda, hastanenin içinde olduğundan daha fazla kurtarılacak hayat var,' diye ekledi."

"Sen de gittin mi peki?" diye sordu Alice.

"Gerisin geri muayene odasına kaçtım ve Dr. Turner'la göz göze gelmemek için, kaçtığımı görmesin diye dua ettim. Başardım da. İki saat boyunca vestiyerde saklandım. Benimle alay etme, yoksa giderim bak! O dolabın içinde büzüşüp gözlerimi kapadım. Yok olmak istiyordum. Sonunda kendimi orada olmadığıma inandırmayı başardım, St. Mawes'deki odamdaydım ve etrafımda bağırıp duran bütün bu insanlar da oyuncak bebeklerden başka bir şey değildi, onlardan derhal kurtulmam ve asla hemşire olmamam gerekiyordu."

"Kendini suçlama sakın Carol, ben de senden daha cesur davranamazdım."

"Hayır, sen kesinlikle daha cesur davranırdın! Ertesi gün hastaneye utanç içinde ama sağ salim döndüm. Bunu izleyen dört gün Dr. Turner'la karşılaşmamak için akla karayı seçtim. Ama hayat benimle oyun oynamaktan asla vazgeçmediğinden, bir bacak kesme ameliyatı için ameliyathaneye çağrıldım ve ameliyatı da..."

"Dr. Turner mı yapıyordu?"

"Aynen öyle! Üstelik, bu da yetmezmiş gibi, ikimiz hazırlık odasında yalnız kaldık. Ellerimizi yıkarken ona her şeyi itiraf ettim, kaçışımı, acınası bir şekilde dolaba saklanışımı, kısaca, kendimi gülünç duruma düşürdüm."

"Ne yaptı peki?"

"Benden eldivenlerini istedi ve şöyle söyledi: 'Korkmak fevkalade insani bir şeydir, belki benim ameliyattan evvel korkmadığımı sanıyorsunuzdur, öyleyse yanlış meslek seçmişim demektir, aktör olmalıymışım.'"

Carol, boş tabağını Alice'inkiyle değiştirdi.

"Sonra, ağzını örten maskeyle ameliyathaneye girdiğini gördüm. Korkusunu ardında bırakmıştı. Ertesi gün onunla yatmaya çalıştım, ama geri zekâlı hem evli hem de sadıktı. Üç gün sonra bir bombardıman daha oldu. Ne eldivenim vardı ne de maskem, grupla birlikte sokağa çıktım. Molozların altına baktım, alevler şu an senin olduğundan daha yakınımdaydı. Ve ayıptır söylemesi, o gece, yıkıntıların arasında, altıma işedim. Şimdi beni iyi dinle hayatım, Brighton'daki o Noel akşamından beri, sen eski sen değilsin. Bir şeyler seni içten içe kemiriyor. Senin görmediğin küçük kıvılcımlar gecelerini ateşe veriyor. O halde, sen de benim gibi yap. Çık dolabından ve üstüne git. Londra sokaklarını midemde o korkuyla dolaştım ama bu, delirecek gibi olduğum o dolabın içinde büzüşmekten daha tahammül edilir bir şeydi."

"Ne yapmamı istiyorsun?"

"Fena halde yalnızlık çekiyorsun, büyük bir aşkın hayalini kuruyorsun ve âşık olmak kadar korktuğun hiçbir şey yok. Birine bağlanmak, ona bağımlı olmak fikri seni çok korkutuyor. Anton'la ilişkinden bahsedelim ister misin yine? Uyduruk ya da gerçek, o falcı kadın sana, hayatının adamının seni, şimdi adını hatırlamadığım uzak bir ülkede beklediğini söyledi. Git o zaman oraya! Birikmiş paran var, gerekiyorsa borç al ve bu seyahati yap. Seni orada neyin beklediğini, git kendi gözlerinle gör. Sana vaat edilen o yakışıklıyı bulamasan bile, bu yükten kurtulmuş hissedersin kendini ve pişman olmazsın."

"Ama nasıl gidebilirim ki Türkiye'ye?"

"Bana mı soruyorsun! En nihayetinde hemşireyim ben prenses, seyahat acentesi değilim. Artık gitmem gerekiyor. Muayene için senden para almayacağım ama hesabı sana yıkacağım."

Carol ayağa kalktı, paltosunu giydi, arkadaşına sarıldı ve gitti. Alice peşinden koştu ve *pub*'dan çıkarken onu yakaladı.

"Ciddisin değil mi? Demin bana söylediklerine inanıyor musun hakikaten?"

"Öyle olmasa sana marifetlerimi anlatır mıydım sanıyorsun? Hadi içeri gir, kısa bir zaman önce hasta olduğunu unuttun galiba. Başka hastalarım var benim, seninle uğraşamam. Hadi, git."

Carol koşarak uzaklaştı.

Alice içeri döndü ve az evvel Carol'ın oturduğu iskemleye oturdu. Bira söylemek için gülümseyerek garsonu çağırdı. Bir de günün yemeğinden istedi.

* * *

Trafik yoğundu, at arabaları, sepetli motosikletler, kamyonetler ve arabalar kavşağı geçmeye çalışıyorlardı. Daldry olsa bayram ederdi. Tramvay durdu. Alice camdan baktı. Küçük bir bakkal dükkânıyla antikacının kapalı vitrini arasında seyahat acentesinin tabelası görünüyordu. Düşünceli düşünceli baktı oraya, tramvay yoluna devam etti.

Alice bir sonraki durakta indi ve geri yürüdü. Birkaç

adım sonra, yine geri döndü, duraksadı. Sonra, yine yoluna devam etti. Birkaç dakika sonra, tabelasında Wagons-Lits Cook yazan bir dükkânın kapısını itiyordu.

Alice girişin yanında, tanıtım broşürleriyle dolu bir yazıhanenin önünde durdu. Fransa, İspanya, İsviçre, İtalya, Mısır, Yunanistan, hayalini kuracağı bir dolu yer. Acente müdürü işini bırakıp onu karşılamaya geldi.

"Bir seyahat mi planlıyorsunuz hanımefendi?" diye sordu.

"Hayır," dedi Alice, "tam olarak değil, sadece meraktan..."

"Eğer bir balayı seyahati olacaksa, Venedik'i tavsiye ederim, baharda kesinlikle muhteşem oluyor; yoksa İspanya, Madrid, Sevilla ya da Akdeniz sahilleri, gün geçtikçe oraya giden müşterim artıyor ve hayran kalmış olarak dönüyorlar."

"Evlenmiyorum," dedi Alice, adama gülümseyerek.

"Yalnız seyahat etmenin önünde de bir engel kalmadı günümüzde. Herkesin zaman zaman tatile çıkma hakkı vardır. Bir hanım olarak size İsviçre'yi tavsiye ederim o zaman, Cenevre'yi ve gölünü. Çok dingin ve büyüleyicidir."

"Türkiye hakkında bir şeyleriniz var mı?" diye sordu çekinerek.

"İstanbul, mükemmel bir tercih, günün birinde oraya gitmek hayallerimi süslüyor; Ayasofya Kilisesi, Boğaziçi... Durun, şurada bir yerde olacaktı, ama o kadar dağınık ki burası."

Müdür yedi çekmeceli bir dolabın önünde eğildi ve teker teker çekmeceleri açtı.

"İşte burada, hayli kalın bir broşür. Ayrıca, oraya gitmek isterseniz size verebileceğim bir gezi rehberim de var. Ama geri getirmeye söz vermeniz gerekiyor."

"Broşür bana yeter," diye cevap verdi Alice, müdüre teşekkür ederek.

"İki tane vereyim," dedi adam broşürleri Alice'e uzatırken.

Alice'i kapıya kadar geçirdi ve istediği zaman yeniden

uğramasını söyledi. Alice onunla vedalaşıp tramvay durağına doğru uzaklaştı.

Karla karışık yağmur yağıyordu. Tramvayın camlarından biri sıkışmış, içeriyi buz gibi bir hava doldurmuştu. Alice çantasından broşürleri çıkardı ve sayfalarını çevirerek azur mavisi gökyüzünde daima güneşin hüküm sürdüğü uzak bir diyarın resimleriyle biraz ısınmaya çalıştı.

Apartmanının önüne geldiğinde anahtarlarını bulmak için ceplerini yokladı. Fakat bulamadı. Panik içinde diz çöktü, çantasını ters çevirdi ve içindekileri apartmanın girişine boşalttı. Sonunda yerdeki yığının ortasında anahtarlığını gördü. Alice anahtarlığı aldı, hızla eşyalarını topladı ve merdivenleri tırmandı.

Bir saat sonra Daldry eve döndü. Gözü, girişte, yerde duran turistik broşüre takıldı. Onu yerden aldı ve gülümsedi.

* * *

Kapıya vuruluyordu. Alice başını kaldırdı, kalemini bırakıp kapıyı açmaya gitti. Daldry'nin bir elinde bir şişe şarap, diğerinde ise iki kadeh vardı.

"İzninizle," dedi Daldry kendi kendini davet ederek.

"Evinizdeymiş gibi yapın," dedi Alice onun önünden çekilerek.

Daldry sandığın önüne yerleşti, kadehleri üstüne koydu ve cömertçe doldurdu. Bir tanesini Alice'e uzatıp kadeh kaldırdı.

"Bir şeyi mi kutluyoruz?" diye sordu Alice komşusuna.

"Bir bakıma," dedi Daldry. "Az evvel bir tablo sattım, elli bin sterline."

Alice gözlerini kırpıştırdı ve kadehini bıraktı.

"Eserlerinizin bu kadar değerli olduğunu bilmiyordum," dedi şaşkın bir halde. "Acaba günün birinde, bakması bile benim imkânlarımı aşacak bir hale gelmeden evvel, resimlerinizden birini görebilecek miyim?"

"Olabilir," dedi Daldry, kendine ikinci kadehi doldururken.

"En hafif tespitle, resminizi satın alan koleksiyoncular çok cömertmiş."

"Mesleğim bakımından çok gönül okşayıcı olmamakla birlikte, bunu bir iltifat olarak kabul edeceğim."

"Gerçekten bu fiyata bir tablo sattınız mı?"

"Tabii ki hayır, hiçbir şey satmadım. Bahsettiğim elli bin sterlin babamın mirasıydı. Noterden geliyorum, öğleden sonra orada bir toplantı yaptık. Onun için bu kadar kıymetli olduğumu bilmezdim, kendimi daha azına hazırlamıştım."

Bu cümleyi kurduğu sırada, Daldry'nin bakışlarına belli belirsiz bir hüzün yerleşmişti.

"Garip olan," diye devam etti, "bunca parayla ne yapacağıma dair en ufak bir fikrimin olmaması. Sizden dairenizi satın alsam?" diye teklifte bulundu gülerek. "Bunca yıldır hayallerimi süsleyen şu cam çatının altına yerleşebilirim. Ve onun ışığında, nihayet birini etkileyecek bir tablo yapabilirim belki."

"Burası satılık değil, ben de sadece kiracıyım zaten! Ayrıca ben nerede yaşayacağım?" dedi Alice.

"Bir seyahat!" diye bağırdı Daldry. "İşte bu harika bir fikir."

"Eğer gönlünüz öyle diyorsa neden olmasın? Paris'te güzel bir sokak kesişimi, Tanger'de bir kavşak, Amsterdam'ın kanallarından birinin üstünde küçük bir köprü... Size ilham verecek dünya kadar kavşak olmalı."

"Peki ya Boğaziçi'ne ne dersiniz? Hep gemi resmi yapmak istemişimdir ve Piccadilly'de bu pek mümkün olmuyor."

Alice kadehini bıraktı ve gözlerini Daldry'ye dikti.

"Ne var?" dedi Daldry, şaşırmış gibi yaparak. "Alay etmek sizin tekelinizde değil ya! Benim de sizle dalga geçmeye hakkım var, öyle değil mi?"

"Kendi seyahat projelerinizden nasıl benimle dalga geçecek malzeme çıkartacaksınız, sevgili komşum?"

Daldry ceketinin cebinden broşürü çıkardı ve sandığın üstüne koydu.

"Bunu sahanlıkta buldum. Alt komşumuza ait olduğuna pek ihtimal vermiyorum. Bayan Taffleton hayatımda gördüğüm en evcimen insan. Sadece cumartesi günleri, o da, sokağın köşesindeki bakkala gitmek için evden çıkıyor."

"Daldry, bu akşam için yeteri kadar içtiğinizi düşünüyorum, herhalde eve dönme vaktiniz geldi. Kafama estiği gibi seyahat edebileceğim bir miras kalmadı bana. Kiramı ödeyebilmek istiyorsam, işimin başına dönmek zorundayım."

"Yarattığınız parfümlerden birinin size düzenli bir gelir sağladığını sanıyordum."

"Düzenli, evet, ama sonsuz değil. Moda değişiyor, daima yenilenmek lazım. Siz gelmeden evvel yapmaya çalıştığım şey de buydu zaten."

"Peki ya, sizi orada bekleyen hayatınızın adamı?" diye ısrar etti Daldry parmağıyla turistik broşürü göstererek. "Artık rüyalarınıza girmiyor mu?"

"Hayır," dedi Alice soğuk bir sesle.

"Öyleyse neden gecenin üçünde o korkunç çığlığı attınız? Yatağımdan düşünce uyandım mecburen!"

"Yatağıma gitmeye çalışırken ayağımı şu sandığa vurdum, geç saatlere kadar çalışmıştım, gözlerim doğru dürüst görmez olmuştu."

"Bir de yalancısınız üstelik! Neyse," dedi Daldry, "anlaşılan varlığım sizi rahatsız ediyor, kalkayım ben."

Ayağa kalkıp çıkar gibi yaptı. Ama ilk adımını atar atmaz Alice'e döndü birden.

"Adrienne Bolland'ın hikâyesini bilir misiniz?"

"Hayır, Adrienne falan tanımıyorum," dedi Alice öfkesini saklamadan.

"And Dağları'nı uçakla geçmeye kalkan ilk kadındır. Uçağı bir Caudron'du ve tek başına kullanıyordu tabii ki."

"Çok cesurmuş sahiden."

Alice'in ne kadar siniri zıplasa da, Daldry koltuğuna oturdu ve kadehini bir daha doldurdu.

"İlginç olan cesareti değil, uçuştan birkaç ay evvel başına gelenler."

"Ve tabii bana bunu bütün detaylarıyla anlatacaksınız, çünkü bunu anlatmazsanız gözüme uyku girmeyeceğine inanmışsınız."

"Aynen öyle."

Alice gözlerini devirdi. Ne var ki, komşusu o akşam kafayı bulmuştu ve canı da gevezelik etmek istiyor gibiydi. Hastayken Daldry'nin ona gösterdiği nazik yardımseverliği hatırladı ve onun ihtiyaçlarına sabır göstermeye razı oldu. Anlatacaklarına dikkat kesildi.

"Adrienne Arjantin'e gitmişti. Fransız uçak üreticisi Caudron'un, Güney Amerikalıları uçaklarının kalitesine ikna edebilmesi için orada birtakım toplantılar ve uçuş gösterileri yapması gerekiyordu. O zamana kadar, sadece kırk saatlik uçuş tecrübesi vardı! Caudron, daha o oraya varmadan reklama başlamıştı, onun And Dağları'nı geçmeye kalkışabileceğine dair bir söylenti yaymıştı. Halbuki Adrienne daha önce, Caudron'un kendisine verdiği iki G3'le öyle bir riskin altına girmeyeceğini bildirmişti. Eğer gemi yoluyla kendisine daha güçlü ve daha yüksekten uçabilen bir uçak gönderilirse projeyi düşünebileceğini söylemişti. Caudron da bunu kabul etmişti. Arjantin'e vardığı akşam, bir gazeteci ordusu karşıladı onu. Adrienne'i kutluyorlardı. Ertesi sabah, gazetelerde, Andları geçeceğinin yazıldığını gördü. Mekanisyeni, Adrienne'den haberi doğrulamasını ya da yalanlamasını istedi. Adrienne, Caudron'a bir telgraf gönderdi ve vaat edilen uçağın gönderilmesinin mümkün olmadığını öğrendi. Buenos Aires'teki bütün Fransızlar bu çılgınlıktan vazgeçmesini bekliyorlardı. Bir kadının, tek başına böyle bir maceradan sağ çıkamayacağını düşünüyorlardı. Hatta onu, Fransa'nın imajını zedeleyen bir meczup olmakla suçlayanlar bile vardı. Kararını verdi ve iddiadan kaçmadı. Resmî açıklamayı yaptıktan sonra otel odasına kapandı ve kimseyle konuşmadı. Sonunun intihar olacağı besbelli bu iş için, bütün konsantrasyonunu toplamaya ihtiyacı vardı.

Bir süre sonra, uçağı, kalkışı yapmaya karar verdiği Mendoza'ya trenle götürülürken, kapısı çalındı. Adrienne öfke içinde kapıyı açtı; rahatsız eden münasebetsizi azarlamaya hazırlanıyordu. Oysa çekingen, genç bir kadıncağız bulmuştu karşısında; geleceği görme yeteneği olduğunu söylüyordu ve ona çok önemli bir bilgi vermek istiyordu. Adrienne onu içeri almaya razı oldu. Falcılık Güney Amerika'da ciddiye alınan bir şeydir, önemli bir karar almadan önce mutlaka falcıların fikri sorulur. New York'ta da, evlenmeden önce ya da iş değiştirmeden, taşınmadan önce bir psikanalistle görüşmenin çok revaçta olduğunu duymuştum. Her toplumun kendi inançları var. Neyse, 1920 senesinde Buenos Aires'te bir falcının görüşünü almadan böyle tehlikeli bir uçuşa gitmekle, başka bir ülkede bir rahip tarafından Tanrı'ya emanet edilmeden savaşa gitmek arasında, uygunsuzluk anlamında, fazla bir fark yoktur. Fransa doğumlu Adrienne buna inanır mıydı inanmaz mıydı, bunu bilemem ama etrafındakiler için bu olay son derece önemliydi ve Adrienne'in de her türlü desteğe ihtiyacı vardı. Bir sigara yaktı ve kadına istediği vakti ayıracağını söyledi. Falcı ona, bu işten sağ salim ve muzaffer bir şekilde çıkacağını ama bunun tek bir şartı olduğunu söyledi."

"Neymiş o?" diye sordu Alice, Daldry'nin hikâyesi ilgisini çekmeye başlamıştı.

"Şimdi söyleyeceğim! Falcı ona iyice deli saçması bir hikâye anlatmış. 'Büyük bir vadinin üstünden geçtiğiniz sırada,' demiş, 'rengi ve görüntüsü istiridyeye benzeyen bir göl göreceksiniz, dağların ortasında dev bir istiridye, fark etmemeniz imkânsız... Bu buz tutmuş su birikintisinin solunda, gökyüzünü karartan koyu renk bulutlar olacak, halbuki sağ taraf masmavi ve açık olacak.' Her sağduyulu pilot doğal olarak sağ tarafa gider ama falcı, Adrienne'i uyarmış. Eğer kolay görünen yolu seçerse öleceğini söylemiş. Çünkü önüne çok yüksek tepeler çıkacakmış. Bu meşhur gölün üzerine geldiğinde, ne kadar koyu renk olursa olsun, bulutlara doğru dönmesi gerekiyormuş. Adrienne bu fikri saçma bulmuş. Hangi pilot hiç düşünmeden, sonu kesin ölüm olan bir yola girer ki! Caudron'unun kanat takımı böylesi zor bir sınavın altından kalkabilecek gibi değildi. Fırtınalı bir havaya maruz kalırsa kırılacağı da kesindi. Adrienne kadına, bölgeyi bu kadar iyi bildiğine göre, oralarda yaşamış olup olmadığını sormuş. Genç kadın ise, çekinerek, oraya hiç gitmediğini söylemiş ve başka da bir şey söylemeden çıkıp gitmiş.

Günler geçmiş, Adrienne otelinden ayrılıp Mendoza'ya gitmiş. Aradaki bin iki yüz kilometreyi trenle geçene kadar, kadının anlattıklarını da unutmuş. Kafasında, saçma sapan kehanetlerden daha önemli şeyler varmış. Hem zaten cahil bir kızcağız, bir uçağın yükselebileceği azami bir sınır olduğunu, G3'ün sınırının da bu denemeyi yapmaya ancak yeteceğini nereden bilebilir?"

Daldry durdu, çenesini ovuşturdu ve saatine baktı.

"Vaktin nasıl geçtiğini anlamadım, özür dilerim Alice, eve dönmeliyim... Yine misafirperverliğinizi istismar ettim."

Daldry koltuğundan kalkmaya niyetlendi ama Alice ona engel olup geri itti.

"Madem ısrar ediyorsunuz!" dedi Daldry yarattığı etkiden memnun bir şekilde. "Şu geçen gün bana verdiğiniz cinden kalmadı mı hiç?"

"Şişeyi siz götürmüştünüz."

"Hay aksi! Zulada başka yok mudur peki?"

Alice gidip yeni bir şişe getirdi, Daldry'ye uzattı.

"Güzel. Nerede kalmıştım?" diye girdi yeniden lafa Daldry iki kadehi neredeyse bir yudumda yuvarladıktan sonra. "Mendoza'ya geldikten sonra Adrienne, Los Tamarindos bölgesine gitti. Uçağı oradaydı. Sonunda büyük gün geldi çattı. Adrienne uçağını piste soktu. Genç pilot korkusuz olduğu gibi espriliydi de. Bir 1 Nisan sabahı havalandığında, yanına uçuş haritasını bile almayı unutmuştu.

Burnunu kuzeydoğuya çevirdi. Uçağı zar zor yükseliyordu ve önünde de Andların karlı zirveleri dikiliyordu.

Düz bir vadinin üstünden geçerken, aşağıda rengi ve

şekli istiridyeye benzeyen bir göl gördü. Adrienne'in elleri, tereyağıyla kapladığı gazete kâğıdından kendi yaptığı uğurlu eldivenlerinin içinde buz kesmeye başlamıştı bile. Uçuş kıyafeti o irtifadaki soğuk için çok inceydi, donmuş bir vaziyette ufka baktı, korkmuştu. Sağ tarafında hava açıktı, solda ise kapalı görünüyordu. Derhal bir karar vermesi gerekiyordu. Ne oldu da, Adrienne bir akşam Buenos Aires'teki otel odasında ziyaretine gelen genç bir falcı kızın söylediklerine güvendi? Bulutların karanlığına daldı, biraz daha yükseldi ve rotasını muhafaza etmeye çalıştı. Biraz sonra gök aydınlandı ve tam karşısında, dört bin metreden biraz daha yüksekte duran İsa heykeliyle, aşması gereken boğazı gördü. Biraz daha yükseldi, uçağın izin verdiği sınırları aştı ama uçak dayandı.

Kendisiyle aynı yönde ilerleyen su yataklarını gördüğünde üç saattir havadaydı; bir süre sonra bir ova ve sonunda büyük bir şehir gördü. Şili, Santiago ve bir kutlama heyetinin beklediği iniş alanı. Başarmıştı. Parmakları kaskatı kesilmiş, suratı soğuktan morarmış, yanakları yükseklikten şiştiği için zar zor görebilir haldeyken, hiçbir zarar görmeden uçağı indirdi. Dönmesini beklemedikleri halde onu kutlamak için dikilen Fransa, Arjantin ve Şili bayraklarının önünde durdu. Herkes mucize diye bağırıyordu. Adrienne ile dâhi mekanisyeni Duperrier gerçek bir başarı elde etmişlerdi."

"Neden bütün bunları anlattınız bana Daldry?"

"Çok konuştum ağzım kurudu."

Alice, Daldry'ye biraz daha cin verdi.

"Sizi dinliyorum," dedi Alice, Daldry'nin su içer gibi bardağı kafaya dikişine bakarak.

"Bunları size anlattım; çünkü siz de bir falcıyla karşılaştınız, çünkü size boş yere Londra'da arayıp durduğunuz şeyi İstanbul'da bulacağınızı ve bunun için de altı kişiyle tanışacağınızı söyledi. Ben onların ilki olduğumu tahmin ediyorum ve bana bir görev düştüğünü düşünüyorum. Bırakın sizin Duperrier'niz olayım. And Dağları'nı aşmanıza yardım edecek dâhi mekanisyen," diye bağırdı

Daldry, içkinin etkisi fena halde göstermişti kendini. "Madem kehanet öyle diyor, bırakın sizi en azından ikinci kişiye kadar götüreyim ki, o da sizi zincirin üçüncü halkasına ulaştırsın. Bırakın arkadaşınız olayım. Hayatımda işe yarar bir şey yapma fırsatı verin bana."

"Çok naziksiniz," cevabını verdi Alice, "ama ben deneme pilotu olmadığım gibi, sizin Adrienne Bolland'ınız hiç değilim."

"Ama siz de onun gibi her gece kâbuslar görüyorsunuz ve gündüzleri de o kehanete inanıp yolculuğa çıkma hayalleri kuruyorsunuz."

"Bunu kabul edemem," diye mırıldandı Alice.

"Ama en azından bu konuyu düşünebilirsiniz."

"Mümkün değil, imkânlarımı aşıyor, size borcumu asla ödeyemem."

"Nereden biliyorsunuz? Beni mekanisyen olarak beğenmiyorsanız –ki bu sizin fena halde kinci olduğunuzu gösterir, çünkü önceki akşam arabamın bozulmasında benim hiçbir kabahatim yok– ben de sizin Caudron'unuz olurum. Diyelim ki, orada keşfedeceğiniz özler size yeni bir parfüm ilham ettiler ve bu parfüm büyük bir başarıya ulaştı. O zaman, ben de sizin ortağınız olurum. Zafere ulaşmanıza ufak bir katkısı olmuş biri olarak, naçizane bana yüzde kaç vereceğiniz tamamen size kalmış. Ayrıca, pazarlığın adil olması için, olur da benim İstanbul kavşaklarında yapacağım resimlerden biri kendini bir müzede bulursa, resim satışlarımdan kazandığım paradan ben de size bir şeyler veririm."

"Siz sarhoş oldunuz Daldry, tamamen hayal dünyasında yaşıyorsunuz. Ama itiraf edeyim, neredeyse ikna oluyordum."

"O zaman cesaret biraz, ürkmüş çocuk gibi gecelerden korkarak evinize kapanıp kalmayın, dünyayla yüzleşin! Yolculuğa çıkalım! Ben her şeyi ayarlarım, çok kısa zamanda Londra'dan ayrılabiliriz. Bu gece düşünün, yarın tekrar konuşuruz."

Daldry ayağa kalktı, Alice'i öptü ve ona sıkıca sarıldı.

"İyi geceler," dedi çıkarken, birden utanmıştı davranışından.

Alice onu sahanlığa kadar geçirdi. Daldry düz yürüyemiyordu artık. Küçük bir el işaretiyle vedalaştılar ve karşı karşıya duran kapılarını kapattılar.

5

Alice'in kâbusu, o gece de randevusuna gelmemezlik etmedi. Alice uyandığında kendini bitkin hissetti. Örtüsüne sarınıp kahvaltı hazırlamaya gitti. Gece Daldry'nin oturduğu koltuğa yerleşti ve sandığın üzerinde bıraktığı broşüre baktı. Kapakta, Ayasofya Kilisesi'nin bir fotoğrafı görünüyordu.

Osmanlı gülleri, portakal çiçeği, yasemin, sayfaları çevirirken bile, her birinin kokusunu seçebiliyor gibi geliyordu. Kendini Kapalıçarşı'nın sokaklarında, biberiye, safran, tarçın kokularını içine çekerek baharat tezgâhlarının arasında dolaşırken hayal etti. Bu hayal, duyularını uyandırıyordu. Broşürü bırakırken iç geçirdi, çayı birden, gözüne yavan göründü. Komşusunun kapısını çalmak üzere giyindi. Daldry kapıyı pijama ve ropdöşambrıyla açtı, esnerken eliyle ağzını kapatıyordu.

"Biraz erkenci misiniz ne?" diye sordu Daldry gözlerini ovuşturarak.

"Saat yedi."

"Ben de onu diyordum, iki saat sonra görüşürüz," diyerek kapıyı kapattı.

Alice bir daha çaldı kapıyı.

"Yine ne var?" diye sordu Daldry.

"Yüzde on," dedi Alice.

"Neyin yüzde onu?"

"Türkiye'de yeni bir parfüm yaratabilirsem, onun gelirinin yüzde onu."

Daldry kayıtsızca baktı ona.

"Yirmi!" dedi kapısını kapatmaya çalışarak, Alice kapıyı itti.

"On beş."

"İş hayatında kaplan kesiliyorsunuz," dedi Daldry.

"Var mısınız, yok musunuz?"

"Peki ya benim tablolarım?" diye sordu Daldry.

"Onu siz bilirsiniz."

"Kırıcı oluyorsunuz ama."

"Peki, o da aynı olsun, orada yapacağınız, ya da oradan ilham alıp dönüşte burada yapacağınız her resmin satışından yüzde on beş diyelim."

"Ben de onu diyordum işte, iş hayatında kaplan kesiliyorsunuz!"

"Beni yağlamayı kesin, işe yaramaz! Uykunuzu iyice alın ve tamamen uyanınca gelip beni görün, şu projeyi konuşalım. Ben henüz evet demiş değilim. Ayrıca, tıraş olmayı da unutmayın!"

"Sakal bana yakışıyor sanıyordum!" diye haykırdı Daldry.

"O zaman tam bırakın, kirli sakal bakımsız gösteriyor. Eğer ortak olacaksak, eliniz yüzünüz düzgün olsun isterim."

Daldry çenesini ovuşturdu.

"Bırakayım mı, keseyim mi?"

"Bir de kadınlara kararsız derler," dedi Alice... Ardından dairesine döndü.

Daldry, Alice'in evine öğleye doğru geldi. Takım elbise giymişti, saçlarını kestirmişti ama tıraş olmamıştı. Alice'in sözünü keserek, sakal konusunda yola çıkacakları gün karar vereceğini söyledi. Tartışma tarafsız bölgede cereyan etsin diye Alice'i *pub*'a davet etti. Ama sokağın sonuna geldiklerinde Daldry onu arabasına yönlendirdi.

"Yemek yemeyecek miyiz?"

"Yiyeceğiz," dedi Daldry, "ama gerçek bir lokantada, masa örtüsü, servisi ve güzel yemekleri olan bir yerde."

"Neden baştan söylemediniz bunu?"

"Size sürpriz yapmak istedim, zaten muhtemelen yine itiraz edecektiniz, bense güzel bir et yemek istiyorum."

Daldry kapıyı açtı ve direksiyonu Alice'e bıraktı.

"Bunun iyi bir fikir olduğundan emin değilim, geçen sefer yollar bomboştu ve..."

"Size ikinci ders için söz vermiştim, sözlerimi muhakkak tutarım. Ayrıca Türkiye'de uzun yol gitmek zorunda kalmayacağımız ne malum? Ben tek başıma kullanmak istemiyorum. Hadi, kapatın kapıyı ama ben yerime geçmeden kontağı açmayın."

Daldry arabanın etrafını dolaştı. Alice ikazlarının hepsini dikkatle dinliyordu. Ona dönmesini söylediği zaman, başka bir arabanın yoluna çıkmadığına emin olmak için frene basıyor, bu da Daldry'yi sinirlendiriyordu.

"Bu hızla yayalar bile bize tur bindirir! Sizi öğle yemeğine davet ettim, akşam yemeğine değil."

"Beğenmiyorsanız kendiniz kullanın, her şeye söylenirseniz rahat kullanamam, elimden geleni yapıyorum ben!"

"Tamam, devam edin o zaman ama gaz pedalına biraz daha fazla basın."

Bir süre sonra Alice'ten kaldırımın kenarına park etmesini rica etti. Gelmişlerdi nihayet. Bir vale yolcu kapısına koştu, sonra direksiyonda bir hanım olduğunu görüp o tarafa yöneldi ve Alice'in inmesine yardım etti.

"Nereye getirdiniz siz beni?" diye sordu Alice, gördüğü ilgi karşısında endişeye kapılarak.

"Bir lokantaya," diye iç çekti Daldry.

Mekânın şıklığı Alice'i çok etkiledi. Yemek salonunun duvarları ahşap doğramalarla süslüydü, mükemmel bir düzen içinde dizilmiş masaların üstüne Mısır pamuğundan örtüler serilmişti ve hayatında gördüğünün tamamından daha fazla gümüş çatal bıçak vardı. Şef garson onları bir locaya götürdü ve Alice'i yerine buyur etti. O gittikten sonra başka bir garson gelip mönüleri verdi. Yanında da bir şarap garsonu vardı ama Daldry hiç beklemeden bir 1929 Château-Margaux sipariş ettiği için tavsiyelerini sıralama imkânı bulamadı.

"Ne oldu yine?" diye sordu Daldry, şarap garsonunu başından savarken. "Sinirli görünüyorsunuz?"

"Sinirliyim!" diye fısıldadı Alice yan masalardan sesi duyulmasın diye.

"Anlamıyorum, sizi Londra'nın en meşhur lokantalarından birine getiriyorum, en nadir şaraplardan birini sipariş ediyorum, efsane olmuş bir yıl..."

"Ona kızdım zaten! Bana da haber verebilirdiniz. Siz takım elbisenizi giymişsiniz, gömleğinizin beyazının yanında benim diyen beyaz soluk kalır, bense, şu halime bakın, sokağın köşesinde limonata içmeye götürülmüş okullu kız gibiyim. Eğer bana planlarınızdan bahsetme nezaketini gösterseydiniz, hiç olmazsa makyaj yapabilirdim. Bize bakanlar şey diyor olmalılar..."

"Çok güzel bir kadın olduğunuzu ve davetimi kabul ettiğiniz için benim çok şanslı olduğumu söylüyorlardır. Gözleriniz tek başına, erkek cinsinin bütün dikkatini çekmeye yeter, üstünüzdeki kıyafeti hangi erkek ne yapsın! Endişe etmeyin... Ayrıca, rica ediyorum, size sunulan şeyleri beğeniyormuş gibi yapın."

Alice, Daldry'yi şüpheyle süzdü. Şarabın tadına baktı ve damakta ipeksi bir tat bırakan üzüm başını döndürdü.

"Benimle flört etmiyorsunuz, değil mi, Daldry?"

Daldry boğulur gibi oldu.

"Hayatınızın adamını arayacağınız yolculuğunuzda size eşlik ederek mi? Sizce de asılmak için biraz tuhaf bir yöntem değil mi bu? Madem ortak olacağız, karşılıklı dürüst olalım, ikimiz de birbirimizin tipi olmadığımızı biliyoruz. Zaten ben de, bu nedenle hiçbir art niyetim olmaksızın size bu teklifi yapabildim. Yani neredeyse hiç!"

"Neredeyse derken?"

"Ben de bundan bahsetmek için bu yemeği birlikte

yiyelim istedim. Ortaklığımızla ilgili son bir ayrıntı üzerinde anlaşmalıyız."

"Yüzdeler konusunda anlaşmamış mıydık?"

"Anlaşmıştık, ama sizden isteyeceğim küçük bir iyilik daha olacak."

"Söyleyin."

Daldry, Alice'in boşalan bardağını doldurdu ve kadehini kaldırdı.

"Eğer şu falcı kadının kehanetlerinin doğru olduğu ortaya çıkarsa, ben, sizi o adama götürecek altı kişinin ilkiyim demektir. Söz verdiğim gibi, sizi ikinciye götüreceğim. Onu bulduğumuzda; çünkü bulacağımızdan eminim, benim görevim tamamlanmış olacak."

"Nereye varmak istiyorsunuz?"

"Sizde devamlı benim sözümü kesme hastalığı var! Tam onu söyleyecektim işte. Benim görevim bittiği zaman, ben Londra'ya döneceğim ve sizi seyahatinizde yalnız bırakacağım. Büyük buluşma ânında mumu tutacak değilim herhalde, yakışık almaz! Ama tabii ki, anlaşmamız gereği, seyahatiniz sona erene kadar masraflarınızı karşılayacağım."

"Hayatımın sonuna kadar çalışmam da gerekse, bu seyahatin karşılığını kuruşu kuruşuna ödeyeceğim size."

"Çocukluk etmeyin, ben paradan bahsetmiyorum."

"Neden bahsediyorsunuz?"

"İşte şu son küçük ayrıntı..."

"E hadi, söyleyin şu ayrıntıyı artık!"

"Burada olmadığınız dönemde, ne kadar sürerse sürsün, evinizdeki cam çatının altında çalışmama izin vermenizi istiyorum. Nasıl olsa boş olacak ve size hiçbir yararı olmayacak. Evin bakımını da üstlenmeye söz veriyorum, eskisinden bile güzel olacak."

Alice, Daldry'nin suratına dikkatle baktı.

"Yoksa sizin asıl amacınız benim cam çatının altında resim yapmak mı, bunun için mi beni kilometrelerce uzağa götürüp o diyarlarda terk etmeye niyetleniyorsunuz?"

Bu sefer, Daldry, Alice'e ciddiyetle baktı.

"Güzel gözleriniz var ama içiniz kötü."

"Tamam," dedi Alice. "Ama ancak şu meşhur ikinci kişiyi bulduğumuz zaman ve o da, macerayı sürdürme konusunda bizi ikna ettiği takdirde."

"Elbette!" diye bağırdı Daldry, kadehini kaldırarak. "İşi bağladığımıza göre, şerefinize."

"Şerefeyi trende yaparız," dedi Alice, "hâlâ kendime vazgeçme payı bırakıyorum, biraz hızlı oldu her şey."

"Öğleden sonra biletlerimizi almaya gideceğim, orada nerede konaklayacağımızla da ilgileneceğim."

Daldry kadehini masaya koyup Alice'e gülümsedi.

"Mutlu bakıyorsunuz... Bu da size yakışıyor."

"Şaraptandır," diye mırıldandı. "Teşekkür ederim Daldry."

"İltifat değildi."

"Ben de onun için teşekkür etmedim zaten. Benim için yaptığınız şey çok cömertçe. İnanın İstanbul'a gider gitmez, sizi yatırımcıların en mutlusu yapacak parfümü yaratmak için gece gündüz çalışacağım. Sizi hayal kırıklığına uğratmayacağım, söz veriyorum..."

"Saçmalıyorsunuz. Londra'nın renksizliğinden kaçmak beni de en az sizin kadar mutlu edecek. Birkaç gün sonra güneşi göreceğiz. Arkanızdaki aynadan solgun yüzümü gördükçe, güneşe ne kadar ihtiyacım olduğunu anlıyorum."

Alice de arkasını dönüp aynaya baktı. Kendisini seyreden Daldry'ye muzipçe göz kırptı. Bu yolculuğun düşüncesi bile başını döndürüyordu, bir kerecik olsun, kendini tutmadan sarhoş olmanın tadını çıkarıyordu. Gözlerini aynadaki Daldry'den ayırmadan, yeni aldığı bu kararı arkadaşlarına nasıl haber vereceği konusunda fikrini sordu. Daldry bir an düşündü ve cevabın sorunun içinde gizli olduğunu söyledi. Onlara, kendini mutlu eden bir karar aldığını söyleyebilirdi; eğer gerçek dostlarıysa, yapacakları tek şey onu cesaretlendirmek olurdu.

Konuşmanın sonunda, Daldry tatlı istemediğini söyledi, Alice de biraz yürümeyi önerdi.

Yürüyüşleri boyunca Alice, Carol'ı, Eddy'yi, Sam'i ve

özellikle de Anton'ı düşündü durdu. Nasıl bir tepki vere-
ceklerdi? Hepsini eve, yemeğe davet etmeyi düşündü.
Onlara her zamankinden fazla içirecek, geç olmasını bek-
leyecek ve alkolün de yardımıyla planlarını açacaktı.

Gözüne bir telefon kulübesi çarpınca Daldry'den bir
saniye beklemesini rica etti.

Yaptığı dört telefon görüşmesinden sonra Alice, uzun
bir yolculuğun ilk adımlarını atmış gibi hissetti kendini.
Artık kararını vermişti, geri adım atmayacağını biliyordu.
Sırtını bir sokak lambasına dayamış, sigara içerek bekle-
yen Daldry'ye doğru ilerledi. Yanına geldiğinde onu ya-
kalayıp kendine doğru çevirince Daldry istemeden oldu-
ğu yerde bir tur attı.

"Mümkün olduğu kadar çabuk gidelim. Kıştan kaç-
mak istiyorum. Londra'dan, alışkanlıklarımdan kaçmak
istiyorum, şimdiden yola çıkış günümüzde olmak istiyo-
rum. Ayasofya'yı gezmek, Kapalıçarşı'nın sokaklarında
dolaşmak, kokulardan sarhoş olmak, Boğaz'ı görmek; sizi,
Doğu ile Batı'nın kesiştiği kavşağın resimlerini çizerken
seyretmek istiyorum. Artık korkmuyorum... Üstelik mut-
luyum Daldry, çok mutluyum."

"Hafiften kafayı bulduğunuzdan şüphelensem de, sizi
böyle mutlu görmek harika. Bunu sizi baştan çıkartmak
için söylemiyorum sevgili komşum, samimiyim. Sizi bir
taksiye bindireyim, ben acente işleriyle uğraşacağım. Bu
arada, pasaportunuz var mı?"

Alice, suçüstü yakalanmış bir kız çocuğu gibi kafasıyla
"hayır" işareti yaptı.

"Babamın yakın dostlarından biri Dışişleri Bakanlığı'nda
önemli bir mevki sahibidir. Onu arayacağım. Prosedürü
hızlandırır, hiç merak etmeyin. Ama öncelikle bir prog-
ram değişikliği yapacağız: Vesikalık fotoğraf çektirmeye
gideceğiz, acente bekleyebilir. Bu defa, direksiyona ben
geçiyorum."

Alice ile Daldry mahalledeki bir fotoğrafçıya gittiler.
Bir aynanın önünde Alice üçüncü defa saçını düzeltince,
Daldry, Türk gümrük memurunun bakıp mühür vuracağı

bir fotoğrafta, birkaç asi saç telinin sıkıntı yaratmayacağını söyledi. Alice de nihayet fotoğrafçının taburesine oturabildi.

Daldry fotoğrafçının kullandığı yeni makineye hayran kalmıştı. Adam, fotoğraf kutusundan bir kâğıt çıkardı, onu iki parçaya ayırdı, birkaç dakika sonra da Alice'in yüzü dört nüsha olarak o kâğıdın üstünde belirmişti. Ardından, tabureye oturma sırası Daldry'ye geldi. Aptal bir gülümseme yerleştirdi suratına ve nefesini tuttu.

Vesikalıkları cepte, St. James'teki pasaport şubesine gittiler. Daldry, görevli memura, çok acil bir seyahate çıkmak zorunda olduklarını, eğer aksarsa çok tatsız sonuçları olacağını oldukça kaygılı bir ifadeyle anlattı. Bu pişkin tavrı Alice'i şaşırtmıştı. Daldry hükümetin üst makamlarında bir yakını olduğunu bildirmekten geri durmamış ama gizlilik gereği ismini vermemişti. Görevli memur, işi çabuklaştırma sözü verdi. Daldry ona teşekkür etti, sonra da numarasını ortaya çıkaracak korkusuyla Alice'i çıkışa doğru itti.

"Engel tanımıyorsunuz," dedi sokağa çıkarken Alice.

"Bilakis, siz engel oluyorsunuz! Ben durumumuzu izah ederken takındığınız tavırla her şeyi berbat edecektiniz az kalsın."

"O adamcağıza, eğer biz birkaç gün içinde İstanbul'da olamazsak, iyileşme yolundaki İngiliz ekonomisinin bir daha toparlanamayacağını iddia ettiğinizde kendimi tutamayıp güldüğüm için özür dilerim."

"O memurun günleri dayanılmaz bir monotonluk içinde geçiyor olmalı. Oysa şimdi benim sayemde hayati öneme sahip bir görev üstlendiğini düşünüyor. Burada benim adıma söylenebilecek tek şey, birine iyilik yaptığım."

"Ben de onu diyorum işte, yüzsüzlükte üstünüze yok!

"Sizinle aynı fikirdeyim."

Emniyet müdürlüğünden çıktıktan sonra Daldry nöbetçi polise selam verip, Alice'in Austin'e binmesine yardım etti.

"Sizi eve bırakıp derhal acenteye gideceğim."

Austin başkentin sokaklarında hızla ilerliyordu.

"Bu akşam," dedi Alice, "bizim sokağın köşesindeki *pub*'da arkadaşlarımla buluşacağım. Siz de katılmak isterseniz..."

"Sizi yalnız bırakmayı tercih ederim," dedi Daldry, "İstanbul'da devamlı benimle birlikte olmak zorunda kalacaksınız zaten."

Alice ısrar etmedi, Daldry onu evine bıraktı.

* * *

Bir türlü akşam olmak bilmiyordu, Alice'in kendini işine verme çabaları boşunaydı, kâğıda en ufak bir formül geçirmesine olanak yoktu. Şeritlerden birini gül esansı şişesine batırıyor ama kafası ânında müthiş bir ihtişamla gözünde canlandırdığı doğu bahçelerine gidiyordu. Birden, bir piyano melodisi işitti. Komşusunun dairesinden geldiğine kalıbını basabilirdi. Emin olmak istedi, odanın öbür ucuna gitti ama kapısını açar açmaz müzik durdu. Ve Victoria tarzı ev derin bir sessizliğe gömüldü.

* * *

Alice *pub*'dan içeri girdiğinde arkadaşları çoktan gelmiş, muhabbet koyulaşmıştı. Anton onun içeri girdiğini görmüştü. Alice saçlarını düzeltip onlara doğru yürüdü. Eddy ile Sam ona bakmakla yetindiler, Anton ise kalkıp bir sandalye tuttuktan sonra lafına kaldığı yerden devam etti.

Carol kaygılı kaygılı baktı Alice'e. Sonra da eğilip ne olduğunu sordu kulağına.

"Neden bahsediyorsun?" diye fısıldadı Alice.

"Senden," dedi Carol, erkekler o sırada Başbakan Attlee'nin yönetimi hakkında hararetli bir tartışma sürdürüyorlardı.

Eddy, şiddetle Churchill'in geri dönmesi gerektiğini savunuyordu. Onun ateşli bir muhalifi olan Sam ise, eğer savaş beyi seçimi kazanırsa, İngiliz orta sınıfının yok olacağını iddia ediyordu. Alice de kendi fikrini söylemek istedi, ama öncelikle Carol'a cevap vermek zorunda hissetti kendini.

"Özel bir durum yok."

"Yalan söyleme! Bir şeyler olmuş, yüzünden belli."

"Saçmalıyorsun," diye tersledi onu Alice.

"Seni çok uzun zamandır böyle ışıltılı görmedim, biriyle mi tanıştın?"

Alice kahkahayla gülünce erkekler sustu.

"Gerçekten değişmişsin sen," dedi Anton.

"Ne oluyor canım size? Saçma sapan konuşma da bana bir bira söyle, susadım."

Anton, bara giderken iki arkadaşını da yanına aldı. Taşınması gereken beş bardağa karşı sadece iki eli vardı.

Alice'le yalnız kalan Carol, sorgusunu sürdürmek için fırsattan istifade etti.

"Kim o? Bana söyleyebilirsin."

"Kimseyle tanışmadım. Ama madem her şeyi bilmek istiyorsun, yakın bir zamanda böyle bir şeyin olmayacağını söyleyemem."

"Yakın bir zamanda biriyle tanışacağını önceden mi biliyorsun? Falcı mı oldun şimdi?"

"Hayır, ama sizin beni dinlemeye zorladığınız falcıya inanmaya karar verdim."

Birden heyecanı doruğa çıkan Carol, Alice'in ellerini ellerine aldı.

"Gidiyor musun yoksa? O yolculuğa çıkacak mısın?"

Alice onayladı ve başıyla, onlara doğru gelen delikanlıları işaret etti. Carol derhal yerinden fırlayıp onları bara geri gönderdi. Kız kıza konuşmaları bitince onlara haber verecekti. Aforoz edilen erkekler omuz silkip geldikleri yere geri döndüler.

"Ne zaman?" diye sordu Carol, arkadaşından bile daha heyecanlıydı.

"Henüz bilmiyorum ama en fazla birkaç hafta içinde."

"O kadar çabuk mu?"

"Pasaportlarımızı bekliyoruz, bu öğleden sonra başvurduk."

"Biz mi dedin? Biriyle beraber mi gidiyorsun?"

Alice kızardı ve kapı komşusuyla yaptığı anlaşmayı Carol'a anlattı.

"Bütün bunları seni tavlamak için yapmadığına emin misin?"

"Daldry mi? Aman Tanrım, hayır! Hatta ona bunu aynı senin yaptığın gibi açıkça sordum."

"Yaptın mı bu küstahlığı?"

"Düşünmeden yaptım, tam yeri gelmişti, o da bana bir kadını hayatının adamının kollarına götürmenin, onu tavlamak isteyen bir adam açısından dâhiyane olmayacağını söyledi."

"Aynı fikirdeyim," dedi Carol. "O halde bu işten çıkarı, senin parfümlerine yatırım yapmak mı sahiden? Bayağı güveniyor demek senin yeteneğine."

"Senden daha çok güvendiği besbelli. Onu asıl motive eden şeyin ne olduğunu bilmiyorum, istemediği bir mirası harcamak, seyahate çıkmak ya da belki sadece resim yapmak için benim cam çatıdan faydalanmak. Anlaşılan yıllardır bunun hayalini kuruyormuş, ben de yokluğumda dairemi ona bıraktım. Benden epey önce dönecek çünkü."

"O kadar uzun mu kalmayı planlıyorsun?" diye sordu Carol üzgün bir sesle.

"Hiç bilmiyorum."

"Bana bak Alice, oyunbozanlık yapmak istemiyorum, hele seni ilk teşvik edenin ben olduğumu düşünürsek... Ama artık bu iş böyle somut bir hale bürününce, sırf falcının biri sana büyük bir aşk vaat etti diye kalkıp ta oralara kadar gitmen, biraz çılgınca görünmeye başladı gözüme."

"O yüzden gitmiyorum ki, koca aptal. Umutsuzluğum o kerteye varmadı, sadece, atölyemde dört dönüyorum, aylardır hiçbir şey yaratamadım; boğuluyorum bu

102

şehirde, bu hayatta. Başka bir havayı solumak istiyorum, yeni kokularla ve bilmediğim manzaralarla sarhoş olmak istiyorum."

"Bana yazacak mısın?"

"Tabii ki! Seni kıskandırma fırsatını kaçırır mıyım sanıyorsun?"

"Ama üç delikanlıyı kendi ellerinle bana bırakmış oluyorsun," diye itiraz etti Carol.

"Burada yokum diye akıllarından çıkacağımı mı sanıyorsun? Ayrılığın arzuyu tetiklediğini hiç duymadın mı?"

"Hayır, hiç bu kadar aptalca bir şey duymadım. Ayrıca onların başlıca ilgi odaklarının sen olduğun kanaatinde de olmadım hiçbir zaman."

Alice, ertesi gün evinde vermek istediği yemekten bahsetti. Ama Carol işi bu kadar büyütmeye gerek olmadığını söyledi; oğlanların herhangi biriyle nişanlı falan değildi neticede! Kimseden izin alması gerekmiyordu.

"Neyin izni?" diye sordu Anton sandalyesine oturururken.

"Gizli arşivleri inceleme izni," diye cevap verdi Carol hemen, böyle bir sözün aklına nereden geldiğini anlamadan.

"Arşivler mi?" diye sordu Anton.

Sam ile Eddy de oturdular. Susmuş, Alice'e bakıyorlardı, herhangi bir şey söyleyemiyorlardı. Carol yumruğunu masaya indirdi.

"Öleceğini söylemedi, merak etmeyin. Seyahate çıkacağını söyledi sadece. Nefes alabilirsiniz artık."

"Sen biliyor muydun?" diye sordu Anton, Carol'a.

"On beş dakikadır," dedi Carol sinirli bir edayla. "Özür dilerim, size telgraf çekemedim."

"Peki, uzun süreliğine mi gidiyorsun?" diye sordu Anton.

"Bilmiyor," dedi Carol.

"Tek başına o kadar uzaklara gitmek, güvenli mi sence?" diye sordu Sam.

"Kapı komşusuyla birlikte gidiyor, geçen gece evine gelen o mızmız adamla," diye düzeltti Carol.

"O tiplemeyle mi gidiyorsun? Aranızda bir şey mi var?" diye sordu Anton.

"Hayır, tabii ki yok," diye cevapladı Carol. "Onlar ortak, bu bir iş seyahati. Alice İstanbul'da yeni parfümler yaratmak için malzeme arayacak. Seyahat masraflarını karşılamasına destek olmak istiyorsanız, müstakbel şirketinin hissedarı olmak için hâlâ zamanınız vardır belki. Eğer istiyorsanız beyler, çekinmeyin. Bakarsınız birkaç sene sonra Pendelbury&Ortakları'nın yönetim kurulunda bir koltuğunuz olur."

"Bir sorum var," diye sözünü kesti o vakte kadar hiçbir şey söylemeyen Eddy. "Alice çokuluslu bir şirketin başkanı olana kadar, acaba kendi kendini ifade etmeye devam edebilir mi, yoksa artık ille senin üstünden mi ilişki kurmak zorundayız?"

Alice gülümsedi ve Anton'ın yanağını okşadı.

"Bu gerçekten bir iş seyahati. Ayrıca arkadaşlarım olduğunuza göre, gitmemem için bin türlü sebep uydurmaya çalışmayın, cuma günü sizi yemeğe davet ediyorum, hep birlikte gidişimi kutlayalım."

"Hemen mi gidiyorsun?" diye sordu Anton.

"Tarihi henüz belirlememişler," cevabını verdi Carol, "ama..."

"Pasaportlarımızı alır almaz," diye araya girdi Alice. "Büyük bir veda töreni yapılsın istemem. Ayrıca erken vedalaşmak da istemem. Hem böylece sizi cumartesiden sonra özlemeye başlarsam, bir kere daha görme şansım olabilir."

Gece bu sözlerle tamamlandı. Erkeklerin tadı kaçmıştı biraz. *Pub*'ın önündeki kaldırımda birbirlerine sarılıp vedalaştılar. Anton, Alice'i kenara çekti.

"Sana yazacağım, sana her hafta bir mektup gönderme sözü veriyorum," dedi Alice, Anton daha ağzını açamadan.

"Burada, bizim yanımızda bulamadığın neyi bulmaya gidiyorsun oraya?"

"Bunu döndüğümde söylerim."

"Eğer dönersen."

"Anton'cığım, kariyerim için bu yolculuğa çıkıyor değilim, ihtiyacım var, anlıyor musun?"

"Hayır, ama sanırım bunu düşünmek için bol bol vaktim olacak artık. Alice, kendine iyi bak... Bana sadece içinden gelirse yaz."

Anton sırtını arkadaşına döndü ve başı önde, elleri ceplerinde uzaklaştı.

O akşam erkekler kızları evlerine bırakmadılar. Alice ile Carol sokağı birlikte yürüdüler. Hiç konuşmadılar.

Alice, eve döndüğünde ışığı yakmadı, elbiselerini çıkardı, çırılçıplak yatağın içine girdi ve tavandaki camdan hilal şeklindeki aya baktı. Hilal, dedi kendi kendine, tıpkı Türkiye'nin bayrağındaki gibi.

* * *

Cuma günü öğleden sonra, Daldry, Alice'in kapısını çaldı. İki pasaportu elinde gururla sallayarak içeri girdi.

"Tamamdır," dedi. "Oldu bu iş, yurtdışına çıkabiliriz."

"Ne çabuk!" dedi Alice.

"Üstelik vizeler de tamam. Size önemli yerlerde tanıdıklarım olduğunu söylememiş miydim? Bu sabah gidip pasaportları aldım ve sonra da hemen acenteye gidip son birkaç pürüzü hallettim. Pazartesi günü gidiyoruz. Sabah saat sekiz itibariyle hazır olun."

Daldry, Alice'in pasaportunu çalışma masasının üstüne bırakıp hemen çıktı.

Alice pasaportun sayfalarını hülyalı hülyalı çevirdi, sonra da bavulunun üstüne koydu.

* * *

Akşam yemeği boyunca herkes güler yüzlü olmaya çalıştı fakat neşeden eser yoktu. Anton bir mazeret uydurup onları ekmişti; Alice gidişini ilan ettiğinden beri arkadaş grubu eskisi gibi değildi. Eddy, Carol ve Sam de gece yarısı bile olmadan evlerine dönmeye karar verdiler.

Birbirlerine sarıldılar, defalarca vedalaştılar. Alice sık sık yazmaya, İstanbul'dan bol bol hatıra eşyası getirmeye söz verdi. Evin kapısında Carol, gözleri dolu dolu, oğlanlarla kendi ailesiymiş gibi ilgileneceğine ve Anton'ın aklını başına toplamasını sağlayacağına söz verdi Alice'e.

Alice merdivenlerde hiç ses kalmayana kadar sahanlıkta bekledi. Sonra eve girdi, yüreği daralmış, boğazı düğümlenmişti.

6

Pazartesi sabahı saat sekizde Alice, elinde bavulu, kapıyı kapamadan evvel son bir kez baktı evine. Merdivenleri inerken yüreği kıpır kıpırdı, Daldry onu bir taksinin içinde bekliyordu.

Siyah Londra taksisinin sürücüsü Alice'in bavulunu aldı ve ön koltuğa koydu. Alice arka koltuğa, Daldry'nin yanına geçti. Daldry onu selamlayıp şoföre Harmondsworth istikametine gideceklerini söyledi.

"Gara gitmiyor muyuz?" diye sordu Alice endişe içinde.

"Hayır," dedi Daldry kısaca.

"Peki Harmondsworth'te ne var?"

"Ne olacak, havaalanı var. Size bir sürpriz yapmak istedim, havadan gideceğiz, böylece trene göre çok daha çabuk İstanbul'a varmış olacağız."

"Nasıl yani havadan?" diye sordu Alice.

"Hyde Park'tan iki ördek kaçırdım. Uçakla gideceğiz tabii ki, nasıl olacak! Sanırım sizin için de ilk olacak. Saatte iki yüz elli kilometre hızla ve yedi bin metre yükseklikten uçacağız. Sizce de bu inanılmaz değil mi?"

Araba şehirden çıkmış kır yollarından ilerlerken Alice otlaklara bakarak, yol ne kadar sürerse sürsün, inek sırtında gitmeyi tercih edeceğini düşünüyordu.

"Düşünebiliyor musunuz," diye devam etti Daldry gayet heyecanlı bir şekilde, "önce Paris'e, sonra Viyana'ya ineceğiz ve geceyi Viyana'da geçireceğiz. Üstelik, İstanbul'a varmamız bir hafta değil, bir gün sürecek."

"O kadar acelemiz yoktu," diye hatırlattı Alice.

"Uçağa binmekten korktuğunuzu söylemeyin bana."

"Bunu bilmiyorum henüz."

Londra Havaalanı şantiye halindeydi. Üç asfalt pist çalışmaya başlamıştı. Bir grup iş makinesi de diğer üç pistin inşasıyla meşguldü. BOAC, KLM, British South American Airways, Irish Airline, Air France, Sabena gibi genç şirketlerin başvuru masaları çadırların altında yan yana duruyorlardı, sac tavanlı barakalar da terminal vazifesi görüyordu. İlk beton bina, havaalanının ortasına inşa ediliyordu. O binanın inşaatı tamamlandıktan sonra, Londra Havaalanı askerî görüntüsünden çıkıp, sivil bir görünüş alacaktı.

Asfaltın üstünde Kraliyet Hava Kuvvetleri'nin uçaklarıyla, yolcu uçakları çaprazlama dizilmişlerdi.

Taksi, parmaklıklı bir kapının önünde durdu. Daldry bavullarını alıp Alice'i Air France'ın çadırına yönlendirdi. Bilet kontrol masasına seyahat belgelerini gösterdi. Yer görevlisi onları saygıyla karşıladı, bir hamal çağırdı ve Daldry'ye iki uçuş kartı verdi.

"Uçağınız saatinde kalkacak," dedi, "biraz sonra yolcuları çağırmaya başlayacağız. Gümrük görevlileri pasaportlarınıza damga vuracak, hamal size eşlik eder oraya kadar."

Formaliteler tamamlandıktan sonra, Daldry ile Alice bir banka oturdular. Ne zaman bir uçak kalkışa geçse, kulakları sağır eden bir gürültü muhabbetlerini kesiyordu.

İki motor sesi arasında, "Sanırım biraz korkuyorum," diye itiraf etti Alice.

"Uçağın içi bu kadar gürültülü olmuyormuş sanırım. İnanın bana, bu aletler arabalardan çok daha emniyetliler. Yukarı çıktığımızda, göreceğiniz manzaradan çok etkileneceğinize eminim. Bize yemek de vereceklerini biliyor musunuz?"

"Fransa'da mı aktarma yapacağız?" diye sordu Alice.

"Paris'te. Ama sadece uçak değiştirecek vaktimiz olacak. Maalesef şehri gezme imkânımız olmayacak."

Şirketin bir çalışanı onları almaya geldi. Başka yolcular da onlara katıldı. Hep birlikte asfalt piste çıktılar.

Alice, pilot kabininin arkasına doğru bir merdivenin tırmandığı devasa uçağa bakıyordu. En üst basamakta, hoş bir kıyafet içindeki hostes, yolcuları karşılıyordu. Gülümsemesi Alice'i rahatlattı. Ne olağanüstü bir mesleği var, diye düşündü Alice, DC-4'e girerken.

Uçağın içi sandığından daha genişti. Alice, evindeki kadar rahat bir koltuğa oturdu, buradakinin tek farkı emniyet kemerinin olmasıydı. Hostes, acil bir durumda kemerin nasıl takılıp çıkarıldığını gösterdi.

"Ne gibi bir acil durum?" diye sordu Alice telaşla.

"Hiçbir fikrim yok," dedi hostes. Daha da sevimli bir gülümsemeyle, "Hiç yaşamadım ki. Rahat olun hanımefendi, her şey yolunda gidecek, ben her gün yapıyorum bu yolculuğu ve hiç endişelenmiyorum."

Arka kapı kapandı. Pilot yolcuları teker teker selamlayıp kabine girdi. Yardımcı pilot da orada yapılacaklar listesini kontrol etmekle meşguldü. Motorlar gümbürtüyle çalıştı, bir ışık demeti iki kanadı aydınlattı, pervaneler sağır edici bir gürültüyle dönmeye başladılar; kısa bir süre sonra pervanelerin kanatları görünmez oldu.

Alice koltuğuna gömüldü ve tırnaklarını kolçaklara geçirdi.

Uçak titriyordu, tekerlek takozları çıkartıldı, uçak piste ilerlemeye başlamıştı. Alice, ikinci sırada oturduğu için pilot kabiniyle kontrol kulesi arasındaki konuşmanın bir kelimesini bile kaçırmıyordu. Telsizci, hava trafik kontrol görevlilerinin talimatlarını alıp pilotlara iletiyordu ama mesajları, Alice'in çözemediği bir İngilizceyle dile getiriyordu.

"Bu adamın korkunç bir İngilizcesi var," dedi Daldry'ye. "Konuştuğu kişiler de bunun hiçbir söylediğini anlamıyordur."

"İyi de, burada önemli olan adamın iyi bir havacı olması, iyi bir yabancı dilci olması değil. Biraz gevşeyin de manzaraya bakın. Adrienne Bolland'ı düşünün. Onunkilerle kıyas kabul etmez koşullarda uçuyoruz biz."

"Öyle olmasını umarım!" dedi Alice koltuğuna daha da gömülerek.

DC-4 kalkış için hazırlanıyordu. İki motor daha güçlü çalışmaya başlamıştı, kabinin titremesi daha da artmıştı. Kaptan pilotun frenleri bırakmasıyla uçak ok gibi fırladı.

Alice yüzünü cama yapıştırmıştı. Havaalanının altyapı tesisleri birbiri ardına geçiyordu. Birden, daha önce yaşamadığı bir şey hissetti, tekerlekler yerden ayrılmış, uçak rüzgârda yalpalayarak hafif hafif yükseliyordu. Pist önce kısaldı, sonra kaybolup yerini İngiliz kırlarına bıraktı. Uçak göğe doğru tırmandıkça, uzaktaki çiftlik binaları küçülüyor gibiydi.

"Sanki sihirli gibi," dedi Alice. "Sizce bulutların içinden geçecek miyiz?"

"Geçeceğimizi umarım," dedi Daldry gazetesini açarak.

Kırların yerini kısa bir süre sonra deniz aldı. Alice'in, devasa maviliğin içindeki dalga köpüklerini sayası geldi.

Pilot kısa bir süre içinde Fransa kıyılarının görüneceğini anons etti.

Uçuş iki saatten az sürdü. Uçak Paris'e yaklaşıyordu ve uzaktan Eiffel Kulesi'ni seçebildiğini sandığı an, Alice' in heyecanı ikiye katlandı.

Orly'deki mola kısa sürdü. Bir şirket görevlisi Alice ile Daldry'yi asfalt pistten yürüterek başka bir uçağa götürdü; Alice, Daldry'nin söylediği hiçbir şeyi dinlemiyordu. Tek bir şey vardı aklında, bir sonraki kalkış.

Air France ile Paris Viyana uçuşu, Londra uçuşuna oranla daha maceralı geçti. Uçak her türbülansa girdiğinde koltuğunda zıplamak Alice'i eğlendiriyordu. Daldry ise o kadar keyifli görünmüyordu. Sıkı bir yemekten sonra bir sigara yakıp Alice'e de bir tane uzattı. Alice istemedi. Bir dergiye dalmış, Parisli modacıların son koleksiyonlarıyla hayal âleminde geziyordu. Bilmem kaçıncı defa teşekkür etti Daldry'ye. Böyle bir ânı yaşayacağını hayal bile edemezdi ve hayatında hiç, hiç bu kadar mutlu olmamıştı. Daldry buna çok memnun olduğunu söyledi ve biraz uyumayı teklif etti. O akşam, yemeği Viyana'da yiyeceklerdi.

Avusturya karla kaplıydı. Kırların üzerinde uzanan beyaz örtü sonsuzluğa uzanıyordu sanki, Alice manzaranın güzelliğinden çok etkilenmişti. Daldry yolculuğun büyük bölümünde uyumuştu, DC-4 inişe geçerken uyandı ancak.

"Umarım horlamamışımdır," dedi gözlerini açtığında, âdeta yalvarır gibi.

"Motorlar kadar şiddetli değil," dedi Alice gülümseyerek.

Tekerlekler piste değmişti. Uçak bir hangarın önünde durdu. Bir iskele yanaştırdılar ve yolcular uçaktan indi.

Şehir merkezine taksiyle gittiler. Daldry şoföre, Sacher Oteli'ne gideceklerini bildirdi. Tam Heldenplatz'a geliyorlardı ki, buzda kayan bir kamyonet yolu diklemesine kesip yan yattı.

Taksi şoförü çarpışmayı son anda önledi. Yayalar, kamyonetinden çıkan sürücüye yardım etmek için koşuştular. Adamın bir şeyi yoktu ama trafik kilitlenmişti. Daldry saatine göz attı ve Alice'in şaşkın bakışları eşliğinde, "Çok geç kalacağız," diye üst üste birkaç defa söylendi.

"Kazadan ucu ucuna kurtulduk, siz saatten mi endişe ediyorsunuz?"

Daldry, Alice'le hiç ilgilenmeden, taksi şoförüne, bu trafikten çıkacak bir yol bulmasını söyledi. İngilizce anlamayan adam önündeki kaosu gösterip omuzlarını silkmekle yetindi.

"Çok geç kalacağız," dedi Daldry bir kez daha.

"Nereye geç kalacağız yahu?" diye sordu Alice.

"Vakti geldiğinde göreceksiniz, tabii, eğer bütün gece burada hapis kalmazsak..."

Alice kapıyı açtı ve hiçbir şey söylemeden taksiden indi.

"Aman, suratınızı asın siz!" diye isyan etti Daldry camdan sarkarak.

"Küstahlığınızın sonu yok! Dırdır edip duruyorsunuz

ve sizi bu kadar sabırsızlandıran şeyin ne olduğunu dahi söylemeye yanaşmıyorsunuz."

"Çünkü bunu henüz söyleyemem, anladınız mı?"

"Öyleyse, ne zaman söyleyebilirseniz, ben de o zaman binerim taksiye."

"Alice, çocukluk etmeyin, gelin, oturun şuraya. Üşüteceksiniz. Ayrıca zaten yeterince karmaşık olan bir durumu daha da zor bir hale getirmeyin. Benim şansım işte, şu kamyonetin gelip tam da bizim önümüzde devrilmesi gerekiyordu ille."

"Hangi durum?" diye sordu Alice, elleri belinde.

"Bizim durumumuz! Bu trafiğin içinde kısılıp kaldık, halbuki otelde, üstümüzü değişiyor olmalıydık."

"Baloya mı gidiyoruz?" diye sordu Alice alaycı bir ses tonuyla.

"Sayılır!" cevabını verdi Daldry. "Daha fazlasını söylemem. Şimdi binin artık, sanırım yol açılıyor nihayet."

"Ben buradan, sizin arabadan gördüğünüzden daha iyi görüyorum. Ve size rahatlıkla söyleyebilirim ki, açılan hiçbir şey yok. Sacher Oteli'ne gidiyorduk, değil mi?"

"Evet öyle, ne oldu?"

"Ne olacak, dırdırcı bey, bu durduğum yerden tabelayı görebiliyorum. Sanırım buradan beş dakikalık yürüme mesafesinde gideceğimiz yer."

Daldry şaşkınlık içinde baktı Alice'e. Şoförün parasını havayolu şirketi ödediği için arabadan hemen indi, bagajdan bavulları aldı ve Alice'ten kendisini takip etmesini istedi.

Kaygan kaldırımlar bile Daldry'nin koşar adım yürümesine engel değildi.

"Sonunda kafamızı kıracağız," dedi Alice, Daldry'nin koluna yapışarak. "Bu kadar acil olan nedir Tanrı aşkına?"

"Bunu söylersem sürprizi kalmaz. Çabuk olalım, otelin saçağını görüyorum, yaklaşık yüz metre sonra oradayız."

Kapı görevlisi onları karşılamaya geldi, bavulları alıp kapıyı tuttu.

Alice, girişin tavanına uzun bir örme zincirle asılmış büyük kristal avizeye hayranlıkla baktı. Daldry iki oda ayırtmıştı. Kayıt defterini doldurdu ve anahtarları aldı. Resepsiyondan görünen barın duvar saatinden saate baktı ve suratı asıldı.

"Geç kaldık işte!"

"Siz öyle diyorsanız..." dedi Alice.

"Neyse, biz yine de gidelim. Sonuçta üstümüzde paltolarımız varken hiçbir şey anlayamazlar."

Daldry, Alice'i koşturarak karşıdan karşıya geçirdi. Önlerinde, neo-rönesans üslubunda inşa edilmiş muazzam bir bina yükseliyordu. Cephenin her iki yanında iki siyah şövalye heykeli koşmaya hazır gibi duruyordu. Operanın tepesini devasa bir kurşun kubbe örtüyordu.

Smokinli adamlarla gece elbiseli kadınlar hızla çıkıyorlardı basamakları. Daldry, Alice'in koluna girdi ve kalabalığa karıştı.

"Yoksa..." dedi Alice, Daldry'nin kulağına.

"Evet, operaya gidiyoruz. İkimiz için bu küçük sürprizi hazırlamıştım. Londra'daki seyahat acentesi her şeyi ayarladı. Yerlerimiz ayırtıldı, gişede bizi bekliyor. Viyana'dan, opera dinlemeden geçmek olmazdı."

"Ama bütün gün yolculuk ettiğim üstümdeki kıyafetimle olmamalı bu," dedi Alice. "Bakın şu etrafımızdaki insanlara, berduş gibi görünüyor olmalıyım."

"O Tanrı'nın cezası taksinin içinde neden sabırsızlanıp durduğumu anladınız mı şimdi! Gece elbisesi giyme mecburiyeti var, onun için siz de benim gibi yapın ve paltonuzun önünü sıkı sıkı kapayın. Salon karanlığa büründüğünde çıkarırız. Bir de rica ediyorum, lütfen bir şey belli etmeyin, Mozart'ı dinlemek için her şeyi yaparım ben."

Alice operaya geldiği için çok mutluydu, ilk defa, tartışmadan Daldry'ye boyun eğmişti. Seyircilerin arasına karışıp kapı görevlilerine, bilet kesen görevlilere ve büyük salonda cirit atan program satıcılarına görünmemeye çalıştılar.

Daldry gişe memuruna kendini tanıttı ve resepsiyondaki kadına ismini söyledi. Kadın gözlüğünü düzeltti ve tahta cetvelini önündeki kayıt defterinin üstünde kaydırdı.

Biletleri Ethan'a uzatırken, "Londra'dan Bay ve Bayan Daldry," dedi belirgin bir Avusturya aksanıyla.

Gösterinin başlamak üzere olduğunu belirten bir zil sesi çınladı. Alice biraz etrafına bakmak, büyük merdivenin ihtişamını, devasa avizeleri, altın kaplamaları görmek isterdi; ama Daldry bu fırsatı vermedi ona. Bilet görevlisine doğru ilerleyen kalabalığın içinde kalabilsinler diye, Alice'i durmadan kolundan çekiştiriyordu. Kendi sıraları geldiğinde Daldry nefesini tuttu. Görevli, paltolarını vestiyere bırakmalarını söyledi ama Daldry anlamıyormuş gibi yaptı. Arkalarındaki seyirciler sabırsızlanıyordu. Biletleri kesen görevli gözlerini devirdi, bilet koçanlarını kopardı ve içeri girmelerine izin verdi. Bu sefer yer gösterici kadın gözlerini Alice'e dikti ve paltosunu çıkarmasını rica etti. Salonda palto giymek yasaktı. Alice kızardı, Daldry huzursuzlanıyormuş gibi yaptı, kendisine söylenen hiçbir şeyi anlamıyormuş rolünü daha da güzel oynadı ama yer gösterici kadın onun taktiğine hazırlıklıydı ve gayet anlaşılır bir İngilizceyle kurallara uymasını istedi. Kıyafet kuralı katıydı ve gece elbisesi mecburiydi.

"Dilimizi konuştuğunuza göre belki anlaşabiliriz, Matmazel. Havaalanından geliyoruz ve buzlu yollarınızda yaşadığımız talihsiz bir kaza yüzünden üstümüzü değiştirecek vakit bulamadık."

"Öncelikle matmazel değil, madam," dedi yer gösterici, "ve sebebi ne olursa olsun, burada smokin giymeniz lazım. Hanımefendinin de gece elbisesi."

"Bunun ne önemi var ki! Sonuçta karanlıkta olacağız."

"Kuralları koyan ben değilim; buna karşılık, onlara uyulmasını sağlamak için para alıyorum. Yerlerine götürmem gereken başkaları var, beyefendi. Gişeye gidin, bilet paralarınız size geri ödenecek."

"Ama ne olursa olsun," diye sabırsızca devam etti Daldry, "her kuralın bir istisnası vardır, sizin düzenlemenizin de öyle olmalı! Burada sadece bir gece kalacağız, sizden

114

sadece bizi görmezden gelmenizi rica ediyorum."

Yer gösterici, Daldry'ye hiç umut vermeyen gözlerle bakıyordu.

Alice, Daldry'den rezalet çıkarmamasını rica etti.

"Gelin," dedi, "önemli değil, harika bir fikirdi ve ben çok etkilendim. Gidip akşam yemeğimizi yiyelim. Çok yorgunuz, belki de operanın sonuna kadar dayanamaya-caktık zaten."

Daldry gözlerinden ateşler saçarak baktı yer göstericiye. Biletleri kadının elinden alıp gözlerinin önünde yırttı. Sonra da Alice'i büyük salona götürdü.

"Sinirliyim," dedi operadan çıkarken, "moda defilesi değil ki, müzik bu sonuçta."

"Kural bu, uymak lazım," dedi Alice onu yatıştırmak için.

"O zaman bu kural gülünç. İşte o kadar!" diye söylendi Daldry sokağa çıkarken.

"Çok komik," dedi Alice, "kızdığınız zaman yüzünüz çocuk gibi oluyor. Çocukken etrafa kök söktürüyordunuz herhalde..."

"Gayet mülayimdim ve kolay bir çocuktum!"

"Bu söylediğinize bir an için bile olsa inanmadım," dedi Alice gülerek.

Çıkıp bir lokanta aramaya başladılar ve opera binasının etrafını dolaştılar.

"O geri zekâlı yer gösterici, bize *Don Giovanni*'yi kaçırttı. Öfkem geçmiyor. Seyahat acentesi bize bu yerleri ayarlayabilmek için o kadar uğraşmıştı ki."

Alice'in gözüne, bir depo görevlisinin çıktığı küçük bir kapı çarpmıştı. Kapı tamamen kapatılmamıştı, Alice' in gülümsemesi hınzırlaştı.

"*Don Giovanni*'yi dinlemek adına, geceyi karakolda geçirmeyi göze alır mıydınız?"

"Size, Mozart için her şeyi yapabileceğimi söyledim."

"O zaman beni takip edin. Şansımız yaver giderse belki bu kez de ben sizi şaşırtabilirim."

Alice aralık servis kapısını itti ve Daldry'ye gürültü

yapmadan peşinden gelmesini söyledi. Kızılımsı bir ışıkla yarı aydınlanmış uzun bir koridordan geçtiler.

"Nereye gidiyoruz?" diye fısıldadı Daldry.

"Hiçbir fikrim yok," cevabını verdi Alice alçak sesle, "ama doğru yolda olduğumuzu sanıyorum."

Alice, kulağına gelen nota seslerinin yardımıyla yolunu buluyordu. Daldry'ye, daha yukarıdaki başka bir koridora çıkan bir merdiven gösterdi.

"Ya yakalanırsak?" diye sordu Daldry.

"Tuvaleti ararken kaybolduğumuzu söyleriz. Hadi tırmanın ve sessiz olun."

Alice ikinci koridora seğirtti. Daldry adım adım onu izliyordu. İlerledikçe, müziğin sesi daha da belirgin bir hale geliyordu. Alice başını kaldırdı. Yukarıda, çelik halatlarla asılı bir köprü duruyordu.

"Tehlikeli değil mi?" diye sordu Daldry.

"Yükseğe çıktığımıza göre, muhtemelen öyle. Ama aşağı baksanıza, ne güzel!"

İskelenin altında, birden sahneyi gördü Daldry.

Don Giovanni'nin şapkasıyla kıyafetinden başka bir şey seçilmiyordu, bütün dekoru görmeleri mümkün değildi ama Alice ile Daldry, dünyanın en güzel opera salonlarından birine, kimseye nasip olmayacak bir açıdan bakıyorlardı.

Alice oturdu, bacakları boşlukta, müziğin ritmiyle sallanıyordu, Daldry de onun yanına oturdu, gözlerinin önünde cereyan eden gösteri onu büyülemişti.

Epey sonra, Don Giovanni, Zerlino ile Masetto'yu baloya davet ettiğinde, Daldry, Alice'in kulağına birinci perdenin bitmek üzere olduğunu fısıldadı.

Alice büyük bir sessizlik içinde kalktı.

"Aradan önce sıvışsak iyi olur, ortalık aydınlandığında ışıkçıların bizi sobelemesi hoş olmaz."

Daldry isteksizce kalktı. Olabilecek en sessiz şekilde geri geri yürüdüler. Yolda bir ışıkçıyla karşılaştılar ama adam onlara aldırmadı bile. Sanatçıların kullandığı kapıdan çıktılar.

"Ne akşamdı ama!" diye bağırdı Daldry kaldırıma çıktığında. "Gidip o yer göstericiye birinci perdenin şahane olduğunu söylemek isterdim!"

"Yaramaz bir çocuksunuz, tam bir yaramaz çocuksunuz!"

"Acıktım!" dedi Daldry. "Bu macera iştahımı açtı."

Kavşağın diğer köşesinde bir lokanta gözüne çarptı; ama tam o anda Alice'in bitkin göründüğünü de fark etti.

"Otelde hızlı bir yemeğe ne dersiniz?" diye önerdi.

Alice itiraz etmedi.

Yemekten sonra iki gezgin karşılıklı odalarına çekilmeden evvel Londra'daki gibi, sahanlıkta vedalaştı. Ertesi sabah saat dokuz sularında, büyük salonda buluşmak üzere sözleşmişlerdi.

Alice penceresinin önündeki küçük masaya yerleşti. Çekmecede bir yazı takımı buldu, kâğıdın kalitesine hayranlıkla baktıktan sonra Carol'a göndereceği mektubun ilk kelimelerini yazdı. Seyahat izlenimlerini anlattı. İngiltere'den uzaklaşıyor olmaktan duyduğu tuhaf hissi tarif etti. Viyana'daki muhteşem akşamını anlattı. Sonra mektubu katladı ve sobada çıtırdayan ateşe attı.

* * *

Alice ile Daldry planladıkları gibi buluştular sabahleyin. Bir taksi onları Viyana Havaalanı'na götürdü. Havaalanının pistleri epey uzaktan seçilebiliyordu.

"Uçağımızı görüyorum. Hava iyi, belli ki vaktinde kalkacağız," dedi Daldry, yola çıktıklarından beri hüküm süren sessizliği kırmak için.

Alice sessizliğini koruyordu. Terminale gelene kadar da tek kelime etmedi.

Uçak havalanır havalanmaz Alice gözlerini kapadı ve uyudu. Kuvvetlice bir türbülans nedeniyle başı komşusunun omzuna düştü. Daldry kaskatı kesilmişti. Hostes geldiğinde, Alice'i uyandırmamak için yemek servisi istemedi. Derin bir uykuya dalan Alice kendini iyice onun üstüne bırakmış, elini de göğsünün üstüne koymuştu. Daldry bir an kendisine seslendi sandıysa da, Alice'in gülümseyen dudaklarından çıkan isim kendi ismi değildi. Alice dudaklarını araladı, anlaşılmaz başka kelimeler mırıldandı ve kendini tamamen Daldry'nin üstüne bıraktı. Daldry hafifçe öksürdü ama hiçbir şey Alice'i rüyasından uyandırabilecek gibi değildi. İnişten bir saat önce Alice gözlerini açtığında, Daldry hemen kendininkileri kapadı ve uyuyormuş gibi yaptı. Alice kendini o halde bulunca kızardı. Daldry'nin uyuduğunu görünce, uyanmasın diye dua etti ve yavaşça üstünden kalktı.

Tam kendi koltuğuna geçtiği sırada Daldry uzun uzun esnedi, sol kolunu sallayarak gerindi, acıdan yüzünü buruşturdu ve saati sordu.

"Gelmek üzereyiz sanırım," dedi Alice.

"Yolculuğun nasıl geçtiğini anlamadım," diye yalan söyledi Daldry kolunu ovuşturarak.

"Bakın!" diye bağırdı Alice yüzünü pencereye dayayarak. "Göz alabildiğine su var."

"Sanırım siz Karadeniz'e bakıyorsunuz, bense sadece sizin saçlarınızı görüyorum."

Alice, kendisine sunulan manzarayı Daldry'yle paylaşmak için kenara çekildi.

"Birazdan inmiş oluruz. Kollarımın uyuşukluğunu giderebilsem çok mutlu olacağım."

Birkaç dakika sonra Alice ile Daldry kemerlerini çözüyorlardı. Uçaktan inerken Alice Londra'daki arkadaşlarını düşündü. Gideli iki gün olduğu halde ona haftalar geçmiş gibi geliyordu. Evi çok uzakta kalmıştı sanki... Yere ayak bastığında, kalbinde bir sıkışma hissetti.

Daldry bavulları aldı. Pasaport kontrolünde, gümrük memuru ziyaret amaçlarını sordu. Daldry, Alice'e döndü ve görevliye, Alice'in müstakbel kocasını bulmak için İstanbul'a geldiklerini söyledi.

"Nişanlınız Türk mü?" diye sordu gümrük memuru, Alice'in pasaportuna bir kez daha bakarak.

"Doğrusunu söylemek gerekirse, bunu henüz bilmiyoruz. Türk de olabilir. Bildiğimiz tek şey, Türkiye'de yaşadığı."

Gümrük memuru şüphelenmişti.

"Türkiye'ye tanımadığınız biriyle evlenmek için mi geldiniz?" diye sordu.

Alice cevap veremeden, Daldry durumun aynen öyle olduğunu söyledi.

"İngiltere'de iyi kocalar yok mu?" diye sorgusunu sürdürdü memur.

"Var muhtemelen," dedi Daldry, "ama hanımefendiye uygun bir şey yok."

"Peki siz beyefendi, siz de kendinize bir zevce bulmaya mı geldiniz ülkemize?"

"Olur mu öyle şey! Ben sadece refakatçiyim."

"Burada bekleyin," dedi Daldry'nin sözleriyle kafası karışan gümrükçü.

Adam camlı bir ofise girdi ve Alice ile Daldry onun üstüyle hararetli bir konuşmaya girdiğini gördüler.

"Gümrük memuruna bu saçmalıkları söylemeniz şart mıydı?" diye söylendi Alice öfkeyle.

"Ne söylememi isterdiniz? Seyahatimizin sebebi bu değil mi neticede? Devlet yetkililerine yalan söylemekten çok korkarım."

"Emniyet Müdürlüğü'nde yalan söylemekten pek rahatsız bir haliniz yoktu ama."

"Ah evet, ama o sırada İngiltere'deydik, şimdi yabancı bir ülkedeyiz, tam bir beyefendi gibi davranmakta fayda var."

"Haylazlığınız başımıza iş açacak sonunda."

"Neden canım! Göreceksiniz, gerçeği söylemek her zaman iyi sonuç verir."

Alice, şefinin omuz silktiğini ve pasaportları geri alan memurun onlara doğru geldiğini gördü.

"Tamam, bir sorun yok," dedi memur, "Türkiye'ye evlenmeye gelmeyi yasaklayan bir kanun yok. Size memleketimizde iyi günler ve mutluluklar dilerim, hanımefendi. İnşallah namuslu bir adamla evlenirsiniz."

Alice ona zorlama bir gülücükle teşekkür etti ve damgalanmış pasaportunu aldı.

"Kim haklıymış?" diye böbürlendi Daldry havaalanından çıkarken.

"Tatile geldik demekle yetinebilirdiniz."

"Soyadlarımızın farklı olması nedeniyle çok daha uygunsuz bir durumda kalırdık."

"Çok yorucu birisiniz Daldry," dedi Alice taksiye binerken.

"Sizce neye benziyor?" diye sordu Daldry, Alice'in yanına oturduğunda.

"Kim?"

"Bizi buraya kadar çeken esrarengiz adam."

"Aptallaşmayın, buraya yeni bir parfüm bulmaya geldim... ve onu renkli, seksi ve hafif bir şey olarak hayal ediyorum."

"Renk konusunda bir şüphem yok, biz zavallı İngilizler kadar renksiz olamaz; hafiflik konusunda ise... benim mizah anlayışıma gönderme yapıyorsanız, korkarım benden iyisini bulamazsınız. Seksilik konusunda kararı size bırakıyorum. Neyse tamam, dalga geçmeyi kesiyorum, eğlenme havanızda değilsiniz anlaşılan."

"Keyfim gayet yerinde. Şu gümrük memurunun önüne ucuz bir erkek avcısı olarak çıkmasaydım, daha da iyi olabilirdim."

"Londra'da sizi epey uğraştıran vesikalık fotoğraftan mı çıkartıyorsunuz bunu?"

Alice dirseğiyle Daldry'nin koluna vurup vitrine baktı.

"İsterseniz tekrar içimin kötü olduğunu söyleyin bana! Ama siz de her gün bir melek olmuyorsunuz!"

"Belki. Ama en azından ben kabul etme dürüstlüğünü gösteriyorum."

Kenar mahallelerden geçerken tartışmaya ara verdiler. Alice ile Daldry, Haliç'e yaklaşıyorlardı. Dar sokaklar, cepheleri rengârenk ve cumbalı evler, caddelerde birbirlerine karışan tramvaylar ile taksiler, şehir hayat doluydu ve bütün ilgilerini çekmişti.

"Ne tuhaf," dedi Alice, "Londra'dan çok uzaktayız ama burası bana tanıdık geliyor yine de."

"Benimle olmaktandır," diye dalda geçti Daldry.

Taksi geniş bir parke caddenin köşesinde durdu. Pera Palas Oteli, Fransız mimarisinin görkemli taş binası, Frenk mahallesinin kalbi olan Tepebaşı semtinde, Meşrutiyet Caddesi'nde yükseliyordu.

O muazzam büyük salonun tepesini altı kubbenin üzerindeki cam tavan örtüyordu. Eklektik iç süslemeler, İngiliz doğramalar ve Doğu'ya özgü mozaiklerle zevkli bir ahenk içindeydi.

"Agatha Christie'nin burada kaldığı ve adının verildiği bir oda var," dedi Daldry.

"Burası aşırı lüks bir yer," diye rahatsızlığını belli etti Alice, "daha mütevazı bir aile pansiyonuyla da yetinebilirdik."

"Türk lirasıyla aradaki kur farkı bizim lehimize," diye itiraz etti Daldry. "Ayrıca mirasımı çarçur etmekse niyetim, sert tedbirler almak zorundayım."

"Anladığım kadarıyla, siz yaşlandıkça böyle haylaz bir çocuğa dönüşmüşsünüz Daldry!"

"Doğru söze ne denir! Sevgili Alice, intikam soğuk yenen bir yemektir, emin olun ergenliğimden almak istediğim sıkı bir rövanş vardı. Artık benden bahsetmeyelim, gidip odalarımıza yerleşelim ve bir saat içinde barda buluşalım."

Bir saat sonra, otelin barında beklerken, Daldry, Can'la tanıştı. Barın tezgâhında tek başına, dört tabureden birinde oturuyordu ve gözleriyle boş salonu süzüyordu.

Can, otuz yaşında olmalıydı, belki bir iki yaş daha fazlaydı. Şık giyinmişti, siyah bir pantolon, beyaz bir ipek gömlek ve son derece iyi dikilmiş bir yelek vardı üzerinde. Can'ın gözleri altın ve kum rengindeydi. Yuvarlak ve küçük gözlüklerinin arkasına gizlenmiş canlı bir bakışı vardı.

Daldry onun yanına oturup barmenden bir rakı istedi. Çaktırmadan komşusuna doğru döndü. Can, ona gülümsedi ve fena olmayan bir İngilizceyle yolculuğunun nasıl geçtiğini sordu.

"Hızlı ve iyi geçti," cevabını verdi.

"İstanbul'a hoş geldiniz," dedi Can.

"İngiliz olduğumu ve yeni geldiğimi nasıl bildiniz?"

"Kıyafetleriniz İngiliz tarzı, ayrıca dün burada değildiniz," dedi Can ağırbaşlı bir sesle.

"Bu otel çok hoş, öyle değil mi?" diye devam etti Daldry.

"Nereden bileyim... Ben Beyoğlu'nun sırtlarında oturuyorum ama akşamları sık sık geliyorum buraya."

"İş için mi, keyif için mi?" diye sordu Daldry.

"Ya siz, İstanbul'a gelmek nereden aklınıza geldi?"

"Oh, sormayın, tuhaf bir hikâye. Bir araştırma yapıyoruz diyelim."

"Burada her istediğinizi bulabilirsiniz. Her yerimiz zenginlik. Deri, kauçuk, pamuk, yün, ipek, yağ, deniz ürünleri ve başka şeyler... Siz bana ne aradığınızı söyleyin, ben de size yörenin en iyi tüccarlarının ilişkilerini vereyim.[1]"

Daldry ağzını kapatarak öksürdü.

"Öyle demek istemedim, buraya ticaret yapmaya gelmedik. Ben zaten ticaretten hiç anlamam, ressamım ben."

"Sanatçı mısınız?" diye sordu Can heyecanla.

"Sanatçı diyemeyiz herhalde henüz ama fırçam kuvvetlidir diyebiliriz."

"Ne resmi yaparsınız peki?"

"Kavşaklar."

Can'ın şaşkın bakışları karşısında Daldry hemen ekledi:

"Yol kesişimleri de diyebiliriz isterseniz."

"Hayır, istemem. Ama isterseniz size İstanbul'daki harika kavşaklarımızı gösterebilirim. Yayalı olan var, at arabalısı var, tramvaylı, otomobilli, dolmuşlu var, hangisinden isterseniz."

"Neden olmasın, fırsat olursa... Ama aslında buraya gelmemin bununla da bir ilgisi yok."

---

1. Can'ın konuşmasındaki Türkçe ifade bozluklukları, romanda kendini ifade ettiği bozuk İngilizceye uygun olarak dilimize aktarılmıştır. (Y.N.)

"Neyle ilgisi var?" diye fısıldadı meraka kapılan Can.

"Dediğim gibi, uzun bir hikâye. Ya siz, siz ne iş yaparsınız?"

"Ben rehber ve tercümanım. Şehrin en iyisiyim. Sırtımı döner dönmez barmen size aksini söyleyecektir. Çünkü küçük işlerle uğraşıyor, anlıyor musunuz? Diğer rehberler buna ufak bir rüşvet atarlar çaktırmadan, rüşvet bende yoktur. Benim ahlakım var. Bir turist ya da ticaret için gelmiş insan için burası, en iyisinden bir rehber ve tercüman olmadan becerilecek yer değildir. Size söylediğim gibi ben de..."

"İstanbul'un en iyisisiniz," diye lafını kesti Daldry.

"Şöhretim size kadar ilerledi mi?" diye sordu Can, büyük bir gururla.

"Hizmetinize gerçekten ihtiyaç duyabilirim."

"Düşündüğünüzü gördüğüme sevinirim. İstanbul'da rehberini seçmek önemlidir. Sonradan pişman olmanızı istemem, daima memnun müşterilerim olmuştur."

"Neden fikir değiştireyim ki?"

"Çünkü birazdan şu fütursuz barmen size benim hakkımda ipe sapa gelmez şeyler söyleyecek ve belki siz de ona inanmak isteyeceksiniz. Bu arada bana hâlâ araştırmalarınızı söylemediniz."

Daldry, Alice'in asansörden çıktığını ve lobiyi geçtiğini gördü.

"Yarın devam ederiz," dedi Daldry hızla yerinden kalkarak. "Haklısınız, hele bir sabah olsun... Eğer size de uygunsa sabah sekiz gibi diyelim, gelip beni kahvaltıda bulun. Ya da hayır, sekiz çok erken; dokuz diyelim. Ve eğer itirazınız olmazsa, başka bir yerde görüşmeyi tercih ederim, bir kafede mesela."

Alice yaklaştıkça Daldry'nin konuşması hızlanıyordu. Can, ona hınzır hınzır gülümsedi.

"Geçmişte birkaç tuhaf müşterim oldu," dedi rehber. "İstiklal Caddesi 461 numarada bir pastane var, taksi şoförüne, Lebon Pastanesi, deyin. Çok bilinen bir yerdir, gözünüzden kaçmaz, sizi orada bekleyeceğim.

"Harika. Şimdi müsaade isteyeceğim, yarın görüşmek üzere," dedi Daldry ve Alice'e doğru koştu.

Can taburesinde oturmaya devam etti ve Daldry'nin Alice'i otelin yemek salonuna götürüşünü seyretti.

* * *

"Bu akşam, yemeği burada yemeyi tercih edersiniz, diye düşündüm, uzun yolculuk sizi yormuş olmalı," dedi Daldry masaya otururken.

"Çok yorulmadım aslında," dedi Alice, "uçakta uyudum. Hem zaten Londra'dan iki saat ilerideyiz. Havanın şimdiden karardığına inanamıyorum."

"Seyahat alışkanlığı olmayınca saat farkı insanı etkiler. Yarın sabah biraz daha uyumaya ihtiyaç duyabilirsiniz. Size öğleden sonra buluşmayı teklif ediyorum."

"Daha şimdiden yarını düşünüyorsunuz Bay Daldry, ama daha gece başlamadı bile."

Şef garson mönüleri verdi, mönüde çulluk ve birkaç boğaz balığı çeşidi vardı. Alice'in canı av etini pek istemiyordu, şef garsonun tavsiye ettiği lüferi isteyecek gibi oldu ama Daldry ikisine de böcek söyledi. Buralarda deniz böceklerinin nefis olduklarını duymuştu.

"Kiminle konuşuyordunuz biraz evvel?" diye sordu Alice.

"Şef garsonla," cevabını verdi şarap mönüsüne gömülen Daldry.

"Ben bara geldiğimde, bir adamla derin bir muhabbetin içinde görünüyordunuz."

"Ha, o mu?"

"Umarım 'o' derken, az önce sizi konuşurken gördüğüm kişiyi kast ediyorsunuzdur."

"Barlarda dolanıp müşteri toplamaya çalışan bir rehber tercüman. Şehrin en iyisi olduğunu iddia ediyor... Ama İngilizcesi korkunç."

"Bir rehbere ihtiyacımız var mı?"

124

"Belki birkaç gün olabilir. Bu seçeneği göz ardı etmemeliyiz, bize zaman kazandırabilir. İyi bir rehber, aradığınız bitkileri bulmanıza yardım edebilir, hatta belki doğanın sizin için sakladığı sürprizlerin olduğu daha bâkir bölgelere götürebilir sizi."

"Tuttunuz mu yoksa onu?"

"Yok canım, iki laf ettik şunun şurası."

"Daldry, asansörün cam kabini sayesinde, sizi inmeden epeyce evvel görmeye başladım, muhabbetiniz hiç de kısa sürmedi."

"Beni ikna etmeye çalışıyordu, ben de onu dinliyordum. Ama hoşunuza gitmediyse, resepsiyondan bize başka birisini bulmasını isteyebilirim."

"Hayır, size boş yere para harcatmak istemiyorum, biraz sistemli olursak eminim kendi başımıza da becerebiliriz. Öncelikle bir gezi rehberi satın almalıyız. Onunla muhabbet etmek gibi bir zorunluluk yok nasıl olsa."

Böcekler, şef garsonun iddia ettiği kadar vardı.

Daldry tatlı da yemek istedi.

"Carol beni bu gösterişli yemek salonunda görse," dedi Alice, Türk kahvesinden aldığı ilk yudumdan sonra, "kıskançlığından yeşile keserdi. Aslında, biraz da ona borçluyum bu seyahati. Brighton'daki o falcıyı görmem konusunda o kadar ısrarcı olmasaydı, bunların hiçbiri olmazdı."

"O halde sizin Carol'a kadeh kaldırmalıyız."

Daldry komiden servisi değiştirmesini istedi.

"Carol'a," dedi kristali çınlatarak.

"Carol'a," diye tekrar etti Alice.

"Bir de, burada bulacağımız, hayatınızın adamına," diye bağırdı Daldry kadehini bir kez daha kaldırarak.

"Sizi zengin edecek parfüme," deyip şarabından bir yudum aldı Alice.

Daldry, yan masada yemek yiyen çifte bir göz attı. Siyah, şık elbiseli kadın büyüleyiciydi. Daldry kadında, Alice'e benzer bir şey olduğunu düşündü.

"Kim bilir, belki de vaktiyle buralara yerleşmiş uzak akrabalarınız vardır."

"Neden bahsediyorsunuz?"

"Falcı kadından bahsediyorduk, hatırladığım kadarıyla. Köklerinizin Türkiye'ye uzandığını söylememiş miydi?"

"Daldry, ne olur şu falcılık hikâyelerine kafa yormaktan vazgeçin artık. O kadının söylediklerinin hiçbir anlamı yoktu. Annem ile babam İngilizdi, büyükannelerim ile büyükbabalarım da öyleydi."

"Yunan bir eniştem ve Venedikli uzak bir kuzenim olduğunu biliyor muydunuz? Halbuki bütün ailem Kent'in yerlisi. Soyağacını incelediğiniz zaman şaşırtıcı evlilikler çıkabiliyor her zaman."

"Ama benim soyağacım olduğu gibi Britanyalıdır, hiçbir zaman da, bizim sahillerden yüz milden daha uzakta yaşamış bir atamızın adının geçtiğini duymadım. En uzak akrabam büyük halam Daisy, coğrafi mesafe anlamında söylüyorum uzaklığı, Wight Adası'nda yaşar."

"Ama İstanbul'a vardığımızda bana etrafın tanıdık geldiğini söylemiştiniz."

"Hayal gücümün bana oyun oynadığı olur arada bir. Siz bu yolculuk fikrini ortaya attığınızdan beri İstanbul'un nasıl bir yer olabileceğini sorup durdum kendi kendime. Defalarca o broşürün sayfalarını çevirdim, belki fotoğraflar bilinçaltıma yerleşti."

"O broşüre ben de birkaç defa baktım, sadece kapağında bir Ayasofya resmi, içinde de bir Boğaziçi fotoğrafı vardı. Havaalanından gelirken geçtiğimiz kenar mahallelerle ilgili hiçbir şey yoktu."

"Sizce Türk tipi mi var bende?" diye sordu Alice kocaman bir kahkahayla.

"Bir İngiliz için biraz koyu bir teniniz olduğu söylenebilir."

"Böyle demenizin sebebi sizin bembeyaz olmanız. Biraz dinlenseniz iyi olur hakikaten, yüzünüz hiç iyi görünmüyor."

"Ne güzel! Benim gibi amansız bir hastalık hastasına teninin soluk olduğunu söyleyin bakalım. Ben de hastalanıvereyim lokantanın ortasında."

"O zaman çıkıp hava alın biraz. Küçük bir gezinti iyi gelecektir, goril gibi yediniz çünkü."

"Abartıyorsunuz! Sadece bir tatlı yedim ben..."

Daldry ve Alice büyük caddeden aşağı yürüdüler. Bastıran karanlık, şehri bütünüyle yutmuş gibiydi; sokak lambaları fazla bir ışık vermiyor, ayaklarının altındaki kaldırımı hafifçe aydınlatıyorlardı. Bir tramvay geçtiğinde, farı, koyu karanlığı delip geçen bir tepegözün gözünü andırıyordu.

"Yarın konsolosluktan randevu almak için işlemleri başlatıyorum," dedi Daldry.

"O da nedenmiş?"

"Türkiye'de bir akrabanız var mı ya da buraya hiç geldiler mi, öğrenmek için."

"Annem bana bundan bahsederdi diye düşünüyorum," dedi Alice, "hayatı boyunca çok az seyahat etmiş olmaktan şikâyet ederdi devamlı. Bana daima, buna ne kadar hasret olduğunu söylerdi. Bunun samimi bir özlem olduğuna inanıyorum. Annem dünya turuna çıkmak isterdi; ama hiçbir zaman Nice'ten öteye gidemediğini biliyorum. Ben doğmadan önceydi, bir aşk kaçamağı için babam Nice'e götürmüştü onu. Hafızasında silinmez bir yeri vardı o seyahatin. Seyahatlerin en güzeliymiş gibi, azur mavisi denizin kenarındaki yürüyüşlerini anlatırdı bana."

"Bunlar işimizi pek kolaylaştırmıyor."

"Daldry, zamanınızı boşa harcıyorsunuz, eğer çok uzaktan bile olsa burada bir akrabam olsaydı, haberim olurdu."

Anacaddeden bile daha kötü aydınlatılmış bir ara sokağa girdiler. Alice başını kaldırıp ahşap bir binaya baktı, cumbası çökmek üzere gibi görünüyordu.

"Bu evin daha iyi korunmamış olması ne acıklı!" diye iç çekti Daldry. "Bu köşkler zamanında muhteşemdiler herhalde. Bugünse mazideki ihtişamlarının hayaletleri gibiler ancak."

Daldry, gecenin soğuğunda, binanın kararmış cephesine kilitlenen Alice'in yüzündeki dehşeti seçebildi.

"Ne oldu? Sanki Kutsal Bakire'yi görmüş gibi bir haliniz var."

"Bu evi daha önce gördüm, burayı hatırlıyorum," diye mırıldandı Alice.

"Emin misiniz?" diye sordu Daldry, şaşırmıştı.

"Belki bu değildi ama bunun tıpatıp aynısıydı. Kâbuslarımın hepsinde görünüyordu, dar bir sokaktaydı ve sokağın ucundaki büyük merdiven şehrin aşağı kısımlarına iniyordu."

"Aklımızı kurcalamasın diye o tarafa doğru biraz daha yürüyelim isterdim ama, galiba yarına bırakmak daha doğru olacak. Bu sokağın ilerisindeki karanlık pek cesaret verici değil, tehlikeli görünüyor."

"Ayak sesleri vardı," dedi Alice, düşünceleri arasında kaybolmuştu, "bizi kovalayan adamlar vardı."

"Biz mi? Kimle birlikteydiniz?"

"Bilmiyorum, bütün gördüğüm bir eldi, beni yakalamış, korkutucu bir kaçışa sürüklüyordu. Buradan gidelim Daldry, kendimi iyi hissetmiyorum."

Daldry, Alice'i yakaladı ve onu çabucak caddeye çıkardı. Bir tramvay yaklaşıyordu, Daldry yavaşlasın diye vatmana elini salladı. Alice'in arka basamağa tırmanmasına yardım etti ve onu bir sıraya oturttu. Vagonun içinde Alice kendine geldi. Yolcular aralarında bir şeyler konuşuyorlardı, koyu renk pardösülü ihtiyar bir bey gazetesini okuyordu, üç genç ezberden bir şarkı mırıldanıyordu. Vatman kolu itti ve tramvay harekete geçti. Tramvay otel yönüne gidiyordu. Alice gözlerini, çivit rengi bir camın arkasında kalan vatmanın sırtına dikmişti, konuşmuyordu artık.

Pera Palas görünmüştü. Daldry elini Alice'in omzuna koydu, Alice sıçradı.

"Geldik," dedi, "inmemiz lazım."

Alice, Daldry'yi takip etti. Büyük caddeyi geçip otele girdiler.

Daldry, Alice'i odasının kapısına kadar götürdü. Alice enfes yemek için ona teşekkür etti ve birkaç dakika evvel kendisine ne olduğunu bilmediğini söyleyerek davranışlarından ötürü özür diledi.

"İnsanın, gördüğü bir kâbusu uyandıktan sonra yeniden yaşadığı hissine kapılması hiç kolay bir şey değildir," dedi Daldry üzüntülü bir ifadeyle. "Siz ne kadar diretirseniz diretin, ben yarın konsolosluktan bilgi toplamaya çalışacağım."

Daldry iyi geceler diledi ve odasına gitti.

* * *

Alice yatağının ayakucuna oturdu ve ayaklarını kaldırarak kendini geriye doğru bıraktı. Uzun uzun tavana baktı, sonra sıçrayarak doğruldu ve pencerenin yanına gitti. O saatlere kalan son İstanbullular evlerine yetişmek için karanlığı arkalarında bırakır gibi koşturuyorlardı. Akşamki çisenti soğuk bir yağmura dönmüş, İstiklal Caddesi'nin parkelerini ışıldatıyordu. Alice perdeyi çekip küçük masanın önüne yerleşti ve bir mektup yazmaya başladı.

Anton,

Dün Viyana'dan Carol'a yazıyordum, ama sonunda sobada yaktığım o mektubu yazarken, aslında seni düşünüyordum. Bunu da sana postalayacağımdan emin değilim ama önemi yok, seninle konuşmaya ihtiyacım var. İşte İstanbul'dayım, ne senin ne de benim göreceğimiz lüks bir oteldeyim. Sana yazdığım maun masayı görsen çıldırırsın. Hatırlıyor musun, çocukken, büyük otellerin üniformalı kapı görevlilerinin önünden geçtiğimiz zaman, yurtdışında bir ziyarete gelmiş prens ve prensesmişiz gibi benim belime dolanırdın. Bu inanılmaz yolculuk bu özlemimi gidermiş olmalı ama Londra'yı özlüyorum ve Londra'daki seni özlüyorum. Kendimi bildim bileli benim en yakın arkadaşımsın, zaman zaman bu arkadaşlığın doğası hakkında kuşkulara kapılsam da.

Burada ne yaptığımı bilmiyorum Anton, neden buraya geldiğimi de bilmiyorum. Viyana'dayken, beni kendi hayatımdan daha uzağa götürecek o ikinci uçağa binerken tereddüt ettim.

Oysa buraya gelir gelmez tuhaf bir hisse kapıldım. İçimden atamadığım bir his. Buradaki sokakları daha önce gördüğüm hissi, şehrin gürültüsünü tanıdığım ve daha da sarsıcısı, biraz evvel bindiğim bir tramvayın vernikli ahşap kokusunu daha önce duyduğum hissi. Eğer burada olsaydın sana bütün bunları anlatabilirdim ve rahatlardım. Ama uzaktasın. İçimde, derinlerde bir yerde, senin artık sadece Carol'a ait olduğunu düşünmek beni mutlu ediyor. Sana uygun biri o. Ve sen, koca aptal, hiçbir şeyin farkına varmıyorsun. Aç gözlerini, muhteşem bir kız o! Sizi birlikte görmenin beni kıskançlıktan çatlatacağını bilsem de... Ne düşüneceğini biliyorum, fesat bir beynim var; ama ne yapayım Anton, ben böyleyim. Annemi, babamı özlüyorum, yetim olmak aşamadığım bir yalnızlık uçurumu. Sana yarın da yazacağım. Ya da belki haftanın sonunda. Sana günlerimi anlatacağım ve kim bilir, belki bu mektuplardan birini postalayacak olursam, sen de bana cevap yazarsın.

Yarın, gündüz gözüyle göreceğim Boğaz'ın kıyılarına açılan penceremden sana güzel duygularımı yolluyorum.

Kendine dikkat et.

Alice

Alice mektubu üçe katladı, sonra da küçük çalışma masasının çekmecesine yerleştirdi. Ardından ışığı kapadı, soyundu ve örtünün altına süzülüp uyumayı bekledi.

* * *

Güçlü bir el onu yerden kaldırıyor. Yüzünü gömdüğü iç eteğindeki yasemin kokusunu alabiliyor. Gözyaşları yanaklarından akıp gidiyor, durduramıyor. Hıçkırıklarını boğmayı o kadar isterdi ki... ama çok korkuyor.

Karanlıkların içinden bir tramvayın farı beliriyor. Onu

bir garaj kapısından içeri itekliyorlar. Karanlığın içinde saklanmış, ışıklı tramvayın geçtiğini ve çoktan başka bir mahalleye doğru uzaklaştığını görüyor. Cızırdayan tekerleklerin sesi uzaklarda yok olup gidiyor ve sokak yeniden sessizliğe bürünüyor.

"Gel, orada kalma," diyor ses.

Acele eden adımları kayıyor, bazen ayağı engebeli parkelere takılıyor ama ne zaman sendelese, el onu yakalıyor.

"Koş Alice, yalvarırım, biraz cesur ol. Geri dönme."

Durup bir nefes almak isterdi. Uzakta erkekli kadınlı uzun bir insan kalabalığı görüyor, etraflarında muhafızlar var.

"Oradan olmaz, başka bir geçiş bulmalıyız," diyor ses.

Geri dönüyor, onca çaba sarf ederek attığı adımları yeniden sayarak yapıyor bunu. Yolun sonunda çok büyük bir su akıntısı var, mehtap kıpır kıpır dalgalara vuruyor.

"Kıyıya yaklaşma, düşersin. Neredeyse geldik, son bir çaba göster, yakında dinleneceğiz."

Alice kıyı boyunca ilerliyor, temelleri karanlık suların dibine inen bir barınağın etrafını dolaşıyor. Birden ufuk kararıyor, başını kaldırıyor, kuvvetli bir yağmur iniyor tepesine.

Alice, dehşetlerin en büyüğüyle karşı karşıya kalmış küçük bir kız çocuğunun aczi içinde, neredeyse hayvani bir çığlık atarak uyandı. Dehşet içinde doğruldu ve ışığı yaktı.

Kalp atışlarının yavaşlaması için uzunca bir süre geçmesi gerekti. Üzerine bir bornoz geçirip pencereye gitti. Sularını, seller halinde İstanbul'un çatılarına boca eden bir fırtına gürlüyordu dışarıda. Tepebaşı Caddesi'nden son tramvay geçiyordu. Alice perdeyi kapadı yeniden. Daldry'ye, yarından tezi yok Londra'ya dönmek istediğini söylemeye karar vermişti.

7

Daldry odasının kapısını sessizce kapadı, Alice'in odasının önünden geçerken en ufak bir gürültü yapmamaya dikkat ederek koridorda ilerledi. Lobiye indi, gabardinini giydi ve kapı görevlisinden bir taksi çağırmasını istedi. Rehber doğru söylemişti, şoföre Lebon Pastanesi'nin ismini söylemek yeterli olmuştu, derhal yola koyulmuştu. Trafik daha o saatte yoğunlaşmaya başlamıştı, Daldry'nin gideceği yere varması on dakikayı buldu. Can bir masaya oturmuş, önceki günün gazetesini okuyarak onu bekliyordu.

"Beni atlayacaksınız diye korktum," dedi rehber, Daldry'yi selamlamak için ayağa kalkarken. "Aç mısınız?"

"Çok açım," dedi Daldry, "kahvaltı etmedim."

Garson, içinde hıyar dilimleri, pul biberli katı yumurta, zeytin, beyaz peynir, kaşar peyniri ve yeşil biber olan tabakları getirdi.

"Çay ve kızarmış ekmek istemek mümkün mü?" diye sordu Daldry, garsonun masanın üzerine bıraktığı yiyeceklere biraz küçümsemeyle bakarak.

"Buradan beni tercüman olarak aldığınız sonucunu mu çıkarmalıyım?" diye sordu Can.

"Kafamı kurcalayan küçük bir mesele var, bunu sizinle paylaşmamı yanlış anlamayın. İstanbul'u, İngilizceden daha iyi biliyorsunuz, değil mi?"

"İkisinde de benden iyisi yoktur, ne oldu ki?"

Daldry, Can'a baktı ve derin bir iç çekti.

"Neyse, asıl konuya gelelim, birlikte çalışıp çalışmayacağımıza ona göre karar veririz," dedi Daldry.

Can cebinden sigara paketini çıkardı ve Daldry'ye de ikram etti.

"Aç karnına asla," dedi Daldry.

"İstanbul'da tam olarak ne arıyorsunuz?" diye sordu Can, kibritini yakarken.

"Bir koca," diye fısıldadı Daldry.

Can sigarasının dumanını püskürterek öksürdü.

"Hay Allah, yanlış kapıya çarptınız o zaman. Bugüne kadar hayli çılgınca taleplerle karşılaştım ama bu hepsinin üstüne tüy koydu! Bu tarz işlerle ilgilenmiyorum."

"Saçmalamayın, kendim için istemiyorum, bir iş üzerinde anlaşma aşamasında olduğum bir kadın için arıyorum."

"Ne tür bir iş?"

"Gayrimenkul işi."

"Bir ev ya da apartman dairesi almak istiyorsanız size kolaylıkla bir şeyler bulabilirim. Bana bütçenizi söyleyin, ben de size fazla ilginç öneriler getireyim. Buraya yatırım yatırmak çok iyi bir fikir. Ekonomi bu aralar alıngan bir dönemden geçiyor ama İstanbul yakında o çatapatlı günlerine kavuşacak. Burası göz arkası edilemeyecek, muhteşem bir şehir. Haritadaki yeri dünyada tektir, insanlar da her şeyden anlar."

"İktisat dersiniz için teşekkürler ama pazarlığımız burası için değil, Londra'da, evime komşu olan bir daireyi almak istiyorum."

"Ne tuhaflı bir düşünce! Madem öyle, bu işi İngiltere'de bitirmek daha kurnaz olmaz mıydı?"

"Hayır işte! Öyle olsa bunca kilometreyi ve bunca masrafı niye göze alayım? Göz koyduğum daire bir kadına ait ve kesinlikle orayı bırakmayı düşünmüyor. Ancak..."

Daldry, kendisini İstanbul'a getiren sebepleri anlattı

133

rehbere. Can sözünü kesmeden onu dinledi. Sadece bir kere, Brighton'daki falcı kadının söylediklerini tekrar ettirdi. Daldry de kelimesi kelimesine tekrar etti.

"Anlıyorsunuz beni değil mi? Bu, onu oradan uzaklaştırmak için kaçırılmaz bir fırsattı, şimdi de uzakta tutmak için gerekeni yapmalıyız."

"Siz kehanete inanmıyor musunuz?" diye sordu Can.

"Bunlara en ufak bir anlam yüklemeyecek kadar iyi bir eğitim aldım," dedi Daldry. "Aslını isterseniz, bu soruyu gerçek anlamda hiç sormadım kendime. Daha önce bir falcıya görünmediğimden, sormak için de bir sebebim yoktu. Ama düşününce, yazgıya ufaktan yön verme fikrine de karşı değilim."

"Pire için çarşaf yakıyorsunuz gibi geliyor bana. Özür dilerim ama o kadına yadsıyamayacağı fahiş bir astronomik fiyat önermeniz yeterli olurdu. Her şeyin bir fiyatı vardır, inanın bana."

"Bunu kabullenmenin zor olduğunu biliyorum ama para onu ilgilendirmiyor. Satılık biri değil o. Öte yandan ben de değilim."

"Ama bu daire vesilesiyle sağlam bir rant vurmak peşinde olduğunuz anlaşılıyor."

"Katiyen öyle değil, bu işte para söz konusu değil. Size söylediğim gibi, ben ressamım ve söz konusu dairenin muhteşem bir cam çatısı var, oradaki ışığın bir benzeri yok. Orayı atölyem yapmak istiyorum."

"Peki Londra'da tek bir cam tavan mı var? İstanbul'da size istediğiniz zaman seyrettirebileceğim bir sürü var. Hatta kavşağa bakan bir tane bile var."

"Benim oturduğum binada tek cam çatı o dairede! Benim evim, benim mahallem, benim sokağım... Ayrıca, orayı terk etmek gibi bir niyetim de hiç yok."

"Anlamıyorum, işiniz Londra'da, o zaman beni niye İstanbul'da işe tutmak istiyorsunuz?"

"Bana akıllı, dürüst ve bekâr bir adam bulun eğer mümkünse. Size bahsettiğim kadını baştan çıkarabilecek bir adam. Eğer ona âşık olursa, burada yaşamamak için bir sebebi kalmaz. Onunla yaptığımız anlaşma gereği, dairesi benim atölyem olur. Gördüğünüz gibi, çok karışık değil."

"Son derece çarpaşık, demek istiyorsunuz herhalde."

"Çay, ekmek ve çırpılmış yumurta alabilir miyim sizce, yoksa kahvaltımı etmek için Londra'ya mı gitmeliyim?"

Can dönüp garsona bir şeyler söyledi.

"Bu, size iyilik olarak verdiğim son bedava hizmet olsun," dedi rehber. "Kurbanınız olan kadın, dün akşam biz birbirimizi terk ederken etrafınızdaki kadın mıydı?"

"Böyle büyük büyük laflar da nereden çıktı! Kimse kimsenin kurbanı değil, bilakis, ben ona büyük bir iyilik yaptığıma inanıyorum."

"Hayatını manipüle ederek mi? Para karşılığında sizin için tespit edeceğim bir adamın kollarına sallayacaksınız onu; eğer iyilikten anladığınız buysa o zaman ben de ücretimi ve masraflarımın tesellisini peşin almak zorunda kalacağım. Size bu inci nadidesini bulmak kuşkusuz masrafsız olmayacaktır."

"Öyle mi? Ne gibi masraflar olacak?"

"Bildiğiniz masraflar işte! Şimdi bana bu kadının nelerden beğendiğini anlatın."

"Doğru soru. Eğer ne tür adamlardan hoşlandığını soruyorsanız, şimdilik bilmiyorum. Daha fazla bilgi almaya çalışacağım. Bu arada, zaman kaybetmemek için, siz gözünüzde benim tam zıddımı canlandırın. Şimdi, asıl sizin aylığınızdan bahsedelim ki, sizi tutup tutmayacağıma karar verebileyim."

Can uzun uzun Daldry'ye baktı.

"Üzgünüm, aylık değilim."

"Tövbeler olsun," diye iç çekti Daldry, "ücretinizden bahsediyorum."

Can bir kez daha Daldry'ye baktı. Ceketinin iç cebinden bir kurşunkalem çıkardı, kâğıt peçeteden bir parça yırttı, bir rakam karalayıp kâğıt parçasını Daldry'nin önüne itti. Daldry fiyatı gördü ve kâğıdı Can'a geri itti.

"Çok pahalısınız."

"Sizin istediğiniz şey de standart normallerde değil."

"Abartmayalım!"

"Paraya çekicilik duymadığınızı söylediniz, ama bir halıcı gibi pazarlama ediyorsunuz."

Daldry kâğıdı bir daha aldı, yazılı fiyata baktı ve homurdanarak cebine koyup elini Can'a uzattı.

"Peki, tamam, anlaştık. Ama masraflarınızı ancak sonuç alındıktan sonra ödeyeceğim."

"Anlaştık," dedi Can, Daldry'nin elini sıkarken. "O mübarek adamı tam gerektiği anda karşınıza çıkaracağım. Çünkü, eşine az rastlanır karmaşadaki niyetinizi doğru anladıysam, kehanetin gerçekleşmesi için önce başka karşılaşmaların gerçekleşmesi gerekiyor."

Garson nihayet Daldry'nin hayalini kurduğu kahvaltıyı getirdi.

"Aynen böyle," dedi Daldry, çırpılmış yumurtaların görüntüsüne bayılmış bir şekilde. "İşe alındınız. Hemen bu sabah, sizi o genç hanımefendiye rehber ve tercümanımız olarak tanıştıracağım."

"Benimle en ahenkli unvan işte bu," dedi Can mutlu bir gülümsemeyle.

Can ayağa kalktı ve Daldry'yle vedalaştı. Ama çıkmadan hemen önce, geri döndü.

"Belki de bana yok yere para ödeyeceksiniz! Belki de o falcının gerçekten olağanüstü kehanetli güçleri var ve ona inanmamakla hata ediyorsunuz."

"Neden böyle söylediniz?"

"Çünkü ben dürüstlük uygulayan bir insanım. Benim, falcının size bahsettiği ikinci kişi olmadığım ne malum? Sonuçta, yolumuzun kesişmesini sağlayan, yazgıdan başka bir şey değil."

Ve çıkıp gitti Can.

Daldry düşünceli bir şekilde, karşıdan karşıya geçip bir tramvaya binene kadar gözleriyle onu takip etti. Sonra tabağını itti, garsondan hesabı istedi, ödemeyi yaptı ve Lebon Pastanesi'nden çıktı.

Yürüyerek dönmeye karar vermişti. Otele vardığında Alice'in barda oturmuş, bir İngiliz gazetesi okumakta olduğunu gördü. Ona doğru ilerledi.

"Neredeydiniz siz?" diye sordu Alice, Daldry'yi görünce. "Sizi odanızdan arattım ama cevap vermediniz. Sonunda resepsiyon görevlisi çıktığınızı söyledi. Bana bir not bırakabilirdiniz. Endişelendim."

"Çok düşüncelisiniz ama biraz dolaşmaya çıkmıştım. Hava almak istiyordum ve sizi uyandırmak istemedim."

"Gece boyunca neredeyse hiç uyumadım. Ne içersiniz? Sizinle konuşmam lazım," dedi Alice kararlı bir sesle.

"Ne güzel tesadüf, hem susadım hem benim de sizinle konuşacaklarım var," diye cevapladı Daldry.

"Önce siz o zaman," dedi Alice.

"Hayır, siz. Oh, ya da tamam, önce ben. Dünkü önerinizi düşündüm ve o rehberi tutmaya karar verdim."

"Ben size tam tersini önerdim," dedi Alice.

"Ne tuhaf! Yanlış anlamış olmalıyım. Neyse, önemi yok, bize epey zaman kazandıracak. Kendi kendime dedim ki, bu havada kırlarda koşuşturmak çok da dâhiyane olmaz, ne de olsa çiçeklerin açma mevsiminde değiliz. Bir rehber bizi kolaylıkla şehrin en iyi ıtriyatçılarına götürebilir. Onların çalışmaları bize fikir verebilir, ne dersiniz?"

Alice'in kafası karışmıştı, gösterdiği çabalar nedeniyle kendini Daldry'ye borçlu hissediyordu.

"Evet, bu açıdan bakılınca, iyi bir fikir."

"Bunun sizi memnun etmesine çok sevindim. Resepsiyondan, dün akşamki adamla bize bir randevu ayarlamasını rica edeceğim. Sıra sizde şimdi. Siz ne söyleyecektiniz?"

"Önemli bir şey değildi," dedi Alice.

"Yatağınız mı uyumanıza engel oldu? Bana da şiltem biraz fazla yumuşak geldi. Kendimi bir tereyağına gömülür gibi hissettim. Odanızı değiştirmelerini söyleyebilirim."

"Yo hayır, yatakla hiçbir ilgisi yok."

"Yine kâbus mu gördünüz?"

"O da değil," diye yalan söyledi Alice. "Ülke değiştirmekten kaynaklanıyor muhtemelen. Alışırım herhalde."

"Gidip biraz dinlenmelisiniz. Bugün öğleden sonra araştırmalarımıza başlayabiliriz diye umuyorum, gücünüzün yerinde olmasına ihtiyacımız olacak."

Ama Alice'in yapmak istediği şey dinlenmek değil, başka bir şeydi. Daldry'ye, rehber gelmeden önce, evvelki akşam gördükleri sokağa gitmelerinde bir sakınca olup olmadığını sordu.

"Bulabileceğimize emin değilim," dedi Daldry, "ama deneyebiliriz elbette."

Alice yolu gayet iyi hatırlıyordu. Otelden çıktıktan sonra hiçbir tereddüte düşmeksizin Daldry'yi oraya götürdü.

"Burasıydı," dedi cumbası sokağa doğru tehlikeli bir biçimde sarkan konağı görür görmez.

"Ben çocukken," dedi Daldry, "evlerin cephelerine bakarak saatler geçirirdim, duvarların arkasında neler olup bittiği hakkında hayaller kurardım. Nedendir bilmem ama başka insanların hayatları beni büyülerdi. Onlarınki de benimkine benziyor mu, yoksa çok mu farklı, bilmek isterdim. Kendi yaşımdaki çocukların gündelik hayatlarını, yıllar içinde hayatlarının merkezi haline gelecek bu evlerde oynadıkları oyunları, yarattıkları dağınıklığı hayal etmeye çalışırdım. Akşamları aydınlık pencerelere bakarak, büyük akşam yemekleri, ziyafetler uydururdum kafamdan. Bu konak, bu kadar harap bir hale geldiğine göre uzun zaman önce terk edilmiş olsa gerek. Sakinlerine ne oldu acaba, niye burayı terk ettiler?"

"Bizim de çok benzer bir oyunumuz vardı," dedi Alice. "Benim büyüdüğüm evin karşısındaki apartmanda, odamın penceresinden gözetlediğim bir çiftin yaşadığını hatırlıyorum. Adam hiç değişmez bir şekilde, akşam saat altıda, benim ödevlerimi yapmaya başladığım saatte eve dönerdi. Onun, salonunda, paltosunu ve şapkasını çıkardığını ve bir koltuğa yığıldığını görürdüm. Karısı ona bir aperatif getirir ve adamın paltosuyla şapkasını alıp giderdi; adam gazetesini açardı ve ben yemeğe çağrıldığımda hâlâ okuyor olurdu. Odama geri döndüğümde, karşıdaki dairenin perdeleri çekilmiş olurdu. Karısına tek kelime etmeden kendisine hizmet ettiren o adamdan nefret ederdim. Bir gün, annemle dolaşmaya çıktığımızda, adamın bize doğru yürüdüğünü gördüm. O bize yaklaştıkça kalp atışlarım hızlanıyordu. Adam bize selam vermek için yavaşladı. Bana kocaman gülümsedi. Gülümsemesiyle şöyle demek istiyordu: 'Sen beni pencereden gözetleyip duran küçük yaramazsın, oyununun farkında değil miyim sanıyorsun?' Beni ispiyonlayacağını düşünmüş ve daha da çok korkmuştum. O nedenle onu görmezden geldim, ne gülümsedim ne selam verdim. Annemi elinden tutup çekiştirdim. Annem kabalığım nedeniyle bana kızdı. Ona adamı tanıyıp tanımadığını sordum. Bana, kaba olduğum kadar dikkatsiz de olduğumu söyledi. Yaşadığımız sokağın köşesindeki bakkaldı o adam. Her gün önünden geçtiğim, bazen alışveriş de ettiğim bakkal. Ama tezgâhta genç bir kız olurdu hep. Adamın kızıymış, annem öyle söylemişti; babasıyla birlikte çalışıyormuş ve dul kaldığından beri kızına o bakıyormuş. Özgüvenim ağır bir darbe almıştı, ben ki kendimi gözlemcilerin kraliçesi sanıyordum."

"Hayal gücü hakikatle çarpıştığında bazen bir hasar meydana getirir," dedi Daldry dar sokakta ilerlerken. "Ailemin yanında çalışan hizmetçi kızın bana vurgun olduğuna inanmıştım uzun bir süre. Kanıtlarım bile vardı, emindim. Oysa aslında ablama tutulmuştu. Ablam şiirler yazıyordu, hizmetçi kız da gizli gizli onları okuyordu. Büyük bir gizlilik içinde sevişiyorlardı. Kız, bu şiirsel aşkı ortaya çıkmasın diye annemin önünde bana vurgunmuş gibi yapıyordu."

"Ablanız kadınlardan mı hoşlanır?"

"Evet. Dar görüşlülerin ahlak anlayışına rağmen, bence hiç kimseyi sevmemekten daha iyidir. Artık şu esrarengiz sokağı incelemeye başlasak diyorum; buraya bunun için gelmedik mi?"

Alice önden gitti. Rengi kararmış eski ahşap konak sessizce misafirlerini bekliyor gibiydi ama sokağın ucunda merdiven falan yoktu ve hiçbir şey, Alice'in kâbusundakilere benzemiyordu.

"Özür dilerim," dedi Alice, "size zaman kaybettirdim."

"Hiç önemli değil, bu ufak gezinti iştahımı açtı. Sokağın aşağısında, bizim otelin yemek salonundan çok daha otantik görünen bir lokanta dikkatimi çekti. Otantik bir mekâna itirazınız olur mu?"

"Hayır, aksine," dedi Alice, Daldry'nin koluna girerek.

Lokanta epey kalabalıktı. Havadaki sigara dumanı bulutu o kadar yoğundu ki, salonun dip tarafı ancak seçilebiliyordu. Yine de, küçük bir masayı gözüne kestirdi Daldry; müşterilerin arasında yol açarak oraya doğru götürdü Alice'i. Alice sandalyeye oturdu ve bütün yemek boyunca çocukluklarından konuşmaya devam ettiler. Daldry burjuva bir ailenin çocuğuydu ve kardeşleriyle birlikte büyümüştü. Annesi ile babası daha mütevazı bir sınıftan gelen Alice ise tek çocuktu. İkisinin gençliğine de belirgin bir yalnızlık damga vurmuştu, ama bu yalnızlık ne fazla ne de eksik sevgiden kaynaklanıyordu, kendileriyle ilgiliydi. İkisi de yağmuru sevmiş, ama kıştan nefret etmişlerdi. İkisi de okul sıralarında hayal kurmuşlardı, ilk aşklarını yazın ve ilk ayrılıklarını sonbaharda yaşamışlardı. Daldry babasından nefret etmiş, Alice ise kendininkini ilahlaştırmıştı. 1951 yılının bu Ocak ayında, Alice Daldry'ye ilk Türk kahvesini tattırıyordu. Daldry fincanının dibini dikkatle inceledi.

"Burada geleceği, kahvenin telvesinden okuma geleneği vardır. Acaba sizinki bize ne anlatacak, merak ediyorum doğrusu."

"Gidip bir falcıya görünebiliriz. Brighton'daki falcı kadınla uyuşuyor mu, görmüş oluruz," cevabını verdi Alice düşünceli bir edayla.

Daldry saatine baktı.

"İlginç olurdu doğrusu. Ama bunu daha sonra yapalım. Otele gitme vakti geldi, rehberimizle randevumuz var."

* * *

Can, onları girişteki büyük salonda bekliyordu. Daldry, Alice'le Can'ı tanıştırdı.

"Hanımefendi, yakından bakınca uzaktan olduğundan daha güzel görünüyorsunuz!" diye haykırdı Can, kızarmış yanaklarıyla Alice'in elini öpmek için eğilirken.

"Çok naziksiniz, bunu iyi anlamda almayı tercih ederiz, değil mi?" diye sordu Alice, Daldry'ye dönerek.

"Kesinlikle," diye cevap verdi Daldry, Can'ın gösterdiği samimiyetten biraz rahatsız olarak.

Ama yanaklarının pembeliğine bakılırsa, rehberin iltifatı kesinlikle samimiydi.

"Özrümü kabul edin," dedi Can, "sizi kızdırmak istemedim katiyen, sadece gün ışığında kaçınılmaz olarak güzel oluyorsunuz."

"Sanırım söylemek istediğinizi anladık," dedi Daldry kuru bir sesle. "Konuyu değiştirebilir miyiz artık?"

"Elbette kesinlikle, Majesteleri," dedi Can iyice karıştırarak.

"Daldry bana İstanbul'un en iyi rehberi olduğunuzu söyledi," diye devam etti Alice havayı dağıtmak için.

"Bu tamamıyla gerçek," dedi Can, "ve ben de bütün olarak hizmetinizdeyim."

"Aynı zamanda en iyi tercümanmışsınız?"

"Aynı zamanda öyle," dedi Can yüzü kırmızıya kesmiş bir halde.

Alice bir kahkaha patlattı.

"En azından sıkılmayacağız, sizi son derece sempatik buldum," dedi yeniden ciddileşirken. "Gelin, bara gidip üçümüzü bir araya getiren konuyu konuşalım."

Can, bakışlarıyla kendisini azarlayan Daldry'nin önüne düştü.

"Sizi İstanbul'un bütün ıtriyatçılarıyla buluşturabilirim. Sayıları çok fazla değil ama mesleklerinde mükemmelen harikalar," dedi Can, Alice'i dikkatle dinledikten sonra. "Eğer İstanbul'da ilkbaharın başlayana kadar kalırsanız sizi kırsala da götürürüm. İnanılmazlık derecesinde muhteşem vahşi güllerimiz, incir ağaçlarıyla taşan tepelerimiz, ıhlamurlarımız, siklamenlerimiz, yaseminlerimiz vardır."

"O kadar uzun kalacağımızı zannetmiyorum," dedi Alice.

"Böyle demeyin, geleceğin size neler gizlediğini kim bilebilir?" dedi Can, bunu der demez de masa altından Daldry'nin tekmesini yedi.

Can, olduğu yerde zıpladı ve öfkeli gözlerle Daldry'ye döndü.

"Tanıştırmaları ayarlamak için bu öğleden sonraya ihtiyacım var, birkaç telefon arayıp yarın sabah sizi buradan alabilirim."

Alice bir çocuğun Noel arifesindeki hali gibi heyecanlanmıştı. Türk meslektaşlarla tanışıp, onların çalışmalarını inceleyebilecek olmak onu çok mutlu etmiş ve seyahatten vazgeçme isteğini alıp götürmüştü.

"Çok memnun oldum, teşekkür ederim," dedi Can'a, elini sıkarken.

Can ayağa kalktıktan sonra, Daldry'den kendisine çıkışa kadar eşlik etmesini rica etti, söyleyeceği bir-iki şey vardı.

Döner kapının önünde Daldry'ye eğildi.

"Tarifemde bir artış oldu."

"Niye ki? Fiyatta anlaşmıştık."

"O, bacağıma tekmenizi almadan öncekiydi. Belki de bacağım topallayacak yarın, bu da beni işimden alıkoyacak."

"Siz de amma yumuşakmışsınız! Ben sadece, bir pot kırmayın diye hafifçe dokundum."

Can, gayet ciddi bakışlarla Daldry'yi süzdü.

"Peki," dedi Daldry, "özür diliyorum, gerekliydi ama yine de o talihsiz hareketi yaptığım için özür dilerim. Siz de çok becerikli davranmadığınızı kabul edin."

"Tarifemi yükseltmeyeceğim ama sırf arkadaşınız çok güzel olduğu ve işim böylece çok daha kolay olacağı için."

"Bu da ne demek şimdi?"

"Onun peşinden koşturacak yüz adam bulabilirim bir günde. Yarın görüşmek üzere," dedi Can, döner kapıdan geçerek.

Daldry düşüncelere daldı. Ardından Alice'in yanına gitti.

"Benim duymamam gereken ne söyledi size?"

"Önemsiz şeyler, alacağı parayı konuşuyorduk."

"Bütün masrafların hesabını tutmanızı istiyorum Bay Daldry, bu otel, yemeklerimiz, bu rehber ve tabii yolculuk... Hepsini ödeyeceğim size."

"Kuruşu kuruşuna... Biliyorum, bunu yeterince kaktınız kafama. Ama ister beğenin ister beğenmeyin, yemek sofrasında benim davetlimsiniz. İş ortağı olmamız ayrı bir şey, benim bir beyefendi gibi davranmam ayrı bir şey. Bundan vazgeçecek değilim. Kutlamak için bir şeyler içsek mi bu arada?"

"Neyi kutlayacağız?"

"Bilmem, ille bir şey mi lazım? Susadım, şu rehberi tutmamızı kutlasak bile olur."

"Benim için biraz erken, bütün gece gözümü kırpmadım, gidip biraz uyuyacağım."

Alice, Daldry'yi barda yalnız bıraktı. Daldry onun camlı asansör kabiniyle yukarı çıkışını seyretti, ona gülümsedi, gözden kaybolunca da kendine bir duble skoç söyledi.

* * *

Ahşap bir iskelenin ucunda bir sandal sağa sola sallanıyor. Alice sandala binip oturuyor. Bir adam onları babaya bağlayan ipi çözüyor. Kıyı uzaklaşıyor, Alice neden dünyanın böyle yaratıldığını, niçin büyük çam ağaçlarının, gecenin karanlığı içinde, geçmişinin üstünü kapatmaya çalıştığını anlamaya çalışıyor.

Akıntı güçlü, sandal, uzaklaşan bir geminin dümen suyunda tehlikeli bir şekilde sallanıyor. Alice kenarlara tutunmak istiyor, ama kolları çok kısa kalıyor. Sandalcının sırtı dönük oturduğu tahta sıranın altına sokuyor Alice ayaklarını. Sandal, bir dalganın tepesinden aşağı her düştüğünde yatıştırıcı bir varlık onu tutuyor.

Kuzey rüzgârı esmeye başlıyor ve bulutları dağıtıyor, ay ışığı gökyüzünden değil, suların derinliklerinden fışkırıyor.

Sandal kıyıya yanaşıyor, denizci onu bileğinden tutup çekerek karaya çıkarıyor.

Servilerle dolu bir tepeye tırmanıyor, sonra da karanlık bir patikadan kıvrıla kıvrıla aşağı iniyor. Bir sonbahar akşamının tatlı serinliğinde, nemli bir toprak yolda yürüyor. Yokuş dik, çalılıklara varıyor ve oradan, uzakta titreşen küçük bir ışık görüyor.

Alice, yabanasmasıyla kaplı eski bir kale ya da eski bir saray kalıntılarının etrafını dolaşıyor.

Sedir ağaçlarının kokusu katırtırnaklarına karışıyor, biraz daha ileriden yasemin kokusu geliyor. Alice bu peş peşe gelen kokular aklında kalsın istiyor. Işık belirginleşmiş, bir zincirin ucuna bağlı gaz lambası ahşap bir kapıyı aydınlatıyor. Kapı, ıhlamur ve incir ağaçlarıyla dolu bir bahçeye açılıyor. Alice'in aklından bir meyve çalmak geçiyor, karnı aç. Kırmızı ve etli meyvenin tadına bakmak istiyor canı. Elini uzatıyor, iki incir alıyor ve cebine saklıyor.

Bir evin bahçesine süzülüyor. Tanıyamadığı tatlı bir ses korkmamasını söylüyor, artık korkacağı hiçbir şey yok, yıkanabilecek, karnını doyurabilecek, su içebilecek ve uyuyabilecek.

Ahşap bir merdivenden üst kata çıkılıyor. Basamaklar Alice'in ağırlığıyla gıcırdıyor. Korkuluğa tutunuyor, ağırlığını vermeden basmaya çalışıyor basamaklara.

Balmumu kokan küçük bir odaya giriyor. Alice elbiselerini çıkarıyor, katlıyor ve onları dikkatle bir sandalyenin üstüne koyuyor. Metal bir leğene doğru ilerliyor, ılık suda kendi yansısını görür gibi oluyor; ama suyun yüzeyi berrak değil.

Bu suyu içmek istiyor, susamış, boğazı o kadar kuru ki, zor nefes alıyor. Yanakları yanıyor, kafası sanki bir mengeneye sıkıştırılmış gibi.

144

"Git buradan Alice. Buraya dönmemeliydin. Evine dön, hâlâ çok geç değil."

* * *

Alice gözlerini açtı, yataktan kalktı. Ateşten yanıyordu. Vücudu uyuşmuş, bedeni güçsüz düşmüştü. Midesi bulandığı için banyoya koştu.

Titreye titreye odasına döndüğünde resepsiyonu aradı ve görevliden acele bir doktor göndermesini ve Bay Daldry'ye haber verilmesini istedi.

Doktor, başucunda, gıda zehirlenmesi teşhisi koydu. Daldry doktorun yazdığı ilaçları almak için eczaneye koştu. Çabucak iyileşecekti Alice, bu tür rahatsızlıklar turistlerin başına sık gelirdi, endişelenecek bir şey yoktu.

Akşamüstü, Alice'in odasında telefon çaldı.

"Asla o deniz ürünlerini yemenize izin vermemeliydim, kendimi fena halde suçlu hissediyorum," dedi kendi odasından arayan Daldry.

"Sizin bir kabahatiniz yok," dedi Alice, "beni bir şeye zorlamadınız. Bana kızmayın ama akşam yemeğinde sizi yalnız bırakacağım. En hafif bir yemek kokusunu bile kaldırabilecek gibi hissetmiyorum kendimi, bahsi bile midemi bulandırıyor."

"Bahsetmeyin o zaman. Zaten ben de bu akşam perhiz yapacağım, dayanışma olsun, benim için de iyi olur. Bir bardak burbon, sonra da yatak."

"Çok içiyorsunuz Daldry... ve yok yere içiyorsunuz."

"Halinize bakılırsa, bana sağlık nasihatleri verecek durumda değilsiniz doğrusu. Kötü niyetlilik demeyin ama ben şahsen, sizden daha formdayım."

"Bu akşam için haksız değilsiniz ama yarın ve sonraki günler için doğru söylediğimi düşünüyorum."

"İlle doğru bir şey yapacaksanız, benimle uğraşmayı bırakıp dinlenin biraz. Uyuyabildiğiniz kadar uyuyun, ilaçlarınızı alın. Böylece, eğer doktorun dediği doğruysa,

145

yarın sabah kendinize gelmiş olursunuz."

"Rehberimizden haber yok mu?"

"Henüz yok," dedi Daldry, "aramasını bekliyorum. O nedenle telefonu kapatıp hattı meşgul etmemem lazım, siz de dinlenmelisiniz."

"İyi geceler Ethan."

"İyi geceler Alice."

Alice telefonu kapattı ama başucu lambasını söndürme fikri onu tedirgin etti. Lambayı açık bıraktı ve kısa bir süre sonra da uyudu. O gece, hiçbir kâbus uykusunu bölmedi.

* * *

Itriyatçı Cihangir'de yaşıyordu. Cihangir sırtlarında, boş bir arsada bulunan eviyle, karşısındaki ev arasında bir çamaşır ipi gerilmişti; gömlekler, pantolonlar, atletler, donlar, hatta bir üniforma asılıydı ipte. O yağmurlu günde parke taşlı yolu tırmanmak kolay iş değildi, taksi iki sefer denedi. Chevrolet patinaj yapmış, debriyaj yanık kauçuk kokusu bırakmıştı. Lastiklerinin aşınmış yüzeylerine hiçbir kabahat bulmayan şoför söyleniyordu. Bu güzergâha gelmeyi kabul etmemeliydi, zaten turistlerin görmek isteyeceği ilginç bir şey de yoktu Cihangir sırtlarında! Önde oturan Daldry eski Chevrolet'nin koltuğuna bir miktar para koyunca şoför sustu.

Can, arsayı geçerken Alice'in koluna girmişti, dediğine göre "suyla dolu bir çukura ayakları düşmesin" diye.

Bu hafif çisentiyle şehir akşamdan önce seller altında kalacak değildi, ama Can tedbirli olmakta fayda görüyordu. Alice kendini daha iyi hissediyordu ama Can'ın kendisine gösterdiği alakayı fark edecek kadar toparlanamamıştı henüz. Daldry ise fikrini kendine saklıyordu.

Eve girdiler. Itriyatçının çalıştığı oda genişti. Büyük bir semaverin altında kızıla dönmüş kor parçaları çıtırdıyor, yaydıkları sıcaklık, atölyenin tozlu camlarını buğuluyordu.

İki İngiliz'in neden Londra'dan kalkıp kendisini görmeye geldiklerini anlayamayan ama bundan gurur da duyan ıtriyatçı, misafirlerine çay ve şerbetli çörekler ikram etti.

"Bizim hanım yapıyor bunları," dedi Can'a. Can ise bunu, "Itriyatçının karısı Cihangir'in en iyi pastacısı," diye tercüme etti.

Alice'i ıtriyatçının orguna götürdüler. Adam ona kompozisyonlarından bir-iki tanesini koklattı. Üstünde çalıştığı notalar güçlü ama ahenkliydiler. İyi yapılmış, Doğu'ya has esanslardı ama özgün bir tarafları da yoktu.

Uzun masanın ucunda küçük şişelerle dolu bir kutu gördü Alice, renkleri dikkatini çekmişti.

"Bakabilir miyim?" diye sordu tuhaf yeşil renkte küçük bir şişeyi eline alarak.

Can henüz Alice'in ricasını tercüme etmeyi bitirmeden, adam şişeyi Alice'in elinden kapıp kutunun içindeki yerine koydu.

"Bunların hiçbir özelliği yokmuş, eğlenmek için yaptığı deneylermiş," dedi Can, "zaman geçirmek için."

"Onları koklamayı çok isterdim."

Itriyatçı omzunu silkerek kabul etti. Alice tıpayı çıkardı ve kaşlarını çattı. Bir kâğıt şeridi aldı, şişenin içinde ıslattı ve burnuna götürdü. Şişeyi yerine koydu ve aynı hareketleri ikinci şişeyle tekrarladı. Sonra üçüncüsü, derken şaşkın bir ifadeyle Daldry'ye döndü.

"Ee?" diye sordu, o vakte kadar ağzını açmayan Daldry.

"İnanılmaz, bu küçük kutunun içinde gerçek bir orman yaratmış. Hiç aklıma gelmezdi. Siz kendiniz koklayın," dedi Alice, yeni bir şeridi şişelerden birinde ıslatarak, "sanki bir sedir ağacının yanına, yere uzanmışsınız gibi oluyor."

Islak kâğıt şeridi masanın üstüne bıraktı, başka bir tane alıp şişede ıslattı ve Daldry'ye koklatmadan önce biraz salladı.

"Bunda, çam reçinesi kokusu var ve şunda da," dedi şişenin tıpasını çıkarırken, "nemli çimen kokusu var, eğreltiotuyla karışık hafif çiğdem notası. Ve bunda da, koklayın, fındık..."

"Fındık gibi kokmak isteyecek biri olduğunu zannetmiyorum," diye homurdandı Daldry.

"Bunlar vücut için değil, oda kokuları bunlar."

"Oda parfümü için bir pazar olduğuna inanıyor musunuz hakikaten? Hem nedir ki oda parfümü?"

"Evinizde doğaya ait kokularla oturmanın hoşluğunu düşünün. Apartman dairelerine mevsim kokularını yaydığımızı düşünün."

"Mevsim?" dedi Daldry şaşırarak.

"Kış geldiğinde sonbaharı sürdürmek, ocak ayında bütün o açan çiçekleriyle ilkbaharı yaşatmak, yazın yağmur kokuları yaymak. Limon ağacı kokan bir yemek salonu, turunç kokulu bir banyo. Tütsü olmayan iç mekân kokuları, ilginç bir fikir!"

"Madem öyle, heyecanınız karşısında en az benim kadar şaşırmış görünen bu beyle ilişkilerimizi sıkılaştırmak kalıyor geriye."

Alice, Can'a döndü.

"Ona sorabilir misiniz, bu sedir ağacı notasını bu kadar uzun süre kalıcı tutmayı nasıl başarıyor?" dedi Alice parfüm orgundan aldığı kâğıt şeridi koklayarak.

"Hangi nota?" diye sordu Can.

"Parfümün oda havasında bu kadar uzun süre kalmasını nasıl başardığını sorun ona."

Can, Alice ile ıtriyatçı arasındaki konuşmayı mümkün olduğunca doğru bir şekilde tercüme etmeye çalışırken, Daldry pencereye yanaşıp buğulanmış camların ardından bulanık görünen Boğaz'a baktı. İstanbul'a gelirken umduğu şey katiyen bu değildiyse de, Alice'in günün birinde bir servet kazanması mümkün görünüyordu ve kulağa ne kadar acayip gelse de, bu umurunda bile değildi.

* * *

Alice, Can ve Daldry kendilerine ayırdığı zaman için ıtriyatçıya teşekkür ettiler. Alice, en kısa zamanda yine geleceğine söz verdi. Yakında birlikte çalışmaya başlayabileceklerini düşünüyordu. Itriyatçı, bu gizli tutkusunun günün birinde birisine ilham vereceğini aklının köşesinden bile geçirmemişti. Ama o akşam, karısına, atölyesinde geç saatlere kadar çalıştığı o gecelerin, dağ tepe aşmak zorunda kaldığı, bin türlü çiçek ve bitki toplamak için vadileri ve korulukları arşınlamak zorunda kaldığı o pazar günlerinin, devamlı kafasına kaktığı gibi kafayı sıyırmış bir ihtiyarın zaman öldürmesi değil, İngiltere'den bir ıtriyatçının bile dikkatini çekmiş ciddi bir çalışma olduğunu söyleyebilecekti.

"Sıkıldığımdan değil," dedi Daldry, "ama dün öğleden beri hiçbir şey yemedim. Bir şeyler yesek fena olmaz."

"Bu ziyaret hoşunuza geldi mi?" diye sordu Can, Alice'e Daldry'yi görmezden gelerek.

"Sevinçten uçuyorum! O adamın orgu gerçekten Ali Baba'nın mağarası gibiydi. Harika bir buluşma ayarladınız, Can!"

"Mutluluk verici sevinciniz beni çok memnun etti!" dedi Can, yüzü pembeleşmiş vaziyette.

"Bir-ki, bir-ki-üç!" diye bağırdı Daldry avuçlarının içine doğru konuşarak. "Burası Londra, beni duyuyor musunuz?"

"Aklıma gelmişken, Bayan Alice, kullandığınız bazı kelimeleri bilemediğimi ve çevirmekte çok zorlandığımı söylemeliyim. Mesela adamın evinde Ali Baba'nın mağarasına benzeyen bir müzik aleti görmedim," dedi Can, Daldry'ye aldırmaksızın.

"Özür dilerim Can, bu benim mesleğimle ilgili bir jargon, bir ara size inceliklerini anlatırım, siz de İstanbul'un ıtriyat konusunda en uzmanlaşmış tercümanı olursunuz."

"Çok hoşuma gidecek bir uzmanlık olur, hayatım boyunca size minnettar kalırım Bayan Alice."

"Pekâlâ," diye homurdandı Daldry, "sesimi kaybetmiş olmalıyım, kimse beni duymuyor! Açım diyorum; bize, Bayan Alice zehirlenmeden yemek yiyebileceğimiz bir yer gösterebilir misiniz?"

Can ısrarla Daldry'ye baktı.

"Sizi asla unutmadığınız bir yere yönlendirmek niyetindeydim."

"Nihayet burada olduğumu fark etti!"

Alice, Daldry'ye yaklaştı ve kulağına fısıldadı.

"Ona pek nazik davranmıyorsunuz."

"Yok canım! O bana karşı nazik mi bakalım? Açım, dayanışma adına perhiz yaptığımı hatırlatırım size. Ama madem efsane rehberimizle birlikte beni terk ediyorsunuz, ben de dayanışmadan vazgeçiyorum."

Alice, Daldry'ye üzgün gözlerle bakıp, kenarda bekleyen Can'ın yanına gitti.

Cihangir'in dik ara sokaklarından aşağı indiler. Daldry bir taksi durdurdu ve Alice ile Can'a kendisiyle gelmeyi mi, yoksa başka bir arabaya binmeyi mi tercih edeceklerini sordu. Buyurgan bir tavırla arka koltuğa oturarak, Can'a şoförün yanına oturmaktan başka seçenek bırakmadı.

Can şoföre Türkçe bir adres söyledi ve yol boyunca arkaya hiç dönmedi.

* * *

Martılar rıhtımdaki korkuluğun üstünde tembellik ediyorlardı.

"Şuraya gidiyoruz," dedi Can iskelenin ucundaki ahşap bir barakayı göstererek.

"Ben lokanta falan göremiyorum," diye isyan etti Daldry.

"Çünkü bakmasını bilmiyorsunuz," dedi kibarca Can, "burası turistik bir yer değil. Lüks içinde gezen bir yer değil ama çok beğeneceksiniz."

"Bu çadır tiyatrosu kadar becerikli olup görüntüsü daha cazip başka bir yer bilmiyor musunuz acaba?"

Daldry temelleri Boğaz'ın derinliklerine inen büyük ahşap evleri gösterdi. Alice'in bakışları, o binalardan birine, beyaz cephesiyle diğerlerinden ayrılan binaya kilitlenmişti.

"Yine bir hayalet mi gördünüz?" diye sordu Daldry. "Suratınız asıldı da."

"Size yalan söyledim," diye kekeledi Alice, "geçen gece öncekilerden bile daha gerçek gibi gelen bir kâbus gördüm. O kâbusta, bu eve benzeyen bir ev vardı."

Çenesi sımsıkı kasılmıştı Alice'in, gözlerini de beyaz binaya dikmişti. Can, müşterisini böyle birdenbire ürküten şeyin ne olduğunu anlayamıyordu.

"Bunlara yalı denir," dedi rehber sakin bir sesle, "yazlık evlerdir, Osmanlı İmparatorluğu'ndan kalma ihtişamlı yapılardır. XIX. yüzyılda çok revaçtıydılar, şimdi o kadar değiller. Sahipleri kışın ısıtma masrafı yüzünden paraları bitti. Çoğunun tamirat edilmeye ihtiyacı var."

Daldry, Alice'i omuzlarından tuttu ve onu Boğaz'a bakmaya zorladı.

"Aklıma iki ihtimal geliyor. Ya anne babanız tek seyahatlerini Nice'ten öteye götürdüler ve o konuda size anlattıklarını hatırlayamayacak kadar küçüktünüz, ya da İstanbul hakkında bir kitapları vardı ve onu çocukluğunuzda okuyup unuttunuz. Bu iki ihtimal birbirlerini dışlamıyor da."

Alice'in, babası ya da annesinin kendisine İstanbul'dan bahsettiği hiçbir anısı yoktu. Zihninde, ailesinin dairesindeki odaları dolaşıp durdu boş yere; annesi ile babasının odası, gri örtülü kendi büyük yatağı, babasının, üstünde deri bir gözlük kılıfı ve çalar saat duran komodini, gümüş bir çerçeve içinde kendi beş yaşındaki fotoğrafının durduğu annesinin komodini, yatağın ayakucundaki sandık, kırmızı ve kahverengi çizgili halı, yemek odası, maun yemek masası ve aynı tarzdaki altı sandalyesi, bayram günleri için titizlikle korunan ama hiç kullanılmayan porselen tabakların durduğu camlı büfe, ev ahalisinin akşamları radyodan akşam bültenini dinlemek için yerleştikleri Chesterfield koltuk, küçük kitaplık, annesinin okuduğu kitaplar... Bunların hiçbirinin İstanbul'la bir ilgisi yoktu.

"Eğer aileniz Türkiye'ye geldiyse," dedi Can, "ilgili bürolara yaptırdıkları kayıtlardan geriye bir şeyler kalmıştır belki. Yarın, İngiliz Konsolosluğu özel bir gece düzenliyor, büyükelçiniz, uzun bir askerî heyeti ve hükümet görevlilerimizi karşılamak için Ankara'dan bizzat geliyor."

"Bunu nereden biliyorsunuz?" diye sordu Daldry.

"Çünkü İstanbul'un bariz en iyi rehberiyim! Peki, tamam, bu sabah gazetede bir haber vardı. Ben de şehrin en iyi tercümanı olunca, törene davetli çağrıldım."

"Yani yarın akşam için sizin hizmetinizden yararlanamayacağımızı mı söylüyorsunuz?"diye sordu Daldry.

"Sizi de o şölene davetli çağırttırayım, diye önerecektim."

"Kendinizi dev aynasında görmeyin, Konsolos'un şu an İstanbul'da bulunan bütün İngilizleri davet edecek hali yok!" diye itiraz etti Daldry.

"Dev aynası ne demek bilmiyorum ama bu kelimeyi öğreneceğim. Bu arada, davetli listesiyle ilgilenen genç sekreter, listeye sizin isimlerinizi ekleyerek bana iyilik etmekten çok memnun olacaktır, Can'a asla hayır diyemez... Davetiyelerinizi otelinize getireceğim."

"İlginç bir adamsınız Can," dedi Daldry. "Neyse, eğer canınız gitmek isterse," diye devam etti Alice'e dönerek, "gidip Konsolos'la tanışabilir, yardımını isteyebiliriz. İhtiyacımız olduğunda ufacık bir yardım bile isteyemeyeceksek, neye yarıyor vergilerimiz! Ne dersiniz?"

"İçimi kemiren bu duygudan kurtulmam gerek," diye iç çekti Alice. "Bu kâbuslar neden bu kadar gerçek gibi, anlamak istiyorum."

"Bu gizemin üstündeki örtüyü kaldırmak için elimden geleni yapacağıma söz veriyorum, ama önce bir şeyler yiyelim, yoksa biraz sonra sizin benimle ilgilenmeniz gerekecek; baygınlık geçirmek üzereyim ve susuzluktan ölüyorum."

Can, parmağıyla, iskelenin ucundaki balıkçı lokantasını gösterdi. Sonra uzaklaşıp bir babaya oturdu.

"Size afiyet olsun," dedi kayıtsız bir edayla kollarını

kavuşturarak, "sizi bu iskelede bekliyorum, bir yere gitmiyorum."

Alice'in, kendisine öfkeden ateş saçan gözlerle baktığını fark eden Daldry, Can'a doğru bir adım attı.

"Ne yapıyorsunuz o şeyin üstünde? Bu soğukta sizi tek başınıza orada bırakacak değiliz herhalde."

"Rahatsız etmek istemiyorum," dedi rehber, "ve sizde kaşıntı yapıyorum gördüğüm kadarıyla. Siz gidin yiyin yemeğinizi, ben İstanbul'un kışına da yağmuruna da alışığım."

"Alınganlık yapmayın," diye itiraz etti Daldry, "hem madem bir mahalle lokantasına geldik, yanımda şehrin en iyi tercümanı olmadan derdimi nasıl anlatacağım?"

Bu iltifat Can'ı çok sevindirdi ve hemen daveti kabul etti.

Yemek ve misafirperverlikteki samimiyet Daldry'nin beklentilerinin çok üstündeydi. Kahveler içilirken aniden, Can ile Alice'i şaşırtan bir melankoliye kapıldı. Alkolün de etkisiyle, lokanta hakkında önyargılı davrandığı için kendini çok suçlu hissettiğini itiraf etti. Basit ve mükemmel bir yemek, gösterişsiz duvarların arasında da sunulabiliyormuş, dedi ve dördüncü rakısını içerken uzun uzun iç geçirdi.

"İşte güzellik bu," dedi Daldry. "Balığımın üstüne koyduğum bu sos, bu tatlının nefaseti, bundan bir tane daha isteyeceğim. Baş döndürücüydü. Sizden rica ediyorum," diye devam etti, acıklı bir sesle, "samimi özrümü iletin dükkân sahibine. Ayrıca bize, en kısa zamanda buna benzer başka yerler de göstermeye söz verin. Hemen bu akşam mesela, olur mu?"

Daldry bir rakı daha almak için yanından geçen garsona el etti.

"Bence yeteri kadar içtiniz," dedi Alice, onu bardağını bırakmaya zorlayarak.

"Rakının beni hafiften çarptığını kabul ediyorum ama buraya geldiğimizde susuzluktan ölüyordum."

"Susuzluğunuzu suyla gidermeyi öğrenin," dedi Alice.

"Deli misiniz? Paslanayım mı istiyorsunuz?"

Alice, Can'a yardım etmesi için işaret etti, ikisi de Daldry'yi birer kolundan tuttu ve kapıya doğru götürdüler; Can dükkân sahibine selam verdi, müşterisinin hali adamı eğlendirmişti.

Açık hava Daldry'nin başını döndürdü. Bir babaya oturdu ve Can taksi bulmaya çalışırken Alice denize düşmesin diye onun yanında kaldı.

"Belki bir öğle uykusu iyi gelir," diye iç çekti Daldry denize bakarak.

"Bence bu şart," diye cevapladı Alice, "sizin bana göz kulak olduğunuzu sanıyordum, benim size değil."

"Özür diliyorum," diye inledi Daldry, "söz veriyorum, yarın bir yudum bile alkol yok."

"Sözünüzü tutsanız sizin için iyi olur," dedi ciddi bir sesle Alice.

Can bir taksi durdurmayı başarmıştı, Alice'in yanına geldi, Daldry'yi arka koltuğa oturtmaya yardım etti ve kendisi de ön tarafa geçti.

"Dostunuzu otelinizin kapıcısına emanet edeceğiz ve sonra ben konsolosluğa gidip davetiyelerinizle ilgileneceğim. Onları zarflı halde resepsiyona sunacağım," dedi Can, aşağı doğru indirdiği güneşliğin aynasından Alice'e bakarak.

"Dostunuzu otelinizin kapısına götüreceğiz ve resepsiyona zarf içinde teslim edeceğim..." diye iç çekti Alice.

"Cümlemi yanlış kurulduğumun farkındaydım. Ama ne yaparsınız, tam olarak bilmiyordum. Beni düzelttiğiniz için teşekkürler. Bir daha bu hatayı asla üretmeyeceğim," dedi Can güneşliği tekrar yukarı kaldırırken.

Yol boyu uyuyan Daldry, Alice ile kapı görevlisinin yardımıyla uyanıp odasına gitmeyi ve yatağa uzanabilmeyi başardıysa da, günün ancak ilerleyen saatlerinde tam anlamıyla kendine gelebildi. Odasından Alice'i aradı, bulamadı, resepsiyondan nerede olabileceğini sordu ve çıktığını öğrendi. Utanç içindeydi, sarhoşluğundan dolayı özür dilediği ve akşam yemeği yememeyi tercih ettiğini yazdığı bir notu kapısının altından bıraktı.

Alice öğleden sonrayı Beyoğlu'nda kendi başına dolaşarak geçirmek istemişti. Resepsiyon görevlisi Galata Kulesi'ni ziyaret etmesini önermişti ve yürüyerek oraya nasıl gideceğini tarif etmişti. İstiklal Caddesi üstündeki dükkânların vitrinlerine baka baka yürüdü, arkadaşları için birkaç hatıra eşyası satın aldı ve sonunda, şehri esir alan soğuktan donunca küçük bir lokantaya sığınıp akşam yemeğini orada yedi.

Akşamüzeri otele döndüğünde yazı masasının başına geçti ve Anton'a bir mektup yazdı.

Anton,

Bu sabah, benimle aynı mesleği yapan ama benden çok daha yetenekli bir adamla tanıştım. Döndüğüm zaman, sana yaptığı şeylerin özgünlüğünü anlatmalıyım. Devamlı evimin soğuğundan şikâyet ederim, eğer o ıtriyatçının evinde olsaydın, bana bir daha asla şikâyet etmememi söylerdin. Cihangir sırtlarına çıkarken, pencerenden bakarak anladığımı sandığım bir şehrin bambaşka bir yüzünü gördüm. Londra'daki yıkıntıların üstüne inşa edilmiş modern binalara benzeyen binaların olduğu merkezden uzaklaştıkça, akıl almaz bir sefaletle karşılaşıyorsun. Bugün Cihangir'in dar sokaklarında, kış soğuğunda çıplak ayak dolaşan çocuklarla karşılaştım, yağmurun dövdüğü Boğaziçi kıyılarında suratlarına hüznün oturduğu sokak satıcılarını, işporta mallarını satmak isteyen kadınların vapurların yanaştığı iskelelerde İstanbullulara dil döktüğünü gördüm. İster inan ister inanma, bu hüznün ortasında müthiş bir şefkat, bana tümüyle yabancı olan bu yerlere bir bağlılık, eski kiliselerin can çekiştiği meydanlardan geçerken yolumu şaşırtan bir yalnızlık duygusuna kapıldım. Üstüne basıla basıla basamakları aşınmış dik merdivenlerden çıktım. Cihangir sırtlarında evlerin çoğunun cepheleri yıkık dökük, etraftaki kedilerin bile hüzünlü bir hali var ve bu hüzün beni ele geçiriyor. Neden bu şehir bende böylesi bir melankoliye sebep oldu? Sokağa çıkar çıkmaz beni ele geçirdiğini hissediyorum, akşam olana kadar da terk etmiyor. Ama sana yazdıklarımı dikkate alma. Kahvehaneler ve küçük lokantalar hayat dolu, şehir çok güzel, ne tozu ne de kiri onun ihtişamına gölge düşüremez. Burada insanlar o kadar misafirperver, o kadar içten ki, ben, kabul ediyorum biraz salakça bir şekilde, artık geriye pek bir şey kalmamış bu mirasın nostaljisinden etkilendim.

Bu öğleden sonra, Galata Kulesi'nin etrafında dolanırken, demir bir parmaklığın arkasında, bir mahallenin ortasında sıkışıp kalmış küçük bir mezarlık gördüm, taşları yerinden oynamış mezarlara bakıyordum ki, neden bilmem, bu toprağa ait olduğum hissine kapıldım. Burada geçirdiğim her saat, taşkın bir aşk büyütüyor içimde.

Anton, bu anlamsız sözlerimin kusuruna bakma, muhtemelen sana hiçbir şey ifade etmiyorlar. Gözlerimi kapıyorum ve bir İstabul akşamında senin trompetinin yankılanan sesini duyuyorum. Nefesini duyuyorum, çok uzakta, bir Londra *pub*'ında çaldığını hayal ediyorum. Sam, Eddy ve Carol'ın da haberlerini almak isterim, dördünüzü de çok özlüyorum. İnşallah siz de birazcık, beni özlüyorsunuzdur.

Tutkuyla seveceğine emin olduğum bir şehrin çatılarına bakarak veda ediyorum sana.

Alice

8

Sabahın onunda Alice'in kapısına vuruldu. Duşta olduğunu anlatmak için çıkardığı seslere rağmen ısrar ediliyordu. Alice bornozunu giydi ve banyonun kapısındaki aynadan, bir kat görevlisi siluetinin çıkıp gittiğini gördü. Yatağının üstünde bir elbise kılıfı, bir ayakkabı kutusu ve bir de şapka kutusu buldu. Merak içinde, kılıfın içinden bir gece elbisesi çıkardı, ayakkabı kutusundan bir çift iskarpin, yuvarlak şapka kutusundan ise muhteşem bir şapka ve Daldry'nin elinden çıkma küçük bir not çıktı.

Akşam saat altıda, büyük salonda bekleyeceğim sizi.

Alice heyecan içinde bornozunu ayaklarının dibine bıraktı ve bu beklenmedik deneme seansının cazibesine daha fazla karşı koyamadı.

Elbisesi belini sımsıkı sarıyordu, alt kısmı ise, uzun ve geniş bir etek olarak açılıyordu. Savaştan beri Alice, tek bir elbise için bu kadar çok kumaş kullanıldığını görmemişti. Kendi etrafında dönerek, her şeyden mahrum yaşanan o yılları def ettiği hissine kapılıyordu. Dimdik inen kaskatı etekler, daracık ceketler çöpe. Üstündeki elbise omuzlarını açıkta bırakıyor, vücudunu incecik gösteriyor, kalçalarını yuvarlaklaştırıyordu ve elbisenin uzun boyu sayesinde bacakları daha da merak uyandırıyordu.

İskarpinleri giymek için yatağa oturdu ve o yüksek topukların üstünde kendini upuzun hissetti. Kısa ceketi giydi, kafasına şapkayı oturttu ve aynada kendisine bakmak için dolabın kapağını açtı. Gözlerine inanamadı.

Resepsiyondan telefon geldiğinde, elbiselerini akşam giymek üzere özenle asmaktaydı. Caddenin biraz daha aşağısında bulunan kuaföre götürmek üzere bir görevli onu lobide bekliyordu.

"Odaları karıştırmış olmalısınız, ben randevu almadım."

"Bayan Pendelbury, teyit ediyorum, yirmi dakika sonra Guido'da bekleniyorsunuz. Saçınız yapılınca bize haber verecekler, biz de sizi almaya geleceğiz. İyi günler dilerim hanımefendi."

Resepsiyon görevlisi, içinden muzip bir cin fırlayan Alaaddin'in lambasını tutuyormuş gibi elindeki ahizeye hayretle bakan Alice'in aksine, telefonu kapatmıştı.

* * *

Alice, manikür ve şampuanlamadan sonra, asıl adı Onur olan Guido'nun önüne oturdu. Kuaför, meslek eğitimini Roma'da almış, Guido'ya dönüşmüş olarak geri gelmişti. Guido Usta, Alice'e, sabah bir beyefendinin uğradığını ve ne istediğini açıkça söylediğini açıkladı: "Şapkanın altında dimdik duracak" kusursuz bir topuz.

Alice'in kuafördeki işi bir saat sürdü. Hazır olduğunda, görevli Alice'i almaya geldi ve onu otele götürdü. Lobiye girdiğinde resepsiyon görevlisi barda beklendiğini bildirdi. Daldry oradaydı, limonata içerek gazete okuyordu.

"Muhteşem," dedi ayağa kalkarak.

"Size ne söyleyeceğimi bilemiyorum, bu sabahtan beri kendimi peri masallarındaki bir prenses gibi hissediyorum."

"İsabet olmuş. Çünkü bu akşam bir prensese ihtiyacımız var. Büyükelçiyi etkilememiz gerekiyor. Bu konuda benden bir şey beklemeyin."

"Nasıl becerdiniz bilmiyorum ama hepsi üstüme tam oturdu."

"Pek öyle görünmesem de, ressamım sonuçta. Ne yapayım, vücut orantıları uzmanlık alanıma giriyor."

"Seçtiğiniz şeyler çok güzel. Hayatımda hiç bu kadar güzel bir elbise giymedim. Çok dikkatli olacağım, hiç hasarsız iade edebilirsiniz. Kiraladınız bunu, değil mi?"

"Bu yeni modanın bir adı olduğunu biliyor muydunuz? *New Look*. Bir Fransız terzi başlatmış! Savaş sanatı konusunda komşularımızın mükemmel olduklarını söyleyemem ama giyim ve mutfak konusundaki yaratıcıklarında onları tek geçerim."

"Umarım, bu akşam beni *New Look* görmek hoşunuza gider."

"Bundan en ufak bir şüphem bile yok. Bu saç modeli çok iyi fikirmiş, ensenizi ortaya çıkarmış ve bence çok çekici olmuş."

"Topuz mu, ense mi?"

Daldry mönüyü Alice'e uzattı.

"Bir şeyler yeseniz iyi olur, akşam yiyeceklerin olduğu büfeye ulaşmak için epey savaşmak gerekecek, sizin ise üstünüzde savaş kıyafeti olmayacak."

Alice, çay ve küçük pastalardan söyledi. Bir süre sonra da, hazırlanmak için bardan ayrıldı.

Odasına dönünce dolabın kapağını açtı, yatağa uzandı ve hayranlıkla kendisine baktı.

Bardaktan boşanırcasına yağmur yağıyordu İstanbul'un tepesine. Alice pencereye yaklaştı. Uzaktan vapur düdükleri geliyordu. Boğaziçi, kül rengi bir örtünün gerisinde gözden yitiyordu. Aşağıdaki sokağa baktı Alice. İnsanlar ıslanmamak için tramvaylara doğru koşturuyorlardı, kimi apartman saçaklarının altına sığınmıştı, şemsiyeler çarpışıp duruyordu kaldırımda. Alice aşağıdaki bu hareketli hayata ait olduğunu biliyordu. Ama o esnada, Beyoğlu semtinin lüks bir otelinin kalın duvarlarının ardında, enfes bir kıyafetle, başka bir dünyaya geçiş yapmıştı. Bu akşam teğet geçeceği ayrıcalıklı bir dünya, kurallarını bilmediği bir dünya... Bu da, sabırsızlığını ikiye katlıyordu.

* * *

Elbisesinin fermuarını çeksin diye bir kat görevlisini çağırmıştı. Şapkasını da iyice oturttuktan sonra odasından çıktı. Daldry onu lobiye inen asansörde gördü ilk. Umduğundan da çekici olmuştu. Kolunu uzatarak karşıladı Alice'i.

"Normalde sosyete âlemine pabuç bırakmam ama bu seferlik bir istisna yapacağım: Görünümünüz..."

"Pek *New Look*," dedi Alice.

"Bu da bir bakış açısı. Bir araba bekliyor, şansımız varmış, yağmur durdu."

Taksi iki dakikadan kısa bir süre içinde konsolosluğa ulaştı. Giriş kapısı otelin elli metre ilerisindeydi, neredeyse karşıdan karşıya geçmek yeterli olacaktı.

"Biliyorum biraz komik oldu ama yürüyerek gelsek olmazdı, itibar diye bir şey var," diye açıkladı Daldry.

Daldry, Alice'e kapıyı açmak için arabanın etrafını dolaştı; üniformalı bir uşak inmesine yardım ediyordu bile.

Girişteki merdivenin basamaklarını ağır ağır çıktılar. Alice, yüksek topukları üstünde dengesini kaybetmekten korkuyordu. Daldry davetiyeyi kapıdaki görevliye verdi, paltosunu vestiyere bıraktı ve Alice'i büyük davet salonuna götürdü.

Erkekler dönüp Alice'e baktı, hatta kimileri laflarını yarıda kestiler. Kadınlar da onu tepeden tırnağa inceliyordu. Saçı, ceketi, elbisesi ve ayakkabılarıyla modernliğin vücut bulmuş haliydi âdeta. Büyükelçinin karısı ona odaklanmıştı, dostça gülümsedi Alice'e. Daldry onunla tanışmaya gitti.

Protokol kuralları gereği, büyükelçinin karısının önünde eğilip elini öptükten sonra, Alice'i de onunla tanıştırdı.

Kadın, onlar gibi çekici genç bir çifti ta Londralardan buraya getiren şeyin ne olduğunu sordu.

"Parfümler, Ekselansları," cevabını verdi Daldry. "Alice İngiltere'nin en yetenekli burunlarından biridir, yarattığı bazı parfümler, şimdiden Kensington'daki parfümerilerin en iyilerinin vitrinlerini süslüyor."

"Ne hoş!" dedi büyükelçinin karısı. "Londra'ya döndüğümüzde mutlaka bir tane alacağım."

Daldry hemen, ona birkaç şişe gönderme sözü verdi.

"Çok cesur bir yenilikçi olsanız gerek, hayatım," diye bağırdı büyükelçinin karısı. "Parfümler konusunda çığır açan bir kadın, bu büyük cesaret ister, iş dünyasına erkekler o kadar egemen ki. Eğer Türkiye'de uzun kalırsanız Ankara'da ziyaretime gelmelisiniz, sıkıntıdan ölüyorum orada," diye fısıldadı özele girdiği için kızararak. "Sizi kocamla tanıştırmak isterim; ama aksilik, şu anda birileriyle konuştuğunu görüyorum, korkarım bütün gece de böyle devam edecek. Gitmem gerekiyor, sizinle tanıştığıma çok memnun oldum."

Büyükelçinin karısı başka davetlilerin yanına gitti. Alice'le yaptığı görüşme kimsenin dikkatinden kaçmamıştı. Bütün bakışlar ona dönmüştü ve Alice bundan biraz rahatsız olmuştu.

"Nasıl bu kadar aptal olabilirim! Bana bu büyük fırsatı kaçırmış olduğumu söylemeyin sakın!" dedi Daldry.

Alice gözleriyle, büyükelçinin, küçük bir davetli grubunun ortasında sohbet eden karısını izlemeye devam ediyordu. Daldry'nin kolundan ayrılıp, yüksek topuklarına rağmen olabildiğince güvenli bir yürüyüşle salonu boydan boya geçti.

Kadının çevresinde oluşan çembere dahil oldu ve söz aldı.

"Böyle teklifsizce size hitap etme cüretini göstererek zat-ı şahaneniz huzurunda saygısızlık ettiğimi tahmin edebiliyorum ama sizinle bir şey konuşmam lazım. Sadece birkaç dakikanızı alacaktır."

Daldry donakalmış bir vaziyette izliyordu sahneyi.

"Büyüleyici, değil mi?" diye sordu Can.

Daldry sıçradı.

"Beni korkuttunuz, geldiğinizi fark etmedim."

"Biliyorum, mahsus yaptım. İyi rehberinizden memnun musunuz şimdi? Çok öznel bir resepsiyon bu, ne dersiniz?"

"Bu tarz akşamlardan ölesiye sıkılırım."

"Çünkü siz, kendinizden başkasıyla ilgilenmiyorsunuz," cevabını verdi Can.

"Sizi turistik rehber olarak tuttum, psikolojik rehber olarak değil, bunun farkındasınız, değil mi?"

"Biraz mizah duygusu olması hayatta bir ayrıcalıktır, diye düşünüyorum."

"Çok yorucusunuz Can, tek bir yudum alkol almamak konusunda Alice'e söz verdim ve bu benim mizah duygumu fena halde köreltiyor. Onun için şansınızı fazla zorlamayın, olur mu?"

"Siz de öyle, eğer ona verdiğiniz sözü tutmak istiyorsanız."

Geldiği gibi sessizce gitti Can.

Daldry açık büfeye yaklaştı. Böylece, Alice ile büyükelçinin karısı arasındaki konuşmayı duyabilecekti.

"Savaşta hem annenizi hem de babanızı kaybetmenize gerçekten çok üzüldüm, geçmişlerinin izini sürme ihtiyacı duymanızı da gayet iyi anlıyorum. Yarın derhal konsolosluğu arayacağım ve sizin için bu araştırmayı yapmalarını isteyeceğim. Tam olarak hangi sene İstanbul'a geldiklerini düşünüyordunuz?"

"Hiç bilmiyorum hanımefendi, elbette ben doğmadan önceydi, zira beni bırakıp gidebilecekleri kimse yoktu. Bir tek teyzem olabilir, ama o da bana bundan bahsederdi. Ben doğmadan iki sene evvel tanışmışlardı, 1909'la 1910 arasında olmalı. O tarihten sonra annem seyahat edebilecek durumda değildi kuşkusuz, bana hamileydi."

"Bunu araştırmak çok zor olmasa gerek, tabii aradığınız belgeler, imparatorluğun çöküşü ve iki dünya savaşı nedeniyle kaybolmadıysa. Ama rahmetli annem hep şöyle derdi: 'Hayır zaten elinde kızım, sen evetin peşinden koş.' Boş durmayalım, gidip Konsolosumuz'u birazcık rahatsız edelim. Sizi onunla tanıştıracağım, karşılığında siz de bana terzinizin ismini vereceksiniz."

"Elbisemin astarındaki etikete bakılırsa Christian Dior, hanımefendi."

Büyükelçinin karısı bu ismi aklında tutacağını söyledi,

162

Alice'i elinden tutup Konsolos'a götürdü. Kocasına, yeni arkadaşının çok önemsediği bir ricası olduğunu söyledi. Konsolos da Alice'i ertesi gün, akşamüstü kabul edeceğine söz verdi.

"Güzel," dedi karısı, "işiniz güvenilir ellere emanet edildiğine göre, izninizle artık sorumluluklarımın başına dönebilir miyim?"

Alice bir reverans yapıp çekildi.

* * *

"Ee?" diye sordu Daldry, Alice'e yanaşarak.

"Yarın çay saatinde, Konsolos'la randevumuz var."

"Benim çuvalladığım her şeyi sizin becermeniz özgüvenimi zedeliyor. Neyse, önemli olan sonuç elbette. Mutlu olmuşsunuzdur umarım."

"Evet. Benim için bütün bu yaptıklarınıza nasıl teşekkür edebileceğimi hâlâ bilemiyorum."

"Cezamı kaldırıp, bir tek kadeh içmeme izin verebilirsiniz mesela. Sadece bir tane, söz veriyorum."

"Bir tane, söz mü?"

"Erkek sözü," dedi çoktan bara doğru yollanan Daldry.

Elinde bir kadeh şampanya ve ağzına kadar dolu bir viski bardağıyla geri döndü. Şampanyayı Alice'e verdi.

"Siz buna bir bardak mı diyorsunuz?" diye sordu Alice.

"İkinci bir bardak görebiliyor musunuz?" cevabını verdi Daldry, küstahlığı iyice ele alarak.

Orkestra bir vals çalmaya başlayınca Alice'in gözleri parladı. Bardağını hizmetlilerden birinin elindeki tepsiye bıraktı ve Daldry'ye baktı.

"Bana bu dansı lütfedecek misiniz? Üstümde bu elbise varken beni reddedemezsiniz."

"Sadece..." diye geveledi Daldry bardağına bakarak.

"Viski mi, Sissi mi, birini seçmek lazım."

Daldry istemeye istemeye bıraktı bardağını, Alice'in elinden tuttu ve onu piste götürdü.

"İyi dans ediyorsunuz," dedi Alice.

"Vals yapmayı annem öğretti bana, çok severdi; babamsa müzikten nefret ederdi, dolayısıyla dans..."

"Öyleyse anneniz mükemmel bir öğretmenmiş."

"Sizden duyduğum ilk iltifat bu."

"Eğer ikincisini de isterseniz, smokin üstünüzde çok güzel durmuş."

"Ne tuhaf, en son smokin giydiğimde Londra'da bir davetteydim, yine çok sıkıcıydı. Orada, birkaç sene önce devamlı görüştüğüm eski bir kız arkadaşımla karşılaştım. Beni görünce smokinin bende muhteşem durduğunu söylemişti, az kalsın beni tanıyamayacakmış. Buradan, normalde giydiğim şeylerin iyi durmadığı sonucunu çıkardım."

"Daha önce hayatınızda biri oldu mu Daldry? Yani çok önem verdiğiniz biri, demek istiyorum."

"Evet ama bundan bahsetmemeyi tercih ederim."

"Neden? Biz arkadaşız, bana açılabilirsiniz."

"Daha yeni arkadaş olduk ve size bu tarz sırlarımı açmam için henüz biraz erken. Üstelik, bunu anlatmamın bana hiçbir faydası olmayacak."

"Demek, o sizi terk etti. Çok mu acı çektiniz?"

"Bilmiyorum, belki evet, olabilir."

"Peki hâlâ düşünüyor musunuz onu?"

"Düşündüğüm oluyor."

"Neden artık birlikte değilsiniz?"

"Çünkü aslında hiçbir zaman birlikte değildik. Neyse uzun hikâye bu, sanırım bundan bahsetmek istemediğimi söylemiştim."

"Ben öyle bir şey duymadım," dedi Alice dans adımlarını hızlandırarak.

"Çünkü beni hiç dinlemiyorsunuz. Ayrıca, bu hızla dönmeye devam edersek ayağınıza basacağım."

"Hiç bu kadar güzel bir elbiseyle, bu kadar güzel bir salonun ortasında ve bu kadar görkemli bir orkestranın önünde dans etmedim. Yalvarırım, mümkün olduğu kadar hızlı dönelim."

Daldry gülümsedi ve Alice'i döndürmeye başladı.

"İlginç bir kadınsınız, Alice."

"Siz de ilginç bir adamsınız Daldry. Biliyor musunuz, dün, siz uyuduğunuz sırada kendi başıma dolaşırken, yolum küçük bir kavşağa düştü. Sizi çıldırtabilirdi orası. Oradan geçerken, sizi de oranın resmini yaparken düşündüm hemen. Bir at arabası vardı, iki çok güzel at çekiyordu; yan yana geçen iki tramvay ve onlarca taksi, savaş öncesi modellerden eski bir Amerikan arabası ve her tarafta yayalar. Bir de el arabası sürükleyen bir adam vardı, bayılırdınız."

"Bir kavşaktan geçerken aklınıza ben mi geldim? Bir yol kesişiminin beni hatırlatması ne güzel bir şey."

Vals kesildi, davetliler müzisyenleri ve dans edenleri alkışladılar. Daldry bara doğru yöneldi.

"Niye öyle bakıyorsunuz! Deminki bardak sayılmaz, ancak dudaklarımı ıslatmaya yetti. Peki tamam, söz sözdür, siz de hiç esnek değilsiniz."

"Bir fikrim var," dedi Alice.

"Endişe içinde bekliyorum."

"Gidelim mi?"

"Buna hiç itirazım olmaz ama nereye gideceğiz?"

"Yürüyelim, şehirde dolaşalım."

"Bu kıyafetlerle mi?"

"Aynen öyle."

"Sandığımdan da çılgınsınız, madem istiyorsunuz, sonuçta, neden olmasın?"

Daldry vestiyerden paltolarını aldı. Alice onu girişte bekliyordu.

"Size o bahsettiğim kavşağı görmeye gidelim mi?"

"Gece vakti aynı derecede çekici olmayacağına eminim. Bu keyfi, gündüze saklayalım. Bence Tünel'e gidip Karaköy tarafından Boğaz'a inelim."

"Şehri bu kadar iyi bildiğinizden haberim yoktu."

"Benim de öyle. Fakat şu son iki gündür, odamda geçirdiğim süre boyunca, komodinimin üstünde duran turist rehberini defalarca baştan sona okudum ve sonunda ezberledim."

Ara sokaklardan ine ine, Beyoğlu'nu Karaköy'e bağlayan füniküler durağını buldular. Küçük Tünel Meydanı' na geldiklerinde Alice içini çekerek taş korkuluğa oturdu.

"Boğaz yürüyüşünü unutalım ve gördüğümüz ilk meyhaneye gidip oturalım. İçki yasağını kaldırıyorum, ne isterseniz içebilirsiniz. Şurada bir tane görüyorum, belki çok zevkime göre değil ama muhtemelen en yakını orası."

"Ne diyorsunuz siz? Elli metre ileride orası. Ayrıca füniküler binmek bana daha eğlenceli geliyor, dünyadaki en eski örneklerinden biri. Bir dakika! Doğru mu duydum? Ceza kalktı mı? Bu ani iyilikseverlik nereden çıktı? Ayakkabılarınız mı vuruyor, bu mu mesele?"

"Bu parke taşlı yolları yüksek topuklarla yürümek Çin işkencesinden farksız bir tecrübe."

"Omzuma yaslanın, daha sonra taksiyle döneriz."

Küçük meyhanenin atmosferi, konsoloslukta resepsiyonun verildiği büyük salonla tam bir tezat oluşturuyordu. Burada insanlar şarkı söylüyor ve gülüyordu; dostluğa, bir yakının sağlığına, geçmiş güne ya da daha kârlı geçeceği umulan ertesi güne kadeh kaldırılıyordu. Bu sene nispeten yumuşak geçen kışa, yüzyıllardır şehrin kalbinin attığı Boğaziçi'ne kadeh kaldırılıyordu, sonra iskelede çok uzun bekleyen vapurlara, sürekli artan hayat pahalılığına, kenar mahalleleri dolduran sokak köpeklerine, yine bir konak yandı diye ve arsız politikacılar yüzünden ata mirası kül olup gidiyor diye belediyeye sövülüyor, sonra yine kardeşliğe, turistlerin doldurduğu Kapalıçarşı'ya kadeh kaldırılıyordu.

Gülen eğlenen erkekler, gece kıyafetiyle içeri giren iki yabancıyı görünce kısa bir süre sustular. Ama bu Daldry' nin umurunda bile değildi. En ortalık yerde bir masa seçti ve iki kadeh rakı söyledi.

"Herkes bize bakıyor," diye fısıldadı Alice.

"Herkes *size* bakıyor hayatım, hiçbir şey yokmuş gibi davranın ve için."

"Annem ile babamın bu sokaklardan geçtiğini düşünüyor musunuz?"

"Kim bilir? Gayet mümkün tabii. Belki de yarın öğreneceğiz bunu."

"İkisini de burada, şehri dolaşırken hayal etmek hoşuma gidiyor. Onların bastıkları yerlere basıyor olma fikri hoşuma gidiyor. Belki onlar da Beyoğlu sırtlarından manzaraya bakıp büyülendiler, belki onlar da Pera'nın eski asmalarının etrafındaki sokakların parkelerinde dolaştılar, Boğaz'da el ele yürüdüler... Biliyorum, aptalca ama özlüyorum onları."

"Neden aptalca olsun! Size bir sırrımı açacağım: Hayatımdaki bütün sorunlarla ilgili bir daha babamı suçlayamayacak olmam pahasına hem de; onu çok özlüyorum. Size sormaya cesaret edemedim bir türlü, nasıl..."

"Nasıl mı öldüler? Bir cuma akşamıydı, Eylül 1941, tam olarak ayın beşiydi. Her cuma olduğu gibi, akşam yemeğini onlarla birlikte yemek için aşağı inmiştim. O dönem, onların dairesinin üst katında bir stüdyo dairede yaşıyordum. Salonda babamla sohbet ediyordum, annem odasında dinleniyordu, rahatsızdı, soğuk almıştı. Birden sirenler ötmeye başladı. Babam bana sığınağa gitmemi söyledi, o annemin giyinmesine yardım edecekti. Annemi alıp hemen yanıma geleceğine söz verdi. Yardım etmek için onunla kalmak istiyordum ama gitmem için yalvardı, görevim, karartma uzarsa, sığınakta annemi rahatça yatırabileceğimiz bir yer bulmaktı. Kabul ettim. İlk bomba ben sokağın karşısına geçmeye çalışırken patladı. O kadar yakındı ki, patlamanın etkisiyle yere yapıştım. Kendime gelip arkamı döndüğümde evimizi alevler içinde gördüm. Yemekten sonra, odasına gidip anneme sarılmak gelmişti içimden ama uyandırırım endişesiyle yapmamıştım. Onu bir daha hiç görmedim, onlara asla veda edemedim. Onları gömemedim bile. İtfaiyeciler alevleri söndürdükten sonra yıkıntıların arasında dolaştım. Geriye bir şey kalmamıştı. Yaşamış olduğumuz hayattan, çocukluğumdan geriye en ufak bir iz kalmamıştı. Wight Adası'ndaki teyzemin yanına gittim ve savaş bitene kadar orada kaldım. Londra'ya dönebilecek hale gelmem zaman aldı. Neredeyse iki yıl. Adada keşiş hayatı yaşıyordum, oradaki her koyu, her plajı, her tepeyi biliyordum. Sonunda teyzem kendimi toparlamamı sağladı, arkadaşlarımla görüşmeye zorladı. Geriye, bir tek onlar kalmıştı çünkü. Savaşı kazandık. Yeni bir apartman inşa edildi, dramın izleri silinmişti. Annem ile babamınki gibi, pek çok başkalarınınki gibi. Bugün o apartmanda oturanlar, yaşananları bilmiyorlar, hayat devam ediyor."

"Gerçekten çok üzgünüm," diye mırıldandı Daldry.

"Peki siz ne yapıyordunuz savaş sırasında?"

"Orduda bir levazım dairesinde çalışıyordum. Ciğerlerimde iz bırakan kötü bir verem nedeniyle cepheye gitmeye uygun değildim. Öfkeliydim, babamın, nüfuzunu kullanarak askerî hekimleri etki altına aldığından ve bana çürük raporu çıkarttığından bile şüphelenmiştim. Askere alınmak için var gücümle mücadele ettim ve sonunda bir Mi-44 helikopterle istihbarat servisine iniş yapmayı başardım."

"O zaman siz de katıldınız savaşa?" dedi Alice.

"Ofisteydim, hiçbir kahramanca tarafı yok. Artık konuyu değiştirsek diyorum, geceyi berbat etmek istemiyorum; benim hatam, özel konulara girmemeliydim."

"Asıl ben özel hayatınıza dair sorular sormaya başladım. Peki tamam, daha keyifli şeylerden bahsedelim. Adı neydi?"

"Kimin?"

"Sizi terk edip, acılar çektiren kız."

"Keyifli şeyler konusunda oldukça değişik bir anlayışınız var!"

"Neden bu kadar gizemli takılıyorsunuz? Sizden daha genç biri miydi? Hadi, söyleyin bana, sarışın mıydı, kızıl mıydı, yoksa esmer miydi?"

"Yeşildi. Yemyeşildi ve patlak gözleri vardı. Ayakları dev gibiydi ve çok kıllıydı. Bu yüzden unutamıyorum onu. Neyse, eğer onun hakkında bir soru daha sorarsanız, bir bardak daha rakı alacağım."

"İki tane söyleyin, kadeh tokuşturalım."

* * *

Meyhane kapanıyordu, saat epey ilerlemiş ve Tünel Meydanı civarındaki sokaklarda dolaşan taksi ya da dolmuş kalmamıştı.

"Durun bir düşüneyim, bir çözüm olmalı," dedi Daldry dükkânın ışıkları arkalarından sönerken.

"Ellerimin üstünde yürüyebilirim ama elbisem berbat olur," dedi Alice kendi etrafında dönerek.

Daldry tam düşerken yakaladı onu.

"Ama siz fena sarhoş olmuşsunuz, eyvah!"

"Abartmayalım, belki biraz çakırkeyif oldum ama sarhoş değilim, hemen büyük laflar etmeyelim."

"Duyuyor musunuz? Sesiniz bile sizin sesiniz değil, sanki bir zerzevatçı sesi."

"Ne varmış, fena mı zerzevat satmak? İki hıyar, bir domates, zerzevat, buyurun! Hemen tartıyorum bunları beyefendiciğim ve size hal fiyatından yüzde on ucuza veriyorum. Maliyeti ancak karşılıyor ama sizi sevdim, kapatıp gitmek istiyordum zaten." Öyle belirgin bir halk şivesiyle konuşmuştu ki duyan Cockney aksanı sanırdı.

"Körkütük sarhoş hem de, şuna bakın!"

"Sarhoş falan değil! Ayrıca buraya geldiğimizden beri sizin içtiklerinize bakarsak, bana laf söyleyecek durumda değilsiniz. Değil mi? Neredesiniz?"

"Yanınızdayım, öbür tarafınızdayım."

Alice soluna döndü.

"Ah, işte burada! Nehir kenarında yürüyecek miyiz?" diye sordu, bir sokak lambasına yaslanarak.

"Sanmıyorum. Boğaziçi bir boğazdır, nehir değil."

"İyi bari, ayaklarım ağrıyor. Saat kaç?"

"Gece yarısını geçmiş olmalıyız. Bu gece, bir değişiklik oldu ve araba değil, bizzat prenses balkabağına dönüştü."

"Otele dönmek hiç istemiyorum, konsolosluğa gidip dans etmek istiyorum... Balkabağıyla ilgili ne dediniz?"

"Hiç! Neyse, çetin meselelere esaslı çözümler gerekir."

"Ne yapıyorsunuz?" diye bağırdı Alice, Daldry onu omzunun üstünde taşımak üzere havaya kaldırınca.

"Sizi otele götürüyorum."

"Beni kapı görevlisine zarf içinde mi teslim edeceksiniz?"

"Eğer isterseniz," cevabını verdi Daldry gözlerini yukarı devirerek.

"Ama beni resepsiyon görevlisinin yanında bırakmanızı istemiyorum, tamam mı? Söz mü?"

"Elbette. Ama şimdi susma zamanı, otele varana kadar."

"Burada, sırtınızda sarı bir saç var. Buraya nasıl gelmiş ki acaba? Bu arada şapkam düştü galiba," diye mırıldanırken sızdı Alice.

Daldry arkasını dönünce şapkanın yolun aşağısına doğru yuvarlandığını ve oluğa düştüğünü gördü.

"Sanırım yenisini almak zorunda kalacağız," diye homurdandı.

Eğimli yolu tırmandı, Alice'in nefesi kulağını korkunç bir şekilde gıdıklıyordu ama yapabileceği bir şey yoktu.

* * *

İkisinin, önünden bu halde geçtiklerini gören Pera Palas'ın resepsiyon görevlisi yerinden sıçradı.

"Hanımefendi çok yoruldu," dedi Daldry sakin bir sesle, "hem kendi anahtarımı hem de onunkini alabilir miyim?"

Görevli yardım teklif ettiyse de, Daldry kabul etmedi.

Daldry, Alice'i yatağına yatırdı, ayakkabılarını çıkardı ve üstünü örttü. Sonra perdeleri kapattı, bir an uyuyuşunu seyretti, sonra da ışığı söndürüp çıktı.

* * *

Babasıyla birlikte yürüyordu, ona planlarından bahsediyordu. Evlerinin yanındaki geniş şerbetçiotu tarlalarını resmedeceği büyük bir tablo yapmayı planlıyordu. Babası bunun çok iyi bir fikir olduğunu düşünüyordu. Resimde görünsün diye, traktörü de tarlaya götürmek gerekecekti. Babası yepyeni bir traktör almıştı, gemiyle Amerika'dan gelmiş bir Ferguson. Daldry'nin kafası karışmıştı, rüzgârla eğilmiş başaklar tahayyül etmişti, resmin yarısı sapsarı olacaktı ve gökyüzünün mavisiyle tezat oluşturacaktı. Ama babası, yeni traktörü resimde piyasa yapacak diye çok mutlu görünüyordu. Bunu düşünmesi gerekiyordu, belki onu tuvalin alt kısmında kırmızı bir virgül olarak, üstündeki çiftçiyi de siyah bir nokta olarak çizmesi düşünülebilirdi.

Gökyüzünün altında, traktörle birlikte bir şerbetçiotu tarlası, gerçekten güzel bir fikirdi. Babası ona gülümsüyor ve selam veriyordu, yüzü bulutların arasından görünüyordu. Bir zil sesi duyuldu, ısrarla ve ısrarla öten tuhaf bir zil sesi...

Telefon Daldry'yi, İngiliz kırlarındaki bir rüyadan, İstanbul'daki otel odasında, solgun bir gün ışığına geri getirdi.

"Tanrı aşkına!" diye iç çekti yatağında doğrulurken.

Komodine doğru dönüp ahizeyi kaldırdı.

"Buyurun, ben Daldry?"

"Uyuyor muydunuz?"

"Artık değil ama kâbusum devam ediyor galiba."

"Sizi uyandırdım mı? Üzgünüm," diye özür diledi Alice.

"Üzülmeyin, beni XX. yüzyılın en büyük manzara ressamlarından biri haline getirecek bir tablo yapmak üzereydim, derhal uyanmamda fayda vardı yani. İstanbul'da saat kaç?"

"Öğleye geliyor. Ben de daha yeni uyandım. O kadar geç mi döndük dün gece?"

"Size gecenin sonunu hatırlatmamı sahiden istiyor musunuz?"

"Hiçbir şey hatırlamıyorum. Konsolosluğa gitmeden

evvel, limanda kahvaltı etmeye gitmeye ne dersiniz?"

"Biraz temiz hava almanın bir zararı olmaz. Hava nasıl? Henüz perdemi açmadım."

"Şehir güneş içinde," dedi Alice, "çabuk hazırlanın da lobide buluşalım."

"Sizi barda bekleyeceğim, güzel bir kahveye ihtiyacım var."

"Önce sizin geleceğinizi nereden biliyorsunuz ki?"

"Şaka ediyorsunuz herhalde."

* * *

Daldry merdivenlerden inerken, lobideki bir koltukta kollarını kavuşturmuş oturan Can'ın kendisine baktığını gördü.

"Siz burada mıydınız? Çok mu oldu geleli?"

"Sekizden beri buradayım, gerisini siz hesaplayın, Ekselansları."

"Özür dilerim, randevumuz olduğunu bilmiyordum."

"İstihdam edildiğime göre sabahtan ortaya çıkmam normal. Yoksa Ekselansları beni istihdam ettiğini hatırlamıyor mu?"

"Bana daha ne kadar böyle hitap edeceksiniz? Hem gülünç hem rahatsız edici oluyor."

"Sadece size kızgınlaştığım zaman böyle konuşurum. Başka bir ıtriyatçıyla randevu ayarlamıştım ama öğleyi geçti..."

"Bir kahve içeceğim, daha sonra konuşuruz," cevabını verdi Daldry, Can'ın yanından uzaklaşarak.

"Gününüzün geri kalanını geçirmek için başka özel arzularınız var mıdır Ekselansları?" diye bağırdı arkasından Can.

"Var, beni rahat bırakmanız!"

Daldry bara oturdu ama gözleriyle, lobide volta atıp duran Can'ı izlemekten de geri duramıyordu. Taburesinden kalkıp ona döndü.

172

"Kabalık etmek istememiştim. Kendimi affettirmek için bugünlük size izin veriyorum. Zaten birazdan Bayan Alice'le öğle yemeğine çıkacağız, sonra da konsolosluktan randevumuz var. Yarın makul bir saatte, öğleye doğru burada buluşalım. Sonra da sizin ıtriyatçıya gideriz."

Can'a veda edip bara geri döndü Daldry.

Alice yaklaşık yarım saat sonra gelebildi yanına.

Alice daha ağzını bile açamadan, "Biliyorum," dedi Daldry, "ben önce geldim ama bir ödül kazanamadım, sizin zaten şansınız yoktu."

"Şapkamı arıyordum, bu yüzden geç kaldım."

"Bulabildiniz mi bari?" diye sordu Daldry gözlerinde hınzır bir bakışla.

"Elbette! Dolabımda duruyor, rafın üstündeki yerinde."

"İlginç! Bunu duyduğuma çok sevindim. Peki deniz kenarındaki yemek... Gidiyoruz değil mi?"

"Plan değişti. Sizi arıyordum, Can lobide bekliyor, bize Kapalıçarşı gezisi ayarlamış, ne kadar nazik biri! Mutluluktan uçuyorum, oraya gitmek hayallerimi süslüyordu. Hadi çabuk olun, dışarıda bekliyorum sizi."

"Ben de çok mutlu oldum," dedi Daldry uzaklaşan Alice'in arkasından dişlerini sıkarak. "Benim de birazcık şansım varsa, o rehberi boğazlayıverecek tenha bir köşe bulurum."

Tramvaydan indiklerinde, Beyazıt Camii'nin kuzey cephesine doğru ilerlemişlerdi. Bir meydanın dibinden, iki tarafında hakkâklar ile sahafların olduğu dar bir sokağa girmişlerdi. Kapalıçarşı'nın sokaklarında yürümeye başlayalı bir saat olmuş, Daldry tek kelime konuşmamıştı. Alice ise Can'ın anlattığı hikâyeleri ağzı açık dinliyordu.

"Burası dünyanın en büyük ve en eski, üstü kapalı çarşısıdır," diye açıkladı gururla rehber. "*Bazar* kelimesi Arapçadan gelir. O zamanlar buraya Bedesten denirdi, *bedes* Arapça'da 'yün' demektir ve burası da yün satılan yerdi."

"Ben de çobanının peşinden giden koyunum," diye mırıldandı Daldry.

"Bir şey mi dediniz, Ekselansları?" diye sordu Can ona dönerek.

"Hayır, huşu içinde sizi dinliyordum azizim," cevabını verdi Daldry.

"Eski bedesten Kapalıçarşı'nın ortasındaydı. Artık orada eski silahlar, bronz heykeller ve nadide porselenler satan dükkânlar bulunuyor. Zamanında tamamı ahşaptan yapılmıştı ama maalesef XVIII. yüzyılda çarşı, çok talihsiz bir yangınla kül oldu. Tepesi bu büyük kubbelerle kaplı, neredeyse kocaman bir şehirdir burası, bazıları gibi suratınızı asmak yerine yukarı kaldırırsanız görürsünüz! Burada her şey bulunur, mücevherat, kürk, halı, sanat objeleri, çoğu taklit elbette ama nerede arayacağını bilen uzman bir göz için, bazı enfes parçalar da vardır..."

"Bu büyük mezbeleliğin içinde," diye söylenmeye devam etti Daldry.

"Neyiniz var sizin yahu?" diye isyan etti Alice. "Burada bize anlattıkları ne kadar heyecan verici, sizse somurttukça somurtuyorsunuz."

"Hiç alakası yok," dedi Daldry, "sadece açım."

"Bütün sokakları gezebilmek için en az iki gün gerekir," dedi Can kayıtsız bir edayla. "Daha kolay dolaşmak açısından, Çarşı'nın harika bir biçimde mahallelere bölündüğü gözünüzden kaçmamıştır. Sokaklar sattıkları ürünlere göre oluşmuşlardır. Gidip şahane bir lokantada karnımızı da doyurabiliriz, çünkü orada Ekselanslarını memnun edecek yiyecekler bulabiliriz."

"Size ne tuhaf hitap ediyor, fark ettiniz mi? 'Ekselansları' size yakışıyor, komik de bir yandan, aynı fikirde değil misiniz?" diye fısıldadı Alice, Daldry'nin kulağına.

"Hayır, pek değilim. Ama madem ikiniz de çok eğleniyorsunuz, bu keyfi elinizden almak hiç istemem, bir saniye bile olsun, bu alayının beni incitebileceği düşüncesine kapılmanızı istemem."

"Aranızda bir şey mi geçti? Kediyle köpek gibisiniz!"

"Ne münasebet!" dedi Daldry sınıfın köşesine cezaya gönderilmiş bir çocuk edasıyla.

"Hakikaten çok acayip bir kişiliğiniz var. Can ne kadar sevecen bir insan. Madem o kadar açsınız, gidip yemek yiyelim. Eğer gülümsemenizi geri döndürmeye bir faydası olacaksa, ben bu gezintiden vazgeçmeye hazırım."

Daldry omzunu silkti ve adımlarını hızlandırarak Alice ve Can'la arasını açtı.

Alice müzik aletleri satan bir dükkânının önünde durdu. Eski bir bakır trompet dikkatini çekmişti. Daha yakından bakmak için satıcıdan izin istedi.

"Armstrong'da da aynısı vardı," dedi satıcı neşe içinde. "Nadide bir parçadır. Ben çalmayı bilmem ama bir dostum denedi ve almayı çok istedi. İstisnai bir alettir," diye ekledi.

Can, aleti inceledi ve Alice'e doğru eğildi.

"Beş para etmez bu. Eğer iyi bir trompet almak istiyorsanız, gitmeniz gereken yeri biliyorum. Bunu bırakın ve beni takip edin."

Daldry, Alice'in Can'ın peşinden gittiğini ve söylediklerine dikkat kesildiğini görünce gözlerini devirdi.

Can onu yan sokaktaki başka bir dükkâna götürdü. Satıcıdan arkadaşına, en pahalılarından olmamak kaydıyla, en güzel modellerini göstermesini istedi. Oysa Alice, bir vitrin camının gerisindeki trompeti gözüne kestirmişti bile.

"Bu gerçek bir Selmer mi?" diye sordu eline alırken.

"Tamamen orijinaldir, deneyin şüpheniz varsa."

Alice kulağını boruya dayadı.

"Dört pistonlu, bir Sterling Silver. Ateş pahası olmalı bu!"

"Kapalıçarşı'da pazarlık etmenin en doğru yolu bu değildir hanımefendi," dedi satıcı iyi niyetli bir gülümsemeyle. "Size önerebileceğim bir de Vincent Bach var, trompetin Stradivarius'udur. Türkiye'de bulabileceğiniz tek örnek budur."

Ama Alice'in aklı Selmer'deydi. Anton'ın, Battersea' deki bir dükkânın vitrininde bu modelin aynısına, bir araba tutkulusunun *cape* bir Jaguar ya da güzel bir İtalyan arabası karşısında duyduğu esrime duygusuyla, buz gibi kış havasında saatlerce hayranlıkla baktığını hatırlıyordu. Anton ona trompetler hakkında her şeyi öğretmişti. Pistonlu trompetlerle basit trompetler, kaplama olanlarla gümüşler arasındaki farkları, sesin titreşimini etkileyen alaşımın önemini anlatmıştı.

"Bunu size makul bir fiyata bırakabilirim," dedi satıcı.

Can, Türkçe bir-iki kelime etti.

"İyi bir fiyata," diye düzeltti adam, "Can'ın dostları benim de dostumdur. Kutusu da benden olacak."

Alice satıcının parasını ödedi ve satın aldığı alet elinde, normalde olduğundan daha çekingen davranan Daldry'nin önünde dükkândan çıktı.

"Trompet uzmanı olduğunuzu bilmiyordum," dedi peşinden gelen Daldry, "konuya gayet hâkim görünüyordunuz."

"Çünkü hakkımda bilmediğiniz şeyler de var," dedi Alice alaycı bir ses tonuyla ve adımlarını sıklaştırdı.

"Ama sizi hiç çalarken duymadım ve aramızdaki duvarın ne kadar ince olduğunu Tanrı biliyor."

"Siz de hiç piyano çalmadınız, değil mi?"

"Bunu size daha önce de söylemiştim, onu çalan alt komşumuz. Nasıl yani? Komşularınızı rahatsız etmemek için enstrümanınızı köprü altlarında çaldığınızı söylemeyeceksiniz herhalde!"

"Karnınız acıkmıştı hani? Bakın hemen önümüzde, sizin deyişinizle, bir çadır tiyatrosu görüyorum. Hiç de fena görünmüyor."

Lokantaya önden Can girdi ve masa arayan müşteri kuyruğunu aşıp hemen bir masa ayarladı.

"Çarşı'nın hissedarı mısınız, yoksa burası babanızın mı?" diye sordu Daldry otururken.

"Sadece rehberim, Ekselansları."

"Biliyorum, üstelik İstanbul'un en iyisi..."

"Sonunda bunu kabullendiğiniz için gözüm kamaştı. Size için sipariş vereceğim, zaman akıyor ve konsolosluktaki randevunun saati yaklaşıyor," cevabını verdi Can yemek tezgâhına doğru yönelirken.

9

Konsolosluk sıradan günlerdeki görünümüne bürünmüştü; dekoratif çiçekler ortadan kaybolmuştu, kristal şamdanlar kaldırılmış, konuk salonuna açılan kapılar kapanmıştı.

Üniformalı bir asker kimlik belgelerini kontrol ettikten sonra, Alice ile Daldry'yi neoklasik üsluptaki binanın birinci katına çıkardı. Uzun bir koridordan geçip bir sekreterin gelip onları karşılamasını beklediler.

Konsolos'un odasına girdiler; adamın sert bir görüntüsü ama cana yakın bir sesi vardı.

"Demek, Bayan Pendelbury, Ekselansları'nın arkadaşısınız."

Alice, Daldry'ye döndü.

"Ben değil," diye fısıldadı kulağına, "bu sefer büyükelçiden bahsediyor."

"Evet," diye kekeledi Alice, Konsolos'a hitaben.

"Hanımı size bu kadar acil bir randevu ayarlamak istediğine göre, çok yakın arkadaşı olmalısınız. Size nasıl yardımcı olabilirim?"

Alice isteğini anlattı, Konsolos bir yandan masasının üstündeki bir dosyanın sayfalarını paraflarken, bir yandan onu dinledi.

"Anneniz ile babanızın bir vize talebinde bulunduğunu varsaysak bile, hanımefendi, bunu bizden değil, döne-

177

min Osmanlı Devleti'den istemişlerdir. Cumhuriyet'in ilanından evvel konsolosluğumuz aslında Büyükelçilik olsa da, dosyalarının burada işleme konulmuş olması için hiçbir sebep göremiyorum. Sadece Türk Dışişleri Bakanlığı, sizin işinize yarayacak belgeleri arşivlerinde saklamış olabilir. Ama, bu evraklar bir Kurtuluş Savaşı ve iki dünya savaşından sağlam çıkmışsa bile, böyle meşakkatli bir işin altına gireceklerinden çok şüpheliyim."

"Şu istisnayla ki," dedi Daldry, "konsolosluk, adı geçen yetkililere, talebin İngiliz Büyükelçisi'nin karısının çok yakın bir arkadaşından geldiğini vurgulayan özel bir dilekçe yazabilir. Dost bir ülkeye ve iktisadi ortağa iyilik yapma arzusunun ne gibi engelleri ortadan kaldırabildiğini görseniz şaşarsınız. Kafadan uydurmuyorum bunları. Benim de şahsen, İngiliz Dışişleri'nde danışmanlık yapan bir amcam var. Haddimi aştığımı düşünmeyin ama siz de oraya bağlısınız sonuçta. Çok tatlı bir adamdır bu arada, kardeşinin, yani babamın ölümünden beri de bana müthiş bir sevgiyle bağlanmıştır. Elbette ona, bize verdiğiniz kıymetli destekten, gösterdiğiniz muvaffakiyetin altını çizerek bahsedeceğim. Lafı nereye bağlayacaktım unuttum," dedi Daldry düşünceli bir şekilde. "Yani demek istediğim..."

"Sanırım ben sizi anladım Bay Daldry, ilgili bürolarla temas kuracağım, size bilgi verilmesi için elimden geleni yapacağım. Ama çok umutlanmamanızı tavsiye ederim, basit bir vize talebinin bunca uzun bir zaman arşivlerde saklanacağından hayli şüpheliyim. Ne demiştiniz, Bayan Pendelbury, ailenizin İstanbul'a 1900 ile 1910 arasında geldiğini mi varsayıyorduk?"

"Tam olarak öyle," dedi Alice, Daldry'nin pişkinliği yüzünden utançtan kıpkırmızı olmuştu.

"Buradaki zamanınızın tadını çıkarın, şehir çok güzeldir; herhangi bir sonuç elde edersem otelinize bir mesaj yollatırım," diye söz verdi Konsolos, misafirlerine kapıya doğru eşlik ederken.

Alice ilgisi nedeniyle ona teşekkür etti.

"Sanırım amcanız, babanızın kardeşi olduğuna göre, onun da soyadı Daldry olacak, haksız mıyım?" diye sordu Konsolos Daldry'nin elini sıkarken.

"Tam olarak öyle değil," dedi Daldry özgüvenini yitirmeden. "Sanat hayatım için, daha özgün bulduğum annemin soyadını aldım. Amcamın soyadı Finch'tir, babamın da öyle."

Konsolosluktan çıktıktan sonra, Alice ve Daldry Konsolos'un ikram etmediği çayı içmek için otele döndüler.

"Daldry gerçekten annenizin soyadı mı?" diye sordu Alice barda bir yere otururken.

"Değil tabii ki. Bizim sülalemizde Finch diye biri hiç yok. Buna karşılık bir bakanlıkta ya da devlet dairesinde muhakkak bir Finch vardır. Çok yaygın bir soyadıdır."

"Gerçekten hiçbir şeyden korkmuyorsunuz!"

"Beni tebrik etmenizi beklerdim, işinizi çabucak hallettik, sizce de öyle değil mi?"

* * *

Gece vakti karayel esmeye başlamıştı; Balkanlardan gelen rüzgâr beraberinde karı da getirmiş, o seneki ılıman kışa bir son vermişti.

Alice gözlerini açtığında, sokaklar, odasındaki pencerelere asılı pamuklu perdeler gibi bembeyazdı, İstanbul'un çatıları da Londra'dakilere benzemeye başlamıştı. Kopan fırtına dışarı çıkmaya izin vermiyordu, Boğaz artık görünmüyordu. Otelin lokantasında kahvaltısını ettikten sonra, Alice odasına çıktı ve aşağı yukarı her akşam yapmayı alışkanlık edindiği üzere, mektup yazmak üzere masasının başına oturdu.

Anton,
Ocağın son günleri. Kış geldi ve bu sayede bugün ilk kez dinlenme fırsatı bulduk. Dün, Konsolosumuz'la tanıştım, annemlerin buraya kadar gelip gelmediklerini öğrenebileceğime

dair pek umut vermedi bana. Bu araştırmamın anlamı hakkında kendimi devamlı sorguladığım gerçeğini senden saklamıyorum. Sık sık kendime soruyorum, beni Londra'dan uzaklaştıran asıl sebep falcı bir kadının kehanetleri miydi, yeni bir parfüm bulma hevesi miydi, yoksa sen miydin? Bugün İstanbul'dan sana yazmamın sebebi, seni özlüyor olmam. Neden sana karşı hissettiğim bu özel sevgiyi senden sakladım? Belki de arkadaşlığımızı tehlikeye atmaktan korktuğum için. Annem ile babamın gidişinden beri, beni hayatımın o kısmına bağlayan bir tek sen kaldın. Wight Adası'na sığındığım o uzun aylar boyunca, her salı senden gelen mektupları asla unutmayacağım.

Bana başka mektuplar yazmanı, haberlerini okumayı, günlerin nasıl geçtiğini bilmeyi isterdim. Benimkiler çoğunlukla eğlenceli geçiyor. Daldry baş belası bir çocuk gibi ama gerçek bir beyefendi. Ayrıca bu şehir çok güzel, buradaki yaşam heyecan verici, insanlar içten. Kapalıçarşı'da hoşuna gidecek bir şey buldum, şimdilik daha fazlasını söylemeyeceğim, bu kez sırrımı saklamaya yemin ettim. Döndüğümde Thames'in kıyısında dolaşırız ve sen bana çalarsın...

Alice kalemini kaldırdı, kapağını ısırdı ve az önce yazdığı son kelimeleri okunmaz hale gelinceye dek karaladı.

... Thames rıhtımında dolaşmaya çıkarız ve sen de, ben Londra'dan uzaklardayken neler yaptığını anlatırsın.

Sırf turistçilik oynamak için buraya geldiğimi düşünme, çalışmalarımda ilerleme kaydediyorum, en azından, yeni projeler oluşturuyorum. Vaktim olduğunda Mısır Çarşısı'na gideceğim. Geçen akşam, iç mekânlarda kullanılacak yeni parfüm karışımları yaratmaya karar verdim. Dalga geçme, fikir benim değil, önceki mektubumda bahsettiğim zanaatkâra ait. Dün yatarken, annemleri düşünüyordum ve her bir hatıra, kokulara dair bir duyuma bağlanıyordu. Kastettiğim babamın tıraş losyonu ya da annemim parfümü değil, bambaşka kokular. Gözlerini kapa ve çocukluğumuza ait kokuları hatırla, okul çantanın derisi, tebeşir kokusu, hatta öğretmenlerin seni cezaya kaldırdığı kara tahtanın kokusu; annenin mutfakta hazırladığı sütlü çikolatanın kokusu. Bizim ev, annem yemek hazırlarken tarçın kokardı, neredeyse her tatlıya koyardı. Kış anılarım arasında, babamın ormandan topladığı ve şöminede yaktığı odunun kokusu geliyor aklıma; ilkbahar anılarımda, anneme getirdiği ve kokularını salona yayan yaban güllerinin rayihası. Annem hep şöyle derdi: ''Her şeyin kokusunu nasıl ayırt edebiliyorsun?'' Hayatımın her ânını bu kokularla aklıma kazıdığımı, onların benim dilim olduğunu, etrafımdaki dünyayı onlar vasıtasıyla algıladığımı hiçbir zaman anlayamadı. Başkalarının, günün değişen renklerini görmekten duyduğu heyecan gibi, ben de geçen saatlerin kokularını ayırt ederdim. Onlarca nota ayırt edebiliyordum. Yapraklardan oluk oluk akarak ağaçların yosununa karışan ve güneş ormanın kokusunu coşturduğunda hemen oraya sinen yağmurun notası, yazın kuru otların notası, saklanmak için girdiğimiz ambarlardaki samanın notası, hatta beni ittiğin gübre yığınının notası... Ve, on altı yaşıma girdiğimde bana verdiğin leylağın notası.

Aklıma gelen kokuların üstünden giderek sana o kadar çok çocukluk ve yetişkinlik anısı hatırlatabilirim ki. Ellerinin biberimsi bir kokusu olduğunu biliyor musun Anton, bakır, sabun ve tütün karışımı?

Kendine iyi bak Anton, umarım sen de beni biraz olsun özlüyorsundur.

Haftaya sana yine yazacağım.

Öpüyorum.

Alice

* * *

Fırtınanın ertesi günü sürekli yağmur yağmış ve karı ortadan kaldırmıştı. Bunu izleyen günlerde Can, Alice ile Daldry'ye şehrin çeşitli anıtsal yapılarını gezdirmişti. Topkapı Sarayı'nı, Süleymaniye Camii'ni, Kanuni ile Hürrem'in türbelerini gezdiler, Galata Köprüsü'nün etrafındaki capcanlı sokaklarda saatlerce dolaştılar, Mısır Çarşısı'nda gezindiler. Orada, Alice her tezgâhın önünde durup, baharat tozlarını, kaynatmalık kurutulmuş çiçekleri, küçük şişelerdeki parfümleri kokladı. Daldry de Rüstem Paşa Camii'nin hayranlık veren İznik çinileri karşısında, ardından eski Kariye Müzesi'nin freskleri karşısında ilk defa ve hakiki bir heyecana kapıldı. Büyük yangınlar atlatmış ahşap evlerin olduğu bir ara sokaktan geçerken, Alice kendini kötü hissetti ve oradan uzaklaşmak istedi. Daldry'yi, daha önce kendi başına çıktığı, Cenevizlilerin yaptığı kulenin tepesine çıkardı. Ama Can'ın onları Çiçek Pasajı'na ve pasajın kapalı çarşısına götürdüğü an en güzeliydi, Alice bütün gününü orada geçirmek istedi. İçerideki onlarca küçük meyhaneden birinde öğle yemeklerini yediler. Perşembe günü Dolmabahçe civarını gezdiler, cuma günü ise Haliç'in içlerindeki Eyüp tarafını. Peygamber'in sahabesinin türbesini gördükten sonra mezarlığın merdivenlerini tırmandılar ve Pierre Loti kahvesinde kısa bir mola verdiler. Yazarın dinlenmeye geldiği evin penceresi, Osmanlı mezar taşlarının üstünden Boğaziçi kıyılarının çizdiği ufka bakıyordu.

O akşam Alice, Daldry'ye, belki de Londra'ya dönme vaktinin yavaş yavaş geldiğini söyledi.

"Vazgeçmek mi istiyorsunuz?"

"Yanlış mevsimde geldik, sevgili Daldry. Bu yolculuğa çıkmak için çiçek açma mevsiminin gelmesini beklemeliydik. Ayrıca günün birinde size olan borcumu ödemeye niyetliysem, işimin başına dönmem gerekir. Sayenizde olağanüstü bir yolculuk yaptım. Kafamda bin bir tane yeni fikirle döneceğim. Ama artık bunları somutlaştırmam lazım."

"Bizi buraya getiren parfümleriniz değil, bunu gayet iyi biliyorsunuz."

"Beni buraya getirenin ne olduğunu bilmiyorum Daldry. Falcı kadının kehanetleri mi? Kâbuslarım mı? Bir an olsun hayatımdan kaçabilmem için bana sunduğunuz fırsat ve ısrarınız mı? Annemlerin İstanbul'a geldiklerine inanmak istedim; bastıkları yerlere basıyor olduğum hissi beni onlara yakınlaştırıyordu. Ama konsolosluktan hiçbir

182

haber alamadık. Artık büyümem lazım Daldry, buna bütün gücümle dirensem de... Sizin de aynı şeye ihtiyacınız var tabii."

"Aynı fikirde değilim. Konsolos'un yapabileceklerine biraz fazla umut bağladığımızı kabul ediyorum, ama falcı kadının size vaat ettiği o hayatı düşünün, yolun sonunda sizi bekleyen adamı düşünün. Ben de sizi ona ulaştırmak için söz verdim. Ya da en azından zincirin ikinci halkasına götüreceğime. Ben, namuslu ve sözüne sadık biriyim. Zorluk karşısında geri çekilmek olmaz. Üstelik zamanımızı boşa harcamış değiliz, aksine doğru yoldayız. Yeni fikirler oluşturmaya başladınız, başkaları da gelecektir aklınıza, bundan eminim. Ayrıca er veya geç ikinci kişiyle karşılaşacağız. O bizi üçüncüye götürecek ve devamı gelecek..."

"Daldry, makul olalım, hemen yarın dönelim demiyorum ama en azından düşünmeye başlayalım diyorum."

"Her şey düşünüldü. Ama madem istiyorsunuz, biraz daha düşüneyim."

Can'ın gelmesiyle konuşmaları sona erdi. Otele dönme vakti gelmişti. Rehberleri, akşam onları bir konsere götürecekti.

Günden güne, kiliseden sinagoga, sinagogdan camiye, eski mezarlardan canlı sokaklara, kıraathanelerden her akşam yemek yedikleri ve herkesin sırayla hikâyesinden bir parça anlattığı, geçmişinin kapısını araladığı lokantalara gide gele, Daldry ile Can'ın arası düzeldi. Sonunda, ikisi arasında, birinin azmettirici, diğerinin ise tetikçi olduğu hain bir planın suç ortaklığı kurulmaya başladı.

Bir pazartesi günü, resepsiyon görevlisi, yorucu bir gezintiden dönen Alice'in yolunu kesti. Bir konsolosluk ulağı sabah saatlerinde onun adına bir telgraf getirmişti.

Alice kâğıdı aldı ve heyecan içindeki Daldry'ye baktı.

"E hadi açsanıza," dedi Daldry.

"Burada olmaz, bara gidelim."

Salonun arka tarafında bir masaya oturdular ve Daldry,

siparişlerini almak için gelen garsonu bir el hareketiyle savdı.

"Ee?" diye sordu sabırsızlıktan patlayarak.

Alice telgrafı açtı, birkaç kelimeden ibaret yazıyı okudu ve kâğıdı masanın üzerine bıraktı.

"İzninizi almadan yazanları okursam, benim adıma nezaketsiz bir davranış olur ama beni bir saniye daha bekletmek de sizin adınıza büyük zalimliktir."

"Saat kaç?" diye sordu Alice.

"Beş oldu," cevabını verdi Daldry sabrı taşmış bir şekilde. "Neden?"

"İngiliz Konsolosu gelmek üzere."

"Konsolos buraya mı geliyor?"

"Mesajında bunu bildiriyor, bana vereceği bilgiler varmış."

"Madem *sizinle* buluşmak istiyor, o halde bana düşen de *sizi* yalnız bırakmak."

Daldry kalkar gibi yaptı ama Alice elini Daldry'nin koluna koyarak onu tekrar oturmaya zorladı; fazla ısrar etmesi gerekmedi.

Konsolos otelin lobisindeydi, Alice'i gördü ve yanına geldi.

"Mesajımı vaktinde almışsınız," dedi paltosunu çıkartırken.

Paltosuyla şapkasını garsona verip, Alice ile Daldry' nin arasındaki koltuğa oturdu.

"Bir şey içer misiniz?" diye sordu Daldry.

Konsolos saatine baktı ve bir *bourbon* istedi.

"Yarım saat sonra hemen yan tarafta bir randevum var. Konsolosluk da madem bu kadar yakın, bari vereceğim bilgileri gidip şahsen vereyim, dedim."

"Size müteşekkirim," dedi Alice.

"Baştan düşündüğüm gibi Türk dostlarımızdan hiçbir bilgi alamadım. Kötü niyetli olduklarından değil, bizim Dışişleri Bakanlığı'nın dengi Babıâli'de çalışan bir tanıdığımız önceki gün beni aradı ve mümkün olan bütün araştırmaları yaptıklarını söyledi. Ama Osmanlı İmparatorluğu zamanında ülkeye giriş talebi... böyle bir şey olduğunu dahi düşünmüyor."

"Yani yol tıkandı," dedi Daldry.

"Ne münasebet," diye cevap verdi Konsolos, "istihbarat elemanlarımızın birinden, var gücüyle sizin işinizle ilgilenmesini istemiştim. Genç bir meslektaşımdır ama az görülür bir beceriye sahiptir. Nitekim bunu bir defa daha kanıtladı. Biraz şansımız varsa eğer, anne babanızdan birinin seyahat esnasında pasaportunu kaybetmiş ya da çaldırmış olabileceği ihtimali geldi aklına. İstanbul sütliman değil şu aralar. Ama yüzyıl başında daha da çalkantılı bir şehirdi burası. Kısacası, eğer böyle bir olay gerçekleşseydi, anne babanız kuşkusuz büyükelçiliğimize başvuracaklardı, ki elçilik de, o dönem, şimdiki konsolosluk binamızdaydı."

"Peki pasaportları çalınmış mıydı bari?" diye sordu Daldry, her zamankinden daha da sabırsız bir şekilde.

"Hayır," dedi Konsolos, bardağındaki buzları tıngırdatarak. "Buna karşılık yolculukları esnasında hakikaten büyükelçiliğe başvurmuşlardı, haksız da değillerdi! Anneniz ile babanız sizin iddia ettiğiniz gibi 1909 ya da 1910'da değil, 1913'ün sonlarından itibaren İstanbul'da bulunmuşlardı. Babanız eczacılık okuyordu ve Asya'da bulunan şifalı bitkiler üzerine araştırmasını tamamlamak üzere gelmişti buraya. Beyoğlu'nda, buradan çok uzakta olmayan, küçük bir daireye yerleşmişlerdi."

"Bütün bunları nasıl öğrendiniz?" diye sordu Daldry.

"1914 Ağustosu'nda bütün dünyayı birbirine katan kaosu hatırlatmama gerek yok herhalde. Ya da aynı yılın kasım ayında Osmanlı İmparatorluğu'nun İttifak Devletleri'ne, yani Almanya'ya katılmak yönünde aldığı o talihsiz kararı. Majestelerinin uyruğundan olan anne babanız *ipso facto*[1] Osmanlı Devleti'nin düşman gördüğü saflarda yer alıyorlardı. Kendisinin ve annenizin başlarına bir şey

---

1. (Lat.) Fiilen. (Y.N.)

gelebileceğini düşünen babanız, İstanbul'da olduklarını büyükelçiliğe bildirmeyi düşünmüş, bunu yaparken ülkelerine geri gönderilme ümidi de varmış. Ama maalesef savaş döneminde seyahat etmek, hele uzaklara gitmek hayli tehlikeli bir işti. İngiltere'ye dönebilmek için uzunca bir süre daha beklemek zorunda kalmışlar. Ama, bize onların izini bulduran da bu oldu, bizim dairemizin himayesi altına girmişler. Yani tehlikenin kendini en açık bir şekilde hissettirdiği zamanlarda elçilik binasına sığınabilmişler. Bildiğiniz gibi, elçilikler her zaman ve her koşulda, dokunulmazlığı olan topraklardır."

Konsolos'u dinlerken Alice'in rengi uçmuştu, yüzü öyle beyazlamıştı ki, Daldry sonunda endişelenmeye başladı.

"İyi misiniz?" diye sordu elini tutarak.

"Doktor çağırmamı ister misiniz?" diye araya girdi Konsolos.

"Hayır, bir şeyim yok," diye geveledi Alice, "rica ederim, devam edin."

"1916 ilkbaharında İngiltere Büyükelçiliği kendi uyruğundan yüz kadar kişiyi İspanyol bandıralı bir gemiye bindirerek ülke dışına çıkarmayı başardı. İspanya tarafsızdı, gemi Çanakkale Boğazı'nı geçti ve bir sıkıntıyla karşılaşmadan Cebelitarık'a ulaştı. Anneniz ile babanızın izini orada kaybediyoruz. Ama sizin varlığınız, anavatanlarına sağ salim ulaştıklarını gösteriyor. İşte böyle hanımefendi, artık siz de benim kadar bilgiye sahipsiniz..."

"Neyiniz var Alice?" diye sordu Daldry. "Sarsılmış gibi görünüyorsunuz."

"Bu mümkün değil," diye kekeledi Alice.

Elleri titremeye başlamıştı.

"Hanımefendi," diye tekrar söze başladı Konsolos, biraz alınmıştı, "size verdiğim bilgilerin doğruluğuna inanmanızı rica ederim."

"Ama o sırada, ben doğmuştum. Yanlarında olmuş olmam gerekir."

Konsolos şüpheli bir edayla Alice'e baktı.

186

"Siz öyle diyorsanız yapacak bir şey yok ama bu bana çok mümkün görünmüyor. Kayıtlarımızda ve seyir defterlerinde sizin varlığınıza dair hiçbir şey görünmüyor. Babanız, belki de sizi büyükelçiliğimize bildirmedi."

"Babası büyükelçiliğe gelip karısı ve kendisi için koruma talep edip de tek kızının varlığını nasıl unutabilir? Bana hiç inandırıcı gelmiyor," diye araya girdi Daldry. "Çocukların da kütüklerinizde gösterildiğinden emin misiniz Sayın Konsolosum?"

"Yapmayın Bay Daldry, bizi ne sanıyorsunuz? Gelişmiş bir ülkeyiz, elbette çocuklar da anne babalarıyla birlikte kaydedilirdi."

"O zaman," dedi Daldry, Alice'e dönerek, "belki de, küçük yaşta bir çocuk için yurda geri dönüş yolculuğu fazla tehlikeli bulunabilir korkusuyla, babanızın sizi özellikle bildirmemiş olduğunu düşünebiliriz."

"Katiyen olmaz," diye heyecanla karşı çıktı Konsolos. "Önce kadınlar ve çocuklar! Buna kanıt olarak da, o İspanya bandıralı gemiyle yola çıkan aileler arasında çocukların bulunduğunu ve onlara öncelik verildiğini gösterebilirim."

"O halde bu değerli zamanımızı, lüzumsuz arayışların peşinde boşa harcamayalım. Sayın Konsolosum, size nasıl teşekkür edeceğimi bilemiyorum, bize verdiğiniz bilgiler umduğumuzun çok ötesindeydi..."

"Ve ben hiçbir şey hatırlamıyorum, öyle mi?" diye mırıldandı Alice, Daldry'nin sözünü keserek. "En ufak bir şey hatırlamıyorum?"

"Haddimi aşmak, hele nezaket sınırlarını zorlamak hiç istemem Bayan Pendelbury, ama kaç yaşındaydınız?"

"25 Mart 1915'te dört yaşına girmiştim."

"Yani 1916 ilkbaharının başında beştiniz. Annem ile babama ne kadar bağlı olduğumu sık sık ifade etsem de, bana verdikleri bütün eğitim ve sevgi için onlara müteşekkir olsam da, o kadar küçük yaşta kendimi hatırlamama imkân yok," dedi Konsolos, Alice'in dizini okşayarak. "Neyse. Görevimi tamamladığıma ve isteğinizi yerine getirdiğime inanıyorum. Eğer size başka bir yardımım dokunabilirse, bana gelmekten çekinmeyin. Konsolosluğumuzun yerini biliyorsunuz. Şimdi artık gitmem lazım, yoksa geç kalacağım."

"Adreslerini hatırlıyor musunuz?"

"Bana bu soruyu sorabileceğinizi düşündüğüm için bir kâğıda not ettim. Bir dakika," dedi Konsolos ceketinin iç cebini karıştırarak. "İşte... Buraya çok yakın bir yerde, sonradan ismi İstiklal Caddesi olan Büyük Pera Caddesi'nde yaşıyorlardı. Daha açık olarak da, Rumeli Han'ın ikinci katında, meşhur Çiçek Pasajı'nın hemen yanı oluyor."

Konsolos, Alice'in elini öptü ve kalktı.

"Beni kapıya kadar geçirme nezaketini gösterir misiniz?" dedi Daldry'ye dönerek. "Size söyleyecek bir-iki şeyim var, önemsiz şeyler."

Daldry kalkıp paltosunu giyen Konsolos'un arkasından gitti. Lobiyi geçtiler, Konsolos resepsiyonun önünde durdu ve Daldry'ye döndü.

"Arkadaşınız için bu araştırmaları yaparken, sırf meraktan, Dışişleri Bakanlığı'nda Finch adlı birinin var olup olmadığını da araştırdım."

"Ya?"

"Ya, evet! Ve Finch ismini taşıyan tek görevli, kurye servisindeki stajyerdi. Herhalde amcanız olma imkânı yok, değil mi?"

"Sanırım yok," dedi Daldry gözlerini ayakkabılarına dikip.

"Ben de öyle düşünmüştüm. Size İstanbul'da keyifli günler diliyorum Bay Finch-Daldry," dedi Konsolos döner kapıdan geçmeden önce.

10

Daldry bara, Alice'in yanına dönmüştü. Yanında otur-
duğu yarım saat boyunca, Alice salonun köşesindeki si-
yah piyanodan gözlerini ayırmamış ve tek kelime konuş-
mamıştı.

"Eğer isterseniz, Rumeli Han'ın etrafını kolaçan ede-
biliriz yarın," diye önerdi Daldry.

"Neden bana o dönemden hiç bahsetmediler?"

"Bilemiyorum Alice, belki sizi korumak istediler, ola-
maz mı? Burada hayli korkutucu zamanlar geçirmiş ol-
malılar. Belki de, o zamanlar, paylaşmak istemeyecekleri
kadar acı verici hatıralardı. Babam I. Dünya Savaşı'na ka-
tılmıştı ve bundan bahsetmeyi hiç istemezdi."

"Peki, beni neden büyükelçiliğe bildirmediler?"

"Bildirdiler belki. İngiliz uyruklu vatandaşların sayımın-
dan sorumlu görevlinin ihmali olabilir. Dönemin hayhuyu
içinde belki de işi başından çok aşkındı, bir hata yaptı."

"Çok fazla 'belki' oldu, farkında mısınız?"

"Evet çok fazla oldu ama ne yapayım, başka ne söyle-
yebilirim ki size? Orada değildik."

"Aksine, ben oradaydım."

"Soruşturalım, eğer isterseniz."

"Nasıl?"

"Komşularıyla konuşalım, kim bilir, belki hatırlayan
biri çıkar onları."

"Kırk yıl sonra mı?"

"Şans çok da uzağımızda değil, madem İstanbul'un en iyi rehberini tuttuk, bize yardım etmesini isteyelim, gelecek günler çok büyük heyecanlar vaat ediyor..."

"Can'dan destek almayı mı öneriyorsunuz?"

"Neden olmasın? Gelmek üzeredir o da, gösteriden sonra onu yemeğe davet edebiliriz."

"Canım dışarı çıkmak istemiyor artık, siz bensiz gidin."

"Bu akşam sizi yalnız bırakamam kesinlikle. Her biri uykunuzu kaçıracak güçte, bin bir tilki dolaşacak kafanızda. Gelin, gidip dinleyelim şu konseri, yemekte de Can'la konuşuruz."

"Aç değilim, pek hoşsohbet bir refakatçi de olacağımı sanmıyorum. Biraz yalnız kalmaya sahiden ihtiyacım var. Bütün bu olan biteni düşünmem lazım."

"Alice, niyetim kesinlikle bütün bu öğrendiklerimizin son derece sarsıcı olduğu gerçeğini yok saymak değil; ama hiçbir şekilde temel bir sorun da teşkil etmiyorlar. Bana söylediklerinize bakılırsa, anne babanızın size olan sevgisi hiçbir zaman eksilmemiş. Sadece onların bilebilecekleri sebeplerle, burada geçirdikleri zamanı sizinle paylaşmamışlar. İçinizi kemirecek bir şey yok bunda. O kadar üzgün görünüyorsunuz ki, beni de efkârlandırıyorsunuz."

Alice, Daldry'ye baktı ve gülümsedi.

"Haklısınız," dedi, "ama ben bu akşam pek hoşsohbet olamayacağım. Gidip gösteriyi Can'la birlikte izleyin, erkek erkeğe akşam yemeği yiyin. Size söz veriyorum, uykusuzluk çekerek gecemi mahvetmeyeceğim. Biraz dinleneyim, dedektifçilik oynayıp oynamayacağımıza yarın bakarız."

Tam o sırada, Can da lobiye giriyordu. Alice ile Daldry'ye gitme vaktinin geldiğini bildirmek için saatinin kadranını gösterdi.

"Hadi gidin," dedi Alice, Daldry'nin hâlâ tereddüt ettiğini görünce.

"Emin misiniz?"

Alice dostça bir el hareketiyle Daldry'yi yolladı. Daldry

ona veda etmek için geri döndü, sonra da Can'ın yanına gitti.

"Bayan Alice bize katışmıyor mu?"

"Hayır maalesef, katışmıyor... Unutulmaz bir akşam olacak gibime geliyor," dedi Daldry gözlerini devirerek.

* * *

Daldry ikinci perdenin tamamını uyuyarak geçirdi. Horlaması çok şiddetlendiğinde, Can ona bir dirsek vuruyor, Daldry de sıçrıyordu. Sonra yeniden içi geçiyordu.

İstiklal Caddesi'ndeki eski Fransız tiyatrosunun perdesi indiğinde Can, Daldry'yi Olivya Geçidi'ndeki Rejans'a yemeğe götürdü. Yemekler seçkindi, her zamankinden daha iştahlı olan Daldry üçüncü kadeh şarapta gevşedi.

"Neden Bayan Alice bize eklenmedi bu akşam?" diye sordu Can.

"Yorgundu çünkü," cevabını verdi Daldry.

"Birbirinize mi atladınız?"

"Efendim?"

"Bayan Alice'le kavga mı ettiniz diyorum?"

"Ukalalık etmiş olmayayım ama 'birbirinize girmek' denir. Hayır, kavga etmedik."

"İyi o zaman."

Ama Can ikna olmuş görünmüyordu. Daldry kadehleri doldurdu ve Can otele gelmeden hemen önce Alice'in öğrendiklerinden bahsetti.

"Ne inanılmaz bir hikâye!" diye haykırdı Can. "Peki Konsolos'un kendi ağzı mı anlattı size bütün bunları? Bayan Alice'in karman çorman olmasını anlayabiliyorum. Onun yerinde olsam ben de öyle olurdum. Ne yapmayı düşünüyorsunuz?"

"Eğer mümkünse, olayı daha açık görmesine yardım etmek."

"Can varsa, İstanbul'da hiçbir şey imkânsız değildir. Söyleyin, hanımefendiyi nasıl aydınlıklatabiliriz?"

"Anne babasını tanımış olma ihtimali bulunan komşuları ya da mahalleden insanları bulmak fena bir başlangıç olmaz."

"Bu yapılabilir!" diye bağırdı Can. "Soruşturma yapacağım ve hatırlayacak birini ya da hatırlayanlardan birini tanıyan birini bulacağız."

"Elinizden geleni yapın. Ama kanıtlanmamış hiçbir şeyi ona söylemeyin, zaten yeterince sarsıldı. Size güveniyorum."

"Çok makul, haklısınız, kafasını daha fazla kurgulamaya gerek yok."

"Rehber yanınız için söylemiyorum ama tercümanlık becerilerinizi... samimi söylüyorum, biraz abartıyorsunuz, dostum."

"Size bir soru sorabilir miyim?" diye sordu Can gözlerini indirerek.

"Sorun bakalım, cevabına sonra bakarız."

"Bayan Alice'le aranızda çekici bir şey var mı?"

"Bir daha deneyin..."

"Yani özel bir şey demek istiyorum."

"Bundan size ne?"

"Cevabı vermiş oldunuz mu?"

"Hayır, cevabı vermiş olmadım, her şeyi bilip de hiçbir şey bilmeyen bay rehber!"

"Bakın işte, beni tayladığınıza göre hassas bir notaya basmış olmalıyım."

"Taylamak diye bir şey olmadığına göre sizi taylamış olamam! Ayrıca paylamıyorum da, çünkü öyle yapmak için de hiçbir sebep göremiyorum."

"Ama sonuçta hâlâ cevap vermiş değilsiniz."

Daldry şarap kadehlerini yeniden doldurdu ve kendininkini bir dikişte içti. Can da aynını yaptı.

"Hanımefendiyle aramda, karşılıklı bir sempatiden başka hiçbir şey yok. Arkadaşlık deyin isterseniz."

"Ona oynamaya hazırlandığınız oyunu düşünürsek, ilginç bir dostsunuz."

"Birbirimize karşılıklı olarak iyilik yapıyoruz, onun hayatında bir değişikliğe ihtiyacı vardı, benim de resim

192

yapacak bir atölyeye. Bir tür iyilik değiştokuşudur bu, karşılıklı iyilik, arkadaşlar arasında olur."

"İki taraf da değiştokuşun farkındaysa..."

"Can, ahlak dersleriniz beni hiç ilgilendirmiyor."

"Onu beğenmiyor musunuz?"

"Benim tarzım bir kadın değil, ben de onun tarzı değilim. Gördüğünüz gibi, ilişkimiz denk."

"Neyini beğenmiyorsunuz?"

"Söylesenize Can, sakın siz kendiniz için nabız yokluyor olmayasınız?"

"Böyle bir şey yapmak saçma ve iğrendirici olurdu," diye cevap verdi Can, iyiden iyiye sarhoş olmuştu.

"Gittikçe daha da sarpa sarıyor işler. Beyninize girebilsin diye olayları başka türlü formüle etmek zorunda kalacağım. Alice'e vurgun olduğunuzu mu hissettirmeye çalışıyorsunuz bana?"

"Vurgun da ne demek oluyor?"

"Beni aptal yerine koymayın ve işinize gelmediğinde anlamıyor ayağına yatmayı bırakın. Alice'ten hoşlanıyor musunuz, hoşlanmıyor musunuz?"

"Orada durun bayım," diye üste çıktı Can, "o soruyu önce ben sormuştum."

"Ben cevabımı verdim."

"Kesinlikle vermediniz. Sadece lafı dolaştırdınız."

"Dolandırmadım!"

"Yalan söylüyorsunuz!"

"Bana bunu diyemezsiniz! Ayrıca ben asla yalan söylemem."

"Alice'e söylüyorsunuz."

"Gördünüz mü, kendinizi ele verdiniz, ona önadıyla hitap ettiniz."

"Bayan demeyi unutmam bir şey mi kanıtlar? Sadece dilim sürttü, biraz fazla içmişim."

"Biraz mı?"

"Siz de benden daha iyi bir durumda değilsiniz!"

"Kabul ediyorum. Pekâlâ, madem sarhoşuz, gecenin sonuna kadar sürecek bir yolculuğa çıkmaya var mısınız?"

"Nerede duruyor peki gecenin sonu?"

"Ismarlayacağım bir sonraki şişenin dibinde. Ya da ondan bir sonrakinin. Henüz bir şey söyleyemem."

Daldry yıllanmış bir konyak ısmarladı.

"Eğer onun gibi bir kadına âşık olsaydım," diyerek kadehini kaldırdı, "aşkıma dair ona göstereceğim tek kanıt, ondan olabildiğince uzağa kaçmak olurdu. Gerekirse dünyanın öbür ucuna..."

"Bunun nasıl bir aşk ispatı olacağını anlamıyorum."

"Çünkü böylece, onu benim gibi bir adama çatmaktan korumuş olurdum. Ben yalnızlığı seven bir insanım, alışkanlıklarım ve korkularımla, müzmin bir bekârım. Gürültüden nefret ederim, oysa Alice fena halde gürültücü. Dip dibe olmaktan tiksinirim, oysa o benim karşı dairemde oturuyor. Ayrıca en güzel duygular bile zamanla aşınır, her şey kaybolur. Hayır dostum, bana inanın, bir aşk hikâyesinde, çok geç olmadan gitmeyi bilmek gerekir; benim durumumda, 'çok geç olmadan', ilân-ı aşk etmeden demek oluyor. Ne gülüyorsunuz?"

"Çünkü sonunda uzlaşabildiğimiz bir nokta keşfettim. Her ikimiz de, siz de, ben de sizi antipatik buluyoruz."

"Aksini iddia etsem de, ben babamın modeliyim. Onun çatısı altında büyümüş biri olarak, sabahları aynada kendime baktığımda neyle uğraşmam gerektiğini biliyorum."

"Anneniz hiç mi mutlu olmadı babanızla?"

"Dostum, bu soruya cevap vereceksem, içkinin dibini bulmamız gerekiyor. Hakikat, henüz inemediğimiz derinliklerde yatıyor."

Üç konyak sonra, lokanta kapanırken, Daldry, Can'dan isminin hakkını verecek bir bar bulmasını istedi. Can deniz kıyısına gitmeyi önerdi, sabahın ilk ışıklarına kadar kapanmayan bir mekân vardı.

"İşte tam ihtiyacımız olan şey!" diye haykırdı Daldry.

Tramvay raylarını izleyerek sokaktan aşağı yürüdüler. Can sağdaki rayın üzerinde yalpalıyordu, Daldry ise soldakinin. Tramvay geçerken, vatman zili çın çın defalarca çaldırsa da, son âna kadar kenara çekilmiyorlardı.

"Eğer annemi Alice'in yaşındayken görseydiniz," dedi Daldry, "dünyanın en mutlu kadınıyla tanışmış olurdunuz. Annem çok iyi bir oyuncudur, oynar, büyük bir yetenektir. Sahnede bir yıldız olabilirmiş. Ama cumartesi günleri samimiydi. Evet, sanırım cumartesi günleri sahiden mutluydu."

"Neden cumartesileri?" diye sordu Can bir banka oturarak.

"Çünkü babam onunla ilgilenirdi," dedi Daldry, Can'ın yanına otururken. "Yanlış anlamayın, ona cumartesileri ilgi göstermesinin sebebi, pazartesi günkü gidişi için önceden yatırım yapmaktı. Suçunu önceden affettirmek için, onunla ilgilenmiş gibi yapıyordu."

"Ne suçu?"

"Oraya daha sonra geleceğiz. Diyeceksiniz ki, niye pazar değil de cumartesi? Öylesi daha mantıklı olmaz mıydı? İşte! Tam da cumartesi günleri, babamın gidişinin farkına varamayacak kadar kafası meşgul olurdu da ondan. Halbuki pazar ayininden sonra yüreği burkulurdu. Ve her geçen saat daha da fazla burkulurdu. Pazar akşamı korkunç olurdu. Babamın annemi pazar ayinine götürebilmesi nasıl bir küstahlıktı öyle!"

"Ama bu kadar kötü, ne yapıyordu pazartesileri?"

"Tıraşını olduktan sonra üstüne en güzel kıyafetini geçiriyor, yeleğini giyiyor, papyonunu bağlıyor, yelek saatini parlatıyor, saçlarını tarıyor, parfüm sıkıyor ve şehre gitmek için atlı arabayı hazırlatıyordu. Her pazartesi, avukatıyla randevusu vardı. Gece şehirde kalırdı, çünkü, dediğine göre, geceleri yollar tehlikeliydi. Ancak ertesi gün, sabah saatlerinde eve dönerdi."

"Ama aslında metresini mi görmeye gidiyordu, o muydu mesele?"

"Hayır, gerçekten kolejden beri dostu da olan avukatıyla randevusu oluyordu. Geceyi de onunla birlikte geçiriyordu. Yani sanırım aynı kapıya çıkıyor."

"Peki anneniz biliyor muydu bunu?"

"Kocasının kendisini bir erkekle aldattığını mı? Evet,

biliyordu. Şoför de biliyordu. Oda hizmetçileri, ahçı, kâhya, uşak, herkes biliyordu. Bir tek, kadın bir sevgilisi olduğunu sanan ben bilmiyordum; ben doğuştan biraz aptalımdır."

"Padişahlar döneminde..."

"Ne diyeceğinizi biliyorum, çok naziksiniz, ama İngiltere'de bizim bir kral ve bir kraliçemiz vardır, bir de sarayımız vardır, haremimiz yoktur. Sakın sizi yargıladığımı düşünmeyin, bu sadece bir tarz meselesi. Diğer taraftan, madem açık açık konuşuyoruz, babamın ahlaksızlıkları aslında umurumda da değildi, benim kaldıramadığım annemin çektiği acıydı. Çünkü o konuda aptal değildim. Babam, mutluluğu karısından başkasının yatağında bulan memleketteki tek adam değildi elbette; ama aldattığı ve aşkını kirlettiği benim annemdi. Bir gün bundan anneme bahsetme cesareti bulduğumda gözleri dolmuştu ama kanınızı donduracak bir vakarla gülümsedi bana. Bana karşı babamı savundu. Bunun normal bir şey olduğunu, babam için bir ihtiyaç olduğunu ve bu yüzden ona kızmadığını anlattı. O gün, elindeki metni çok kötü oynuyordu."

"Peki ama annenize çektirdikleri yüzünden madem babanızdan bu kadar nefret ediyorsunuz, siz neden onun gibi yapıyorsunuz?"

"Çünkü annemin acı çektiğini görmek bana şunu öğretti: Bir erkek için sevmek; bir kadının güzelliğini dalından koparıp, kendini güvende hissetsin diye onu bir saraya koymak ve canıgönülden sevmektir... zaman onu soldurana kadar. Ondan sonra, erkekler başka güzellikler bulmaya giderler. Kendime şu sözü verdim, eğer bir gün bir kadını seversem, sahiden seversem, çiçeğini koruyacağım ve asla koparmayacağım. İşte dostum, alkolün de yardımıyla, anlattıkça anlattım. Yarın sabah, bundan pişmanlık duyacağıma eminim. Ama bu anlattıklarımın tek kelimesini bile ağzınızdan kaçırırsanız, sizi Boğaz'ın suyunda, kendi ellerimle boğarım. Şimdi asıl mesele şu: Otele nasıl gideceğiz? Çünkü benim kalkacak halim yok, sanırım biraz fazla içtim."

196

Can'ın da durumu Daldry'den daha iyi değildi. Birbirlerine yardım ettiler ve iki ayyaş gibi yalpalayarak İstiklal Caddesi'nden yukarı yürüdüler.

* * *

Temizlikçi kadının, odasındaki işini bitirmesini beklerken, Alice barın bitişiğindeki salonda oturmuştu. Muhtemelen asla göndermeyeceği bir mektup yazıyordu. Duvardaki aynadan Daldry'nin büyük merdivenlerden indiğini gördü. Daldry, Alice'in yanındaki koltuğa bıraktı kendini.

"Halinize bakılırsa, bütün Boğaz'ı içmiş olmalısınız," dedi gözünü önündeki kâğıttan ayırmadan.

"Bunu nereden çıkardığınızı anlayamıyorum."

"Ceketinizin düğmeleri yanlış iliklenmiş ve sadece bir tarafınızı tıraş etmişsiniz."

"Birkaç kadeh devirdik, doğrudur. Sizi de aradık doğrusu."

"Hiç şüphem yok."

"Kime yazıyorsunuz?"

"Londra'daki bir arkadaşıma," cevabını verdi Alice kâğıdı katlayıp cebine yerleştirirken.

"Başım korkunç ağrıyor," dedi Daldry, "benimle açık havada biraz yürümek ister misiniz? Kimmiş bu arkadaş?"

"İyi fikir, yürüyüşe çıkalım. Ben de kaçta ortaya çıkacaksınız diye soruyordum kendi kendime. Sabahın köründe kalktım, sıkılmaya başlamıştım artık. Nereye gidelim?"

"Boğaz'ı seyretmeye gidelim, hatıralarımı canlandırır."

Yolda Alice, bir kunduracı dükkânın önünde takıldı biraz, dikiş makinesinin dönen kayışını seyretti.

"Ayakkabılarınızın pençeye mi ihtiyacı var?"

"Hayır."

"O halde neden beş dakikadır hiçbir şey söylemeden bu adama bakıyorsunuz?"

"Bazı önemsiz şeylerin, bilmediğiniz bir sebepten ötürü, sizde yatıştırıcı bir etki bıraktığı olur mu hiç?"

"Kavşak resimleri yapıyorum, tersini söylemem zor olur. Bütün bir gün boyunca, iki katlı otobüslerin geçişini seyredebilirim. Debriyaj gıcırtısını, frenlerinin çıkardığı ıslığı, hareket etmeden önce şoförün çınlattığı çıngırağın sesini, motorun homurtusunu duymayı seviyorum."

"Bana tasvir ettiğiniz bu şeyler ne kadar şiirsel Daldry."

"Dalga mı geçiyorsunuz?"

"Biraz öyle, evet."

"Kunduracının vitrini daha romantik sayılıyor herhalde?"

"Bu zanaatkârın elinde şiirsel bir şey var. Kunduracıları, deri ve tutkal kokusunu daima sevmişimdir."

"Çünkü siz ayakkabıları seviyorsunuz. Ben mesela, bir fırının vitrini önünde saatlerce bekleyebilirim, herhalde nedenini söylememe gerek yok..."

Bir süre sonra, Boğaz'ın kıyısı boyunca yürümeye devam ederlerken, Daldry bir banka oturdu.

"Nereye bakıyorsunuz?" diye sordu Alice.

"Şu korkuluğun yanındaki yaşlı kadın, kahverengi köpeğin sahibiyle konuşan kadın, çok etkileyici."

"Hayvanları seviyor, bunun nesi etkileyici?"

"Dikkatli bakın, göreceksiniz."

Kahverengi köpeğin sahibiyle birkaç kelime konuştuktan sonra yaşlı kadın başka bir köpeğe yaklaştı. Eğildi ve elini köpeğin burnuna doğru uzattı.

"Görüyor musunuz?" diye fısıldadı Daldry, Alice'e eğilerek.

"Şimdi de başka bir köpeği mi okşuyor?"

"Ne yaptığını anlamıyorsunuz, onun ilgilendiği köpek değil, tasma."

"Tasma mı?"

"Kesinlikle. Köpeği sahibine bağlayan tasma. Sahibi de balık tutuyor. Tasma, konuşmayı sağlayan iletken. O yaşlı kadın yalnızlıktan ölüyor. Başka bir insanla iki laf edebilmek için bu dümeni bulmuş. Bence her gün, aynı saatte buraya gelip, bir küçük doz insan sıcaklığı alıyor."

Daldry, bu kez doğru yorumlamıştı, yaşlı kadın, Boğaz'ın sularında salınan oltasının mantarına dalmış balıkçının dikkatini çekmeyi başaramadı; sahilde bir-iki adım attıktan sonra paltosunun cebinden ekmek kırıntıları çıkardı ve onları korkuluğun üstünde pıtı pıtı yürüyen güvercinlere attı. Sonra da hemen, o korkuluğa yaslanmış bekleyen balıkçılardan biriyle konuşmaya başladı.

"Ne tuhaf bir yalnızlık, değil mi?" dedi Daldry.

Alice ona döndü ve dikkatle baktı.

"Neden buraya geldiniz Daldry, neden bu yolculuğa çıktınız?"

"Bunu gayet iyi biliyorsunuz, anlaşmamız var; sizin hayatınızın adamını bulmanıza yardım ediyorum, daha doğrusu sizi ona giden yola çıkarıyorum ve siz o yolda ilerlerken ben de sizin çatınızın altında resim yapacağım."

"Sahiden tek sebep bu mu?"

Daldry'nin bakışı Üsküdar civarında kayboldu, Boğaz'ın Asya yakasındaki Mihrimah Sultan Camii'nin minaresine bakıyor gibiydi.

"Bizim sokağın köşesindeki *pub*'ı hatırlıyor musunuz?" diye sordu Daldry.

"Orada bir öğle yemeği yemiştik, tabii ki hatırlıyorum."

"Her gün, gazetemle oraya giderdim. Okuduğum makaleden sıkıldığım bir gün kafamı kaldırdım, aynada kendimi gördüm ve yaşayacağım yıllardan korktum. Benim de hava değişikliğine ihtiyacım vardı. Ama birkaç gündür Londra'yı özlüyorum. Hiçbir şey asla mükemmel değildir."

"Dönmeyi mi düşünüyorsunuz?" diye sordu Alice.

"Kısa bir süre önce siz de düşünüyordunuz."

"Artık düşünmüyorum."

"Çünkü falcı kadının kehaneti size artık daha mümkün görünüyor. Artık bir amacınız var ve ben görevimi tamamladım. Sanıyorum Konsolos'un şahsında, zincirin ikinci halkasıyla da karşılaşmış olduk. Hatta bizi ona Can'ın götürdüğünü varsayarsak, üçüncü halkasıyla."

"Beni yalnız mı bırakacaksınız?"

"Öyle anlaşmıştık. Endişelenmeyin, otel parasını ve

Can'ın ücretini önümüzdeki üç ay boyunca ödeyeceğim. O size son derece sadık. Masrafları için dolgun bir avans da vereceğim. Size de Banco di Roma'da bir hesap açacağım. İstiklal Caddesi'nde bir şubeleri var ve yurtdışına havale yapmaya alışıklar. Her hafta size bir havale yapacağım, hiçbir eksiğiniz olmayacak."

"Üç ay daha İstanbul'da kalmamı mı istiyorsunuz?"

"Hedefinize ulaşmanız için gitmeniz gereken yol uzun, Alice. Ayrıca Türkiye'ye ilkbaharın gelişini kaçırmayı da hiç mi hiç istemiyordunuz. Size yabancı onca çiçeği, kokularını düşünün... Ve tabii bizim işleri de..."

"Gitme kararını ne zaman verdiniz?"

"Bu sabah, uyandığımda."

"Peki eğer ben, sizin azıcık daha kalmanızı arzu etseydim?"

"Bunu sormanız bile gerekmezdi, ilk uçak cumadan önce kalkmıyor, yani zaten daha birkaç günümüz var önümüzde. Suratınızı asmayın böyle; annemin sağlığı çok bozuk, onu çok uzun bir süre yalnız bırakamam."

Daldry ayağa kalkıp parmaklığa doğru ilerledi. Yaşlı kadın sessizce büyük beyaz bir köpeğe doğru yaklaşıyordu.

"Dikkat edin," dedi Daldry geçerken, "bu ısırır..."

* * *

Can otele çay saatinde geldi. Kendinden memnun bir hali vardı.

"Size teslim edeceğim muhteşem haberlerim var," dedi barda oturan Alice ile Daldry'nin yanına gelerek.

Alice fincanını bıraktı ve bütün dikkatini Can'a verdi.

"Babanız ile annenizin yaşadığı apartmanın yanındaki apartmanda, onları tanıyan yaşlı bir beyle tanıştım. Gidip onu görmemizi kabul etti."

"Ne zaman?" diye sordu Alice, Daldry'ye bakarak.

"Şimdi," dedi Can.

11

Oğuz Zemirli'nin dairesi, İstiklal Caddesi'nde, burjuva bir apartmanın ikinci katındaydı. Kapı, duvar boyu eski kitapların üst üste yığıldığı bir koridora açılıyordu.

Oğuz Zemirli flanel bir pantolon, beyaz bir gömlek ve ipek bir ropdöşambr giymişti, gözünde de iki gözlük vardı. Biri, sihir marifetiyle alnının üstünde duruyor gibiydi, öteki ise burnunun üstündeydi. Oğuz Bey uzağa bakmak ya da okumak isteğine göre gözlükleri değiştiriyordu. Çenesinin ucundaki, berberin gözünden kaçtığı anlaşılan birkaç kıl dışında, tıraşı sinekkaydıydı.

Misafirlerini, Fransız ve Osmanlı tarzı mobilyalarla döşenmiş salonuna aldı, mutfağa gitti ve yanında topluca bir hanımla geri geldi. Kadın çay ve Doğu'ya özgü kurabiyelerden ikram etti, Oğuz Bey ona teşekkür ettikten sonra kadın gitti.

"Benim aşçımdır; pastaları enfestir, tatmalısınız."

Daldry ısrar ettirmedi.

"Demek siz Cömert Eczacı'nın kızısınız, öyle mi?" diye sordu adam.

"Hayır beyefendi, babamın adı Pendelbury'ydi," dedi Alice hüzünlü bir bakışla Daldry'ye dönerek.

"Pendelbury mi? Bunu bana söylediğini sanmıyorum... Belki de söylemiştir, hafızam artık eskisi gibi değil," diye devam etti adam.

Bu kez Daldry, Alice'e baktı, o da Alice gibi ev sahibinin aklının yerinde olduğundan şüphe ediyordu. Onları buraya getirdi, hele Alice'e ailesiyle ilgili bilgi alacağına dair umut verdi, diye Can'a bozulmuştu.

"Mahallede," diye devam etti Oğuz Bey, "ona Pendelbury demezdik, özellikle dönemin koşulları göz önünde bulundurulduğunda, Cömert Eczacı derdik."

"Bu İngilizcede 'iyiliksever eczacı' anlamına gelir," diye tercüme etti Can.

Bu sözler üstüne Alice kalbinin atışlarının hızlandığını hissetti.

"Sahiden sizin babanız mıydı?" diye sordu adam.

"Bu çok mümkün, beyefendi, babam bu iki özelliğe de sahipti."

"Onu gayet iyi hatırlıyorum, hanımını da hatırlıyorum, cesur bir kadındı. Fakültede birlikte çalışıyorlardı. Beni takip edin," dedi Oğuz Bey koltuğundan güçlükle kalkarak.

Pencereye doğru yürüdü ve karşı apartmanın birinci katındaki daireyi işaret etti.

"Konsoloslukta, ailemin ikinci katta yaşadığını söylemişlerdi."

"Ben de size birinci katta yaşadıklarını söylüyorum," diye ısrar etti Oğuz Bey birinci katın pencerelerini işaret ederek. "Siz isterseniz Konsolosunuz'a inanmayı seçebilirsiniz ama onlara bu küçük daireyi kiralayan benim teyzemdi. Bakın şurası, sol taraf, salonlarıydı. Öteki pencere de yatak odalarının. Küçük mutfakları, bu dairedeki gibi avluya bakıyordu. Evet, hadi oturalım tekrar, bacağım çok ağrıyor, zaten sizinkilerle tanışmamı da bacağıma borçluyum. Hepsini anlatacağım. Gençtim ve benim de bütün haylaz çocuklar gibi liseden dönerken oynamayı en sevdiğim oyun tramvayın farına binmekti..."

Bu bir deyim değildi, zira İstanbullu delikanlılar bedava seyahat etmek için hareket halindeki tramvaya atlar ve vagonun arkasındaki büyük yuvarlak farın üstünde ata biner gibi otururlardı. Ama yağmurlu bir günde Oğuz Bey basamağı ıskalamış ve tramvayın tekerlek aksamına sıkışarak metrelerce sürüklenmişti. Cerrahlar yaraları dikmek için ellerinden geleni yapmış ve bacağı kurtarmışlardı. Oğuz Bey askerlikten muaf tutulmuş, ne var ki bir daha bacağının sızlamadığı tek bir yağmurlu gün görmemişti.

"İlaçlar pahalıydı," diye açıkladı Oğuz Bey, "eczaneden alınamayacak kadar pahalıydı. Babanız o ilaçları hastaneden getiriyordu ve hem bana hem de mahallede ihtiyacı olan herkese dağıtıyordu. Savaş zamanı, mahalledeki birçok hastaya ilaç vermişti. Annenizle birlikte bu küçük dairede, bir tür kaçak dispanser işletiyorlardı. Üniversite hastanesinden döner dönmez anneniz hastalara bakıp gerekli pansumanları yaparken, babanız da bulabildiği veya kendi hazırladığı ilaçları dağıtırdı. Kışın, çocuklar hep birden ateşlendiğinde, bazen anneler ve büyükannelerden oluşan bir kuyruk sokağa kadar uzardı. İdareciler bunları görmüyor değildi ama bu ticaret karşılıksız ve halkın yararına olduğu için polisler göz yumuyorlardı. Onların da bu küçük daireye getirmek zorunda kaldıkları çocukları vardı. Anneniz ile babanızı tutuklayıp da, akşam evde karısıyla yüzleşmeyi göze alabilecek hiçbir üniformalı adam yoktu. Eğer doğru hatırlıyorsam, anneniz ile babanız iki seneye yakın burada kaldılar. Bir gün babanız her zamankinden daha fazla ilaç dağıttı, herkes, normalde aldığının iki katı ilaç aldı. Ertesi gün ise annenizle babanız ortadan kayboldu. Teyzem iki ay bekledikten sonra, ne olduğunu görmek için anahtarını kullanmaya cesaret etti. Daire gayet güzel toplanmıştı, hiçbir şey eksik değildi, ne bir tabak ne de bir örtü; mutfaktaki masanın üstünde kira parasını ve İngiltere'ye döndüklerini bildiren bir not buldu. Babanızın elinden çıkma o birkaç kelime, Cömert Eczacı ve hanımı için fazlasıyla endişe eden mahalledeki herkes için olduğu kadar, mahallenin polisleri için de son derece rahatlatıcı oldu çünkü hepimiz onlardan şüpheleniyorduk. Üzerinden otuz beş yıl geçti ama ben hâlâ, şu Allah'ın cezası bacağımın acısını dindirmek için eczaneye her gittiğimde başımı kaldırıyorum ve karşıdaki apartmanın penceresinde Cömert Eczacı'nın gülümseyen yüzünü görmeyi bekliyorum. Dolayısıyla, bu akşam onun kızını evimde görmenin benim için ne kadar anlamlı olduğunu bilemezsiniz."

Oğuz Bey'in kalın gözlük camlarının ardından, Alice yaşlı adamın gözlerinin nemlendiğini gördü ve artık tutamaz hale geldiği gözyaşlarını daha rahat koyuverdi.

Can ile Daldry de duygulanmışlardı. Oğuz Bey cebinden bir mendil çıkarıp burnunun ucunu kuruladı. Eğildi ve çay bardaklarını yeniden doldurdu.

"Beyoğlu'nun cömert eczacısının anısına ve hanımının sağlığına şerefe yapacağız."

Hepsi birden ayağa kalktı ve naneli çaylarıyla... bardak tokuşturdular.

"Peki ya ben?" dedi Alice. "Beni hatırlıyor musunuz?"

"Hayır, sizi gördüğümü hatırlamıyorum. Aksini söylemek isterdim ama yalan söylemiş olurum. Kaç yaşındaydınız?"

"Beş."

"Normal o halde, anneniz ile babanız çalışıyordu, siz de okula gidiyordunuz muhtemelen."

"Bu son derece mantıklı," dedi Daldry.

"Sizce hangi okul olabilir?" diye sordu Alice.

"Hiç mi hatırlamıyorsunuz?" diye sordu Oğuz Bey.

"Hiç hatırlamıyorum. Londra'ya dönüşümüze kadarki kısım dev bir kara delik."

"Ah, ilk hatıralarımızın çağı. Çocuğa göre değişir, bilirsiniz, kimi diğerine göre daha çok şey hatırlar. Acaba bunlar gerçek hatıralar mıdır, yoksa anlatılanlardan üretilmiş hatıralar mıdır? Ben yedi yaşıma kadarki her şeyi unuttum, belki hatta sekiz yaşıma kadar. Bunu anneme söylediğimde çılgına dönerdi ve, 'Bunca sene seninle uğraştım ve sen hepsini unuttun, öyle mi?' derdi bana. Neyse, okulu sormuştunuz. Anneniz ile babanız muhtemelen sizi Saint Michel'e kaydetmişlerdir. Yakındır buraya, İngilizce eğitim de verilir. Disiplinli ve saygın bir kurumdur; kayıtları duruyordur kuşkusuz, bir bakmalısınız belki oraya."

Oğuz Bey'e aniden bir yorgunluk bastırmıştı. Can, kaş göz işaretiyle kalkmak gerektiğini anlattı. Alice ayağa kalkıp yaşlı adama misafirperverliği için teşekkür etti. Oğuz Bey elini kalbinin üzerine koydu.

"Anneniz ile babanız cesur oldukları kadar alçakgönüllüydüler de. Kahramanca davrandılar. Bugün artık, ülkelerine sağ salim ulaştıklarını öğrendiğim için mutluyum. Kızlarını tanımış olmak beni daha da mutlu etti. Türkiye'de geçirdikleri dönemi size hiç anlatmadılarsa, kuşkusuz tevazularındandır. Eğer İstanbul'da yeteri kadar kalırsanız neden bahsettiğimi anlarsınız. İyi yolculuklar sana, Cömert Eczacı'nın Kızı."

Sokağa çıktıklarında Can'ın söylediğine göre, bu da "iyiliksever eczacının kızı" anlamına geliyordu.

Saint Michel Lisesi'nin kapısını çalmak için uygun bir saat değildi. Can ertesi gün gidip onlar için bir randevu alacaktı.

Alice ile Daldry otelin yemek salonunda akşam yemeklerini yediler. Yemek boyunca çok fazla konuşmadılar. Daldry, Alice'in sessizliğine saygılıydı. Arada bir, gençliğine dair açık saçık hikâyeler anlatarak Alice'i eğlendirmeyi deniyordu; ama Alice'in aklı başka yerdeydi, gülüşü de yapmacıktı.

Koridorda vedalaşırken, Daldry, Alice'e mutlu olmak için son derece geçerli sebepleri olduğunu söyledi. Oğuz Bey, Brighton'lı falcı kadının sözünü ettiği o altı kişinin ya dördüncüsü, ya da en azından üçüncüsü olmalıydı.

Alice odasının kapısını kapadı ve kısa bir süre sonra, pencerenin önündeki yazı masasının başına geçti.

Anton,

Her akşam, otelin lobisinden geçerken, resepsiyon görevlisinin bana, senden gelen bir mektup vereceğini ümit ediyorum. Saçma bir beklenti, neden bana yazsın ki?

Bir karar verdim, kendime bu sözü verebilmek için cesarete ihtiyacım vardı, daha doğrusu, sözümü tutabilmek için çok fazla cesarete ihtiyacım olacak. Londra'ya döndüğüm gün gelip kapını çalacağım ama çalmadan önce oraya, bu hafta Kapalıçarşı'dan alacağım bir mektup kutusu koyacağım. İçinde, sana yazıp da göndermediğim bütün mektuplar olacak.

Belki o gece okuyacaksın bunları. Ve ertesi gün, gelip kapımı çalacaksın. Çok fazla "belki" oluyor ama bir zamandır "belki" benim gündelik hayatımın bir parçası haline geldi.

Mesela, yakamı bırakmayan şu kâbusların anlamını belki, nihayet buldum.

Brighton'lı falcı haklıymış, en azından bir konuda. Çocukluğum burada, İstanbul'da bir apartmanın birinci katında geçmiş. Orada iki sene geçirmişim. Sonunda büyük bir merdiven olan bir sokakta oyun oynamış olmalıyım. Hatıramda bunun hiçbir izi yok ama bu ikinci hayatımın görüntüleri uykularımda ortaya çıkıyor. İlk çocukluğumun bir bölümünü saran bu gizemi aydınlatmak için araştırmalarıma devam etmem gerekiyor. Annemle babamın bana neden hiçbir şeyden bahsetmediklerini tahmin edebiliyorum. Ben de anne olsaydım onun gibi yapardım, yani bana çok acı veren hadiseleri kızıma anlatmazdım.

Bu akşamüstü biri bana, yaşamış olduğumuz evin pencerelerini gösterdi. Annemin sokaktaki hareketi seyretmek için alnını dayadığı pencereler... Yemeğimizi hazırladığı küçük mutfağı, babamın dizlerine oturduğum salonu gözümün önüne getirebiliyorum. Zaman yokluklarının acısını dindirecek sanıyordum, hiç böyle bir şey yokmuş.

Bir gün sana da bu şehri göstermek isterdim. Seninle İstiklal Caddesi'nde yürürdük ve Rumeli Han'ın önüne geldiğimizde, sana beş yaşındayken yaşadığım yeri gösterirdim.

Bir gün de Boğaz kıyısında yürüyüşe çıkardık, sen trompet çalardın ve çaldığın müzik Üsküdar sırtlarından duyulurdu.

Yarın görüşmek üzere Anton.
Öpüyorum seni.

Alice

* * *

Alice şafakla birlikte uyanmıştı; güneşin, Boğaz'ın üstünden gri ve gümüş rengi yansımalarla doğduğunu görünce canı odasında kalmak istememişti.

Otelin yemek solunu henüz bomboştu, garsonlar, apoletli üniformalarıyla sofra kurma işini daha yeni bitirmek üzereydiler. Alice köşedeki bir masayı seçti. Masanın birinin üzerinde bırakılmış, önceki günden kalma bir gazete almıştı. Bir İstanbul otelinin yemek salonunda tek başına, Londra haberlerini okurken, birden gazete ellerinden kaydı, aklı Primrose Hill'e gitti.

Albermarle Street'ten inip, otobüse bineceği Piccadilly'ye ulaşmaya çalışan Carol geldi gözünün önüne. İki katlı otobüsün arka basamağına atlayacaktı ve bilet denetçisini lafa tutup biletini zımbalamayı unutturacaktı. Adama hasta gibi göründüğünü söyleyecek, kendini tanıtacak ve çok gecikmeden hastaneye, servisine uğramasını önerecekti ve her iki günde bir olduğu gibi, zımbalanmamış biletiyle hastanenin önünde otobüsten inecekti.

Anton'ı düşündü, heybesi omzunda, paltosunun önü kış soğuğunda bile açık, alnında bir türlü yatıramadığı bir tutam asi saç ve gözleri uykulu uykulu yürürken. Atölyenin avlusunu geçerken geliyordu gözünün önüne, tezgâhının başındaki taburesine oturuyor, oyma bıçaklarını gözden geçiriyor, marangoz rendesinin yuvarlak topuzunu avuçluyor ve duvar saatinin yelkovanına bir göz atıp iç geçirerek işine koyuluyor. Camden Kütüphanesi'ne arka kapıdan giren Sam'i de getirdi gözünün önüne, pardösüsünü çıkarıp gri bluzunu giyerken. Sonra salona geçecek ve bir müşteri gelene kadar ya rafların tozunu alacak ya da envanter çıkaracaktı. En son Eddy geldi gözünün önüne, yatağında, kollarını kavuşturmuş, tüm gücüyle horlarken. Bu görüntü onu güldürdü.

"Rahatsız etmiyorum ya?"

Alice sıçradı ve başını kaldırdı. Daldry karşısındaydı.

"Yo, gazete okuyordum."

"Gözünüz epey iyi görüyor demek."

"Neden?" diye sordu Alice.

"Çünkü gazete masanın altında, ayağınızın dibinde."

"Aklım başka yerdeydi," diye itiraf etti Alice.

"Neredeydi, ayıptır sorması?"

"Londra'nın çeşitli yerlerinde."

Daldry bir garsonun dikkatini çekebileceği umuduyla bara döndü.

"Bu akşam sizi olağanüstü bir yere yemeğe götüreceğim. İstanbul'un en iyi lokantalarından birine."

"Bir şeyi mi kutluyoruz?"

"Sayılır. Seyahatimiz Londra'nın en iyi lokantalarından birinde başladı, benim için, sonunun da aynı şekilde olması iyi olur diye düşünüyorum.

"Ama şeyden önce gitmiyorsunuz değil mi?"

"Uçağım kalkmadan önce!"

"Yani uçak şeyden önce kalkmıyor..."

"Sizce bir kahve alabilmek için yerlere mi kapaklanmalıyım? Bu kadarı da fazla artık," diye bağırdı Daldry, ikinci defa Alice'in sözünü keserek.

Daldry elini kaldırıp, garson lütfedip masaya gelene kadar salladı. Mükellef bir kahvaltı söyledi kendine ve servisin hızlı yapılmasını istedi, açlıktan ölüyordu.

"Madem önümüzde boş bir sabahımız var," diye devam etti, "Kapalıçarşı'ya gitmeye ne dersiniz? Anneme bir hediye almalıyım, eğer bana önerilerde bulunursanız çok büyük iyilik etmiş olursunuz. Neden hoşlanacağına dair en ufak bir fikrim yok."

"Mücevher götürebilirsiniz mesela."

"Zevkine layık bulacağını sanmıyorum," dedi Daldry.

"Parfüm?"

"Sadece kendininkini sürer."

"Güzel bir antika eşya?"

"Nasıl bir eşya?"

"Mücevher kutusu mesela, sedef işlemeli bir tane gördüm, çok güzeldi."

"Olabilir, ama sadece İngiliz işi süslemeleri sevdiğini söyleyecektir."

"Güzel bir gümüş?"

"Porselen sever o."

Alice, Daldry'ye doğru eğildi.

"Birkaç gün daha kalıp ona bir tablo yapmalısınız, Galata Köprüsü'nün girişindeki geniş kavşağı yapmayı deneyebilirsiniz."

"Bu harika bir fikir, yer aklımda kalsın diye birkaç kroki çizmeliyim ve Londra'ya döner dönmez de resme başlamalıyım. Böylece tablo yolda yıpranmamış olur."

"Evet," diye iç çekti Alice, "öylesi de mümkün tabii."

"O zaman anlaştık, dolaşmak için Galata Köprüsü'ne gidiyoruz."

Kahvaltıları biter bitmez, Alice ile Daldry Karaköy'e giden tramvaya bindiler ve Haliç'in iki yakasını bir araya getiren, bir ayağı Eminönü'ne uzanan köprünün girişinde indiler.

Daldry cebinden deri bir defterle bir kurşunkalem çıkardı. Titizlikle etrafı çizdi, taksi durağını işaretledi, Kadıköy vapurlarının kalktığı iskeleyi iki kalem darbesiyle çiziverdi, Moda'ya ve Üsküdar'a giden vapurların, köprünün diğer tarafında, Haliç'in iki yakası arasında gidip gelen sandalların yanaştığı küçük iskelenin, Beyoğlu ve Bebek tramvaylarının durduğu oval meydanın eskizlerini çıkardı. Alice'i bir banka götürdü.

Defterindeki sayfaların üstüne karakalemle insan suratları çizmeye başlamıştı. Tezgâhının arkasındaki karpuz satıcısı, tahta bir sandığa oturmuş ayakkabı boyacısı, pedalına basa basa kayışını döndüren bir bileyici, ayrıca, kocaman, göbeği sarkmış bir katırın çektiği at arabası, arıza yapmış bir araba, iki tekerleği kaldırıma çıkmış, şoför de yarı beline kadar kaputun altına girmişti.

"İşte bu kadar," dedi Daldry bir saatin sonunda defterini cebine kaldırırken. "Önemli olanları not aldım, gerisi kafamda. Hadi, biz yine de gidip Kapalıçarşı'yı bir turlayalım."

Bir dolmuşa atladılar.

Öğleye kadar Kapalıçarşı'nın dar sokaklarını arşınladilar. Alice, sedef süslemeli ahşap bir kutu aldı kendine, Daldry de lapis lazuliden güzel bir yüzük buldu. Annesi maviyi severdi, belki bunu takardı.

Öğleyin bir kebap yiyip, akşama doğru otele döndüler. Can onları lobide bekliyordu, suratı asıktı.

"Çok üzüntülüyüm, işimi devirdim."

"Ne diyor yahu bu?" diye sordu Daldry, Alice'in kulağına.

"İşini beceremediğini söylüyor."

"Evet ama pek de anlaşılmıyor, nasıl anlayabilirim ki?"

"Alışkanlık meselesi," diye gülümsedi Alice.

"Söz verdiğim gibi bu sabah Saint Michel'e gittim, müdürü gördüm. Benimle çok konuşkandı ve kitaplarını göstermeyi kabul etti. Belirlediğimiz o iki sene için, kitapları sınıf sınıf kontrol ettik. Hiç kolay değildi, yazılar eskiydi ve kâğıtlar tozlanmıştı. Çok hapşırdık ama her sayfayı dikkatle inceledik, hiçbir ismi atlamadık. Maalesef! Çabalarımız ödülünü bulmadı. Hiçbir şey yoktu! Pendelbury ya da Eczacı ismiyle hiçbir şey bulamadık. Çok hayal kırıklığına uğramış olarak ayrıldık. Hiçbir zaman Saint Michel'de olmadığınızı söylemenin üzüntüsünü yaşıyorum. Müdür Bey çok kesindi."

"Sükûnetinizi korumayı nasıl becerdiğinizi anlayamıyorum," diye fısıldadı Daldry.

"O zaman onun İngilizce söylediğini siz de Türkçe söylemeye çalışın, görelim bakalım hanginiz daha beceriklisiniz," cevabını verdi Alice.

"Ama siz de hep onu savunuyorsunuz."

"Belki de başka bir okula kaydetmişlerdi beni," diye bir fikir attı ortaya Alice, Can'a dönerek.

"Müdür'den ayrıldıktan sonra ben de kendi kendime aynı şeyi önerdim. Bunun üzerine, bir liste düzenlemek geldi aklıma. Bu akşamüstü Kadıköy'deki bir okula ziyarette bulunacağım, oradan bir şey çıkmazsa, yarın Saint Joseph'e gideceğim, o da aynı mahallede. Bir ihtimal de Nişantaşı Kız Lisesi'ne bakmak. Gördüğünüz gibi önümüzde daha çok kaynak var. Boşa dümen çektiğimize hükmetmek için kesinlikle çok erken."

"Hazır okullarda bu kadar saat geçirecekken, biraz İngilizce dersi almasını da öneremez misiniz şuna? En azından 'boşa dümen çekmiş' olmayacağımız kesin!"

"Yeter Daldry, asıl sizin okula dönmeniz gerekiyor."

"Ama ben İstanbul'un en iyi rehberi olduğumu iddia etmiyorum ki!"

"Ama zekâ yaşınız on!"

"Söylediğim gibi, devamlı onu savunuyorsunuz. Buna seviniyorum, gittiğim zaman beni özlemeyeceksiniz, ikiniz o kadar iyi anlaşıyorsunuz ki."

"Yine çok yetişkin bir saptama, tarafınızdan. Son derece de akıllıca. Gittikçe geliştiriyorsunuz kendinizi."

"Bence öğleden sonrayı Can'la birlikte geçirmelisiniz, Kadıköy'deki okula gidin, kim bilir, bakarsınız oralarda dolaşırken birtakım anılarınız canlanır yine."

"Şimdi de küsüyor musunuz? Gerçekten çok huysuzsunuz."

"Ne alakası var! Şehirde bir-iki alışveriş yapmak istiyorum, sizin için çok sıkıcı olur. Herkes makul bir şekilde kendi programını yapsın, akşam yemeğinde buluşuruz. Ayrıca siz gelmesini isterseniz Can'ın da başımın üstünde yeri var."

"Can'ı kıskanıyor musunuz, Daldry?"

"Yok ama artık! Asıl siz gülünç olmaya başladınız. Can'ı kıskanıyormuşum, daha neler! Üstüme iyilik sağlık, demek böyle aptalca şeyleri duymak için buralara kadar gelmem gerekiyormuş!"

Daldry, Alice'e akşam saat yedide, lobide randevu verip gitti, doğru dürüst eyvallah bile demedi.

* * *

Uzun bir duvarın ortasında açılan dökme demirden bir kapı, ömrünün sonuna gelmiş ihtiyar bir incir ağacının olduğu kare bir avlu, üstü kapalı bahçede yaşlanan sıralar. Can görevli kulübesinin kapısını vurdu ve müdürle görüşmek istediğini söyledi. Görevli onlara sekreterliği tarif etti ve okuduğu gazeteye geri döndü.

Uzun bir koridordan geçtiler. Yan yana dizilmiş sınıfların hepsi doluydu, çalışkan öğrenciler dikkatle öğretmenlerini dinliyordu. Müdür yardımcısı küçük bir ofiste beklemelerini söyledi.

"Kokuyu alıyor musunuz?" diye fısıldadı Alice, Can'a.

"Hayır, ne kokuyor?"

"Pencereleri temizlemek için kullandıkları beyaz ispirto, tebeşir tozu, parkelerdeki cila, hayli çocukluk kokuyor burası."

"Benim çocukluğum bunların hiçbiri kokmuyordu, Bayan Alice. Benim çocukluğum vaktinden evvel gelen akşamlar kokardı, işinin ağırlığından omuzları çökmüş, başları eğik eve dönen insanlar, karanlık toprak yollar, yoksulluğun üstünü örten kenar mahallelerin pisliği kokardı; ne beyaz ispirto vardı benim çocukluğumda ne tebeşir ne cilalı ahşap. Ama bütün bunlardan bir şikâyetim yok, annem ile babam harika insanlardı. Bütün arkadaşlarım için aynı şeyi söyleyemem tabii. İngilizcemin sandığından çok daha iyi olduğunu Bay Daldry'ye söylemeyeceğinize söz verin, onu kudurtmak o kadar hoşuma gidiyor ki."

"Söz veriyorum, sırrınızı benimle paylaşabilirsiniz."

"Paylaştım zaten."

Nöbetçi öğretmen, metal bir cetvelle masasına vurarak onları susturdu. Alice sandalyede doğruldu ve bir baston gibi dimdik durdu. Can ise onu görünce kahkahasına engel olmak için eliyle ağzını kapattı. Sonunda müdür geldi ve onları ofisine götürdü.

Akıcı bir İngilizce konuşabildiğini ispat etmenin mutluluğu içinde, adam Can'ı görmezden gelip sadece Alice'e hitap etti. Rehber, müşterisine göz kırptı; önemli olan sonuçtu nasıl olsa. Alice ziyaret sebebini anlattıktan sonra, müdür ona okulun 1915'te henüz kız öğrenci kabul etmeye başlamadığını söyledi. Üzgün olduğunu bildirdi. Alice ile Can'ı demir kapıya kadar geçirdi ve günün birinde İngiltere'yi görmeyi çok istediğini söyleyerek onlarla vedalaştı. Belki emekliliğinde bu seyahati yapabilirdi.

Daha sonra Saint Joseph'e gittiler. Oldukça sert görünüşlü bir frer karşıladı onları. Sebeb-i ziyaretlerini anlatan Can'ı büyük bir dikkatle dinledi. Ayağa kalktı ve odanın öbür tarafına geçti, kollarını arkasında birleştirmişti. Kavga eden erkek çocukların seslerinin geldiği bahçeye bakmak için pencereye yaklaştı.

"Neden devamlı kavga etmek zorundalar?" diye iç çekti. "Sizce hoyratlık erkeğin doğasında mı vardır? Bu soruyu onlara derste sorabilirim, iyi bir ödev konusu olabilir, öyle değil mi?" diye sordu frer, gözünü bahçedeki çocuklardan hiç ayırmadan.

"Muhtemelen," dedi Can, "bu aynı zamanda, davranışları üzerine düşünmelerini sağlamak için de harika bir yöntem olur."

"Ben hanımefendiye sormuştum," diye düzeltti başrahip.

"Hiçbir işe yaramayacağını düşünüyorum," dedi Alice hiç tereddütsüz. "Cevabı bana çok açıkmış gibi geliyor. Erkek çocuklar dalaşmayı sever... ve evet, bu onların doğasında vardır. Ama kelime hazneleri geliştikçe, şiddetten uzaklaşırlar. Hoyratlık sadece bir yoksunluk hissinin sonucudur, öfkesini kelimelerle ifade etme yetersizliğinden kaynaklanır. Yani kelimelerin olmadığı yerde, yumruklar konuşur."

Başrahip, Alice'e döndü.

"İyi bir not alırdınız. Okulu seviyor muydunuz?"

"Sadece akşamları, okuldan çıktığımda," cevabını verdi Alice.

"Ben de öyle düşünmüştüm. Neyse. İstediğiniz araştırmayı yapacak vaktim yok, bu görevi yaptıracak yeterli elemanım da yok. Size önerebileceğim tek şey, etüt sınıfına yerleşip arşivdeki kayıtlara kendiniz bakmanız. Elbette, etüt sınıfında konuşmak yasak, hemen dışarı atılırsınız."

"Anlaşıldı," diye sabırsızca cevap verdi Can.

"Yine hanımefendiyle konuşmuştum," dedi başrahip.

Can başını eğdi ve cilalı parkelere baktı.

"Pekâlâ, benimle gelin, sizi sınıfa götüreceğim. Hademe, istediğiniz yıllara ait olanları bulur bulmaz, size kabul kayıtlarını getirecek. Akşam altıya kadar vaktiniz var, zamanınızı harcamayın. Anlaştık mı?"

"Bize güvenebilirsiniz," dedi Alice.

"Gidelim o zaman," dedi başrahip, ofisinin kapısına doğru ilerleyerek.

Alice geçsin diye ona yol verdikten sonra, hâlâ sandalyesinde oturan Can'a döndü.

"Öğleden sonrayı benim ofisimde mi geçireceksiniz, yoksa işe koyulacak mısınız?" diye sordu, sabırsız bir sesle.

"Bana söylediğinizi fark etmemiştim," dedi Can.

Etüt sınıfının duvarları yarı beline kadar gri boyalıydı, üstü ise tavana kadar gök mavisiydi. Tavanda iki sıra floresan ışıldıyordu. Çoğu cezası nedeniyle orada olan öğrenciler, Alice ile Can'ın sınıfın dibinde bir sıraya yerleştiğini görünce alaylı bir edayla gülüştüler. Ama başrahip ayağıyla yere vurunca derhal sükûnet hakim oldu ve o gittikten sonra da devam etti. Hademe çok gecikmeden, üstüne bantlar yapıştırılmış iki siyah dosya getirdi. Can'a, her şeyin içinde olduğunu söyledi, kabuller, ihraçlar, sene sonu notları, hepsi sınıflara göre düzenlenmişti.

Her sayfa, ortasından bir çizgiyle ikiye bölünmüştü, sol tarafta isimler Latin harfleriyle, sağ tarafta ise Arap harfleriyle yazıyordu. Can, her satırı parmağıyla takip ederek bütün kayıtları sayfa sayfa inceledi. Saat beşi gösterdiğinde, ikinci cildi de kapatıp üzgün bir şekilde Alice'e baktı.

İkisi de, kollarının altına birer dosya alıp hademeye geri götürdüler. Saint Joseph'in kapısından çıkarken Alice geri döndü ve ofisinin penceresinden onları izleyen başrahibi selamladı.

"Bizi izlediğini nereden biliyordunuz?" diye sordu Can, yoldan aşağı yürürken.

"Londra'daki kolejde de bundan bir tane vardı."

"Yarın başaracağız, bundan eminim," dedi Can.

"Bakalım, yarın göreceğiz."

Can onu oteline kadar götürdü.

* * *

Daldry, Markiz'de bir masa ayırtmıştı ama lokantanın kapısının önüne geldiklerinde Alice duraksadı. Resmî bir yemek yemek istemiyordu canı. İpek gibi bir akşamdı. Gürültülü ve duman altı bir salonun içine tıkılıp kalmak yerine Boğaz'da yürüyüş yapmayı önerdi. Eğer çok acıkırlarsa, elbet oturacak bir yer bulurlardı. Daldry kabul etti, o da çok iştahlı değildi.

Kıyıda onlar gibi birkaç kişi daha vardı dolaşan. Üç balıkçı, oltalarını kapkara sulara atarak şanslarını deniyordu, bir gazete satıcısı sabah gazetesindeki haberleri okuyordu bağıra bağıra ve bir ayakkabı boyacısı da bir askerin postallarını parlatmakla meşguldü.

"Kaygılı bir haliniz var," dedi Alice, Boğaz'ın öte yakasındaki Üsküdar'a bakarak.

"Kafamı meşgul eden bir düşünce var, önemli değil. Sizin gününüz nasıl geçti?"

Alice ona öğleden sonra yaptığı nafile ziyaretleri anlattı.

"Brighton'a gidişimizi hatırlıyor musunuz?" dedi Daldry bir sigara yakarak. "Dönüş yolunda ne siz ne de ben, geleceği söyleyen ve daha da gizemli bir geçmişten dem vuran falcı kadının söylediklerine itibar ediyorduk. Muhtemelen nezaketinizden dolayı bana söylemeseniz de, neden boş yere onca kilometre yol geldiğimizi, niçin Noel gecesini doğru düzgün ısınmayan bir otomobilin içinde kar ve soğuğa meydan okuyarak geçirdiğimizi, hayatımızı buzlanmış yollarda tehlikeye attığımızı soruyordunuz

215

kendi kendinize. O zamandan bu yana nice yol ve kilometre yaptık. Ve size imkânsız görünen kaç hadise gerçekleşti? Hâlâ inanmaya devam etmek istiyorum Alice, emeklerimizin boşa gitmediğini düşünmek istiyorum. Güzel İstanbul, daha şimdiden, aklınıza bile gelmeyecek sırlarınızı ifşa etti... Kim bilir... Belki birkaç hafta içinde, sizi dünyanın en mutlu kadını yapacak o adamla da karşılaşacaksınız. Bu konuda, kendimi suçlu hissettiğim bir şeyden bahsetmeliyim size..."

"Ama ben mutluyum Daldry. Sizin sayenizde inanılmaz bir seyahat yaptım. Masamda kıvranıyordum, yaratıcı üretkenliğim tükenmişti, şimdi tamamen sizin sayenizde, kafam yeni fikirlerle dopdolu. O salakça kehanetin gerçekleşip gerçekleşmemesi hiç umurumda değil. Dürüst olmak gerekirse, hadi bayağı demeyelim ama sevimsiz buluyorum. Karşıma, hoşuma gitmeyen bir ben çıkartıyor. Bir masal kahramanının peşinden koşan yalnız bir kadın görüntüsü. Ayrıca, hayatımı değiştirecek adamla karşılaşmışım işte."

"Ya, öyle mi? Kimmiş o?" diye sordu Daldry.

"Cihangir'deki ıtriyatçı. Yeni projeler hayal etmemi sağladı. Geçen gün onun evindeyken, yanlış söyledim aslında, benim peşinde olduğum sadece iç mekân kokuları değildi, bize bazı anları, bizi etkilemiş, eşi olmayan, bir daha dönemediğimiz anları çağrıştıran mekân kokularıydı. Koku hafızasının, yok olmayan tek hafıza olduğunu biliyor muydunuz? En sevdiklerinizin bile yüzleri zaman içinde silinir, sesler unutulur; ama kokular asla. Siz ki yemeğe düşkün birisiniz, çocukluğunuzdan kalma bir yemeğin kokusu gelse burnunuza, her şeyin yeniden canlandığına şahit olursunuz, bütün ayrıntılarıyla. Geçen sene, Kensington'daki bir parfümeride benim parfümlerden birini beğenen ve satıcıdan adresimi alan bir adam kapıma geldi. Elinde teneke bir kutu vardı, onu açtı ve bana içindekileri gösterdi: örgü bir sicim, tahta bir oyuncak, üniformalı bir kurşun asker, bir akik taşı, yıpranmış bir bayrak. Bütün çocukluğu o metal kutunun içindeydi.

Ona, bunun benimle ne ilgisi olduğunu ve benden ne beklediğini sordum. O da bana, benim parfümümü keşfettikten sonra başına tuhaf bir şey geldiğini söyledi. Evine döndüğünde, derhal gidip tavan arasını karıştırma ihtiyacı duymuş ve o güne değin tamamen unutulmuş o hazineyi bulmuş. Bana koklatmak için kutuyu burnuma yaklaştırdı ve elindeki tamamen yok olup gitmeden evvel, o kokuyu üretmemi istedi benden. Aptalca davrandım o sırada, ona bunun mümkün olmadığını söyledim. Halbuki, o gittikten sonra o kutuda ne kokladıysam hepsini bir kâğıt parçasına not ettim. Kapağın iç tarafındaki paslanmış metal, sicimdeki kenevir, askerin kurşunu, onu renklendirmeye yarayan eskimiş bir boyanın yağı, oyuncağı yapmak için oyulan meşe, küçük bir bayrağın tozlanmış ipeği, akik parçası... ve ne işe yarayacağını bilmeden o kâğıdı kaldırıp koydum bir kenara. Ama bugün biliyorum. Sizin kavşaklarda yaptığınız gibi gözlemleri çoğaltarak, onlarca özden bir parfüm meydana getirmek için imkânsızı deneyerek, bu mesleğin nasıl yapılacağını biliyorum artık. Sizi biçimler ve renkler heyecanlandırıyor, bense kelimeler ve kokularla heyecanlanıyorum. Cihangir'deki ıtriyatçıyı yeniden görmeye gideceğim. Onun yanında zaman geçirmek için iznini isteyeceğim, bana çalışma tarzını öğretmesini rica edeceğim. Bilgilerimizi, yöntemlerimizi değiştokuş edeceğiz. Geride kalmış anları, kaybolmuş mekânları yeniden yaratmayı istiyorum. Anlattıklarımın kafa karıştırıcı geldiğini biliyorum ama örneğin, burada daha uzun bir süre kalmak zorunda kalsaydınız ve Londra'yı çok özleseydiniz, size aşina bir yağmurun kokusunu yeniden duymanın nasıl bir anlam ifade edeceğini düşünün. Sokaklarımızın kendilerine mahsus kokuları vardır, sabahlarımız başka kokar, akşamlarımız başka; hayatımızda bir anlamı olan her mevsimin, her günün, her dakikanın kendine özgü bir kokusu vardır."

"Tuhaf bir düşünce gerçi ama doğru, bir kerecik de olsa, babamın çalışma odasının kokusunu yeniden duymayı isterdim. Haklısınız, düşünce, göründüğünden çok daha karmaşık bir kokuydu. Elbette şöminedeki odunun kokusu vardı, pipo tütünü... Koltuğunun derisi, üstünde yazı yazdığı deri sumenden farklıydı mesela. Hepsini tasvir edemem size ama masasının önündeki halının kokusunu da hatırlıyorum, çocukken üstünde oyun oynardım. Kurşun askerlerin vahşi savaşlarıyla saatlerim geçmiştir orada. Kırmızı çizgiler Napoléon'un ordularının duracakları yerleri sınırlıyordu. Yeşil çizgiler ise bizim askerlerimizinkini. O savaş meydanının yün ve toz kokusunun da etkiyi güçlendirdiğini düşünürdüm. Bu fikriniz bizi servete ulaştırır mı bilmiyorum; bir halı ya da yağmurlu sokak kokusunun fazla bir müşteri kitlesi olacağından şüpheliyim ama bunda belli bir şiirsellik de görüyorum."

"Belki bir sokak kokusu değil ama bir çocukluk kokusu... Sizinle konuştuğum şu dakika içinde, küçük bir şişe içinde Hyde Park'taki sonbaharın ilk günlerinin kokusunu bulabilmek için bütün İstanbul'u dolaşırım gerekirse. Muhtemelen aylar gerekir," diye devam etti Alice, "tatmin edici, yeteri kadar evrensel bir sonuç elde etmek için seneler gerekir. Hayatımda ilk defa kendimi bu meslekte yetkin hissediyorum, ezelden beri yapmak istediğim iş bu olduğu halde, kendimden iyice şüpheye düşmeye başlamıştım. Bu nedenle sonsuza kadar size ve aynı zamanda falcı kadına müteşekkir olacağım. İkiniz de, kendi yöntemlerinizle beni buraya gelmeye ikna ettiniz. Diğer taraftan, annem ile babamın geçmişlerine dair öğrendiklerimizin bende yarattığı şaşkınlığa gelince... bana, aynı anda nostalji, şefkat, hüzün ve kahkaha yüklü bir sevinç aşılayan karmaşık bir duygu. Londra'da, oturduğumuz evin olduğu yerden geçtiğimde hiçbir şey tanıdık gelmiyordu, ne apartmanımız ne de annemle gittiğimiz küçük dükkânlar çünkü hepsi kaybolmuştu. Bugün biliyorum ki, benim ve annemlerin birlikte var olduğumuz bir yer hâlâ var yeryüzünde. İstiklal Caddesi'nin kokuları, binaların taşları, tramvayları ve daha binlerce başka şey artık bana ait. Hafızam o anların hatıralarını saklamamış da

olsa, var olmuş olduklarını biliyorum. Geceleyin, uyuma-
yı beklerken, artık onların yokluklarını değil, onların bu-
rada neler yaşadığını düşüneceğim. İnanın bana Daldry,
bunlar hiç azımsanacak şeyler değil."

"Ama araştırmalarınızı daha öteye götürmekten vaz-
geçmeyeceksiniz, umarım?"

"Hayır, size söz veriyorum. Siz gittikten sonra aynı şey
olmayacağını bilsem de, sürdüreceğim."

"Umarım öyle olur. Olmayacağına eminim ya! Can'la
çok iyi anlaşıyorsunuz. Birbirinizi tutmanız, bazen alın-
mış ayağına yatsam da aslında içimden mutlu ediyor be-
ni. O herif İngilizceyi bir eşeğin toynağı kadar ancak ko-
nuşuyor ama kabul ediyorum, eşi bulunmaz bir rehber."

"Biraz evvel bana bir şey söylemek istiyordunuz, ney-
di o?"

"Önemli bir şey değildi herhalde, unuttum bile."

"Ne zaman İstanbul'dan ayrılıyorsunuz?"

"Çok yakında."

"O kadar çabuk mu?"

"Evet, maalesef."

Gezinti rıhtım boyunca devam etti. Son akşam vapu-
runun halat çözdüğü iskelenin önünde, hafifçe kendi eli-
ne dokunan Daldry'nin elini tuttu Alice.

"İki arkadaş el ele tutuşabilir, değil mi?"

"Sanırım evet," cevabını verdi Daldry.

"O zaman biraz daha yürüyelim, sizin de bir itirazınız
yoksa."

"Evet, iyi fikir. Biraz daha yürüyelim, Alice."

12

Alice,

Bu ani gidişim yüzünden beni affedeceğinizi umuyorum. Size fazladan bir vedalaşma yaşatmak istemedim. Odanızın önünde sizden ayrıldığım bu haftanın her akşamı, sürekli bunu düşünüyordum ve otelin lobisinde, elimde bavulumla size veda etme fikri beni çok fena ediyordu. Bunu dün size söylemek istedim, ama sizinle geçirdiğim o enfes anları bozma korkusuyla vazgeçtim. Boğaz kıyısında yaptığımız son bir gezintinin hatırası kalsın istedim. Mutlu görünüyordunuz, ben de öyleydim, bir yolculuktan daha başka ne beklenebilir zaten? Sizin şahsınızda harika bir kadın tanıdım, onun arkadaşı olmak beni gururlandırıyor, en azından öyle olduğumu umuyorum. Benim arkadaşım oldunuz. Sizinle birlikte İstanbul'da geçirdiğim günler hayatımın en mutlu anları olarak kalacak sonsuza kadar. Amacınıza ulaşmanızı bütün kalbimle diliyorum. Sizi sevecek adam, karakterinize alışmak zorunda (Bir dost sizi kızdırmadan böyle şeyler söyleyebilir, değil mi?) ama yanında öyle bir kadın olacak ki, kahkahaları hayatın bütün fırtınalarını dindirecek.

Komşum olmanızdan mutluluk duydum, bu satırları yazdığım anda bile, buradaki varlığınızı, bazen gürültülü de olsa, özleyeceğimi biliyorum. İyi yolculuklar Cömert Eczacı'nın Kızı. Çok hak ettiğiniz o mutluluğa koşun.

Sadık dostunuz,

Daldry

Ethan,

Mektubunuzu bu sabah buldum. Benimkini bu öğleden sonra yollayacağım size. Bakalım ne kadar zamanda elinize ulaşacak. Bu sabah beni yatağımdan kaldıran, kapı altından itiverdiğiniz zarfın hışırtısı oldu ve hemen o an, gidiyor olduğunuzu anladım. Pencereye koşup sizi son anda, taksiye binerken görebildim; başınızı bizim kata doğru kaldırdığınızda bir adım geri çekildim. Muhtemelen sizinle aynı sebeplerden dolayı. Oysa, arabanız İstiklal Caddesi boyunca ilerlerken, size yüksek sesle veda etmeyi, varlığınızdan ötürü size teşekkür etmeyi istedim. Sizin de şahsınıza münhasır bir karakteriniz var (Gerçek bir dost sizi incitmeden bunları söyleyebilir, değil mi?) ama görmezden gelinemeyecek birisiniz, cömert, esprili ve becerikli.

Alışılmadık bir biçimde benim arkadaşım oldunuz. Belki bu arkadaşlık İstanbul'da birkaç gün, birkaç hafta sürecekti sadece ama yine alışılmadık bir biçimde, bu sabah aniden size ihtiyaç duydum.

Sessizce çekip gitmenizi seve seve bağışlıyorum, hatta böyle davranmakla iyi ettiğinizi bile düşünüyorum, ben de sevmem vedalaşmaları. Bir yandan, yakında Londra'da olacağınız için sizi kıskanıyorum. Eski Victoria tarzı evimizi özlüyorum. Atölyemi de. Burada, ilkbaharın gelmesini bekleyeceğim. Can söz verdi bana, havalar güzelleşir güzelleşmez sizinle gidemediğimiz Prens Adaları'na götürecek beni. Adaların her bir köşesini size anlatacağım, hatta ilginize layık bir kavşak görürsem en ufak ayrıntısına kadar betimleyeceğim. Dendiğine göre orada zaman duruyormuş, dolaşırken, insan bir yüzyıl öncesine dönüyormuş. Motorlu taşıtlar yasakmış, sadece eşekler ve atlar dolaşabiliyor. Yarın Cihangir'deki ıtriyatçıyı görmeye gideceğiz. Size bu ziyaretimi de yazacağım ve çalışmalarımdaki ilerlemelerden sizi haberdar edeceğim.

Umarım yolculuğunuz çok yorucu olmamıştır ve anneniz de sağlığına kavuşmuştur. Ona iyi bakın. Tabii kendinize de.

Onun yanında çok güzel zamanlar geçirmenizi diliyorum.

Dostunuz,

Alice

Sevgili Alice,

Mektubunuzun bana ulaşması tam altı gün sürdü. Bu sabah evden çıkarken postacı getirdi. Sanıyorum o da uçakla geldi ama posta mühründen hangi uçakla geldiği anlaşılmıyor. Viyana' da aktarma yapıp yapmadığı da öyle. Buraya geldiğimin ertesi günü, evimi şöyle bir derleyip topladıktan sonra, sizin evinizi de toplamaya gittim. Eşyalarınızın hiçbirine dokumadığıma, sade- ce, yokluğunuzu fırsat bilip evi işgal etmeye kalkan tozu kovala- dığıma emin olun. Beni önlüğüm ve başıma örttüğüm örtüyle, elimde de süpürgem ve kovamla görseniz, yine benimle dalga geçerdiniz. Hatta muhtemelen şu anda, zaman zaman piyano- suyla canınızı sıkan alt komşumuz da benimle dalga geçiyordur, zira biraz evvel bu kıyafetimle çöpü çıkartırken onunla karşılaş- ma talihsizliğini yaşadım. Eviniz ilkbahar aydınlığına kavuştu ye- niden, umarım ilkbaharın kendisi de fazla gecikmez. İngiltere Krallığı'nın üstünde nemli bir soğuğun hüküm sürdüğünü söyle- mek herhalde malum olanı ilan etmek olur. Her ne kadar favo- ri muhabbet konularımdan biri olsa da, buradaki hava durumu- nu anlatarak canınızı sıkmayacağım. Yine de, döndüğümden beri yağmurun hiç kesilmediğini, hatta aşağı yukarı her gün ye- mek yemeyi alışkanlık edindiğim *pub*'da konuşulurken duydu- ğuma göre, bir aydır aralıksız yağmakta olduğunu bilin.

Boğaziçi ve kışın şaşırtıcı yumuşaklığı artık bana çok uzakta görünüyor.

Dün Thames kıyısında yürüyüşe çıktım. Haklıydınız, Galata Köprüsü civarındaki yürüyüşlerimizde burnuma kakmaktan pek hoşlandığınız kokulara benzer hiçbir koku yoktu. Atların dışkısı bile farklı kokuyor burada, bilmem meramımı anlatmak için iyi bir örnek mi seçtim.

Size veda etmeden gittiğim için kendimi suçlu hissediyorum ama yüreğim bir parça buruktu o sabah. Bilin bakalım neden, bana ne yaptınız siz? Ben olmadığınız için asla anlayamazsınız ama bir biçimde, İstanbul'da dolaştığımız o son gece benim arkadaşım oldunuz. Bir şarkıda dendiği gibi, geçerken ruhuma dokundunuz ve beni değiştirdiniz, bende sevme ve sevilme ar- zusunu uyandırdığınız için sizi nasıl affetmeli? Çok tuhaf bir bi- çimde, beni daha iyi bir ressama dönüştürdünüz, belki hatta, daha iyi bir adama dönüştürdünüz. Yanlış anlamayın, bunlar kesinlikle size duyduğum karmaşık hislerin itirafı değil, samimi bir dostluk ilanı sadece. Bu tür şeyler dostlar arasında söylenebilir, öyle değil mi?

Sizi özlüyorum sevgili Alice. Ve bu, şövalemi cam çatınızın altına koyduğumda keyfimi ikiye katlıyor. Çünkü burada, bu duvarların arasında, bana tanımayı öğrettiğiniz bütün bu kokuların ortasında, bir parça sizin kokunuzu alıyorum ve bu bana, birlikte baktığımız bir İstanbul kavşağını resmetme cesareti veriyor. İşim kolay değil, şimdiden birçok krokiyi zayıf ve yetersiz bulduğum için çöpe attım; ama sabırlı olmayı bileceğim.

Kendinize dikkat edin ve Can'a benim selamlarımı iletin. Ya da vazgeçtim, iletmeyin, hepsini kendinize saklayın.

Daldry

Sevgili Daldry,

Mektubunuzu aldım, bana yazdığınız o güzel sözler için teşekkür ederim. Size geçtiğimiz haftayı anlatmalıyım. Gittiğinizin ertesi günü, Can'la birlikte, Nişantaşı'ndan geçen Taksim-Emirgan otobüsüne bindik. Semtin bütün okullarını dolaştık ama maalesef hiçbir sonuç elde edemedik. Her seferinde aynı sahne ya da bir benzeri tekrarlanıyordu. Birbirine benzeyen okulların bahçeleri, avluları, arşivleri didiklemekle geçen ve sonunda ismimi bulamadığımız koca saatler. Bazılarında ziyaretimiz daha kısa sürüyordu; çünkü arşivler kaybolmuştu, yahut imparatorluk döneminde, okul henüz kız öğrenci kabul etmeye başlamamıştı. İstanbul'da yaşadıkları dönemde, annem ile babamın beni hiç okula yazdırmadıklarına inanacağım neredeyse. Can, belki de savaş nedeniyle yazdırmamayı tercih etmiş olabileceklerini düşünüyor. Ama hiçbir yerde görünmüyor olmam, ne konsolosluk kayıtlarında ne de herhangi bir okulun kayıtlarında, acaba ben hakikaten var mıydım, diye sormama sebep oluyor zaman zaman. Bu düşüncenin aptalca olduğunun farkındayım, o nedenle evvelki gün, bana acı vermeye başlayan bu araştırmayı sonlandırmaya karar verdim.

Daha sonra Cihangir'deki ıtriyatçıya gittik. Onun yanında geçirdiğim son iki gün, öncekilerden çok daha büyüleyici oldu. Siz gideli beri İngilizcesi belirgin bir aşama kaydeden Can'ın mükemmel tercümeleri sayesinde ıtriyatçıya projelerimin hepsini anlattım. Adam, başta delinin teki olduğumu düşündü. Ama onu ikna etmek için ufak bir taktik yaptım. Ona kendi vatandaşlarımdan bahsettim, İstanbul'u görme fırsatı bulamayan insanlardan, hayatlarında hiç Cihangir'e çıkamayacak insanlardan, Boğaziçi'ne inen taşlı yollardan asla yürüyemeyecek insanlardan, Boğaz'ın çalkantılı sularına vuran ayın şavkını ancak kartpostallarda görebilecek olanlardan, Üsküdar'a seyreden vapurun düdük sesini hiçbir zaman duyamayacak olanlardan bahsettim. Şehrin bütün güzelliklerini barındıran bir parfümün içinde onlara İstanbul'u hayal etme imkânı sunmanın ne harika olacağını anlattım. İhtiyar ıtriyatçımız şehrini her şeyden çok sevdiğinden, birden gülmeyi kesti ve bütün dikkatini bana verdi. Bir kâğıda, Cihangir sokaklarında aldığım bütün kokuların uzun bir listesini çıkardım, Can da onları tercüme etti. Yaşlı adam çok etkilenmişti. Bu projeyi gerçekleştirmenin çılgınca bir tutku olduğunun farkındayım ama hayal âleminde gezen bir insan oldum, günün birinde Kensington ya da Piccadilly'de bir parfümerinin vitrininde İstanbul adlı bir parfümün sergilendiğini hayal ediyorum. Yalvarırım benimle alay etmeyin, Cihangir'deki zanaatkârı ikna etmeyi başardım, sizin de bütün moral desteğinize ihtiyacım var.

Yaklaşımlarımız farklı, o sadece absolüleri düşünüyor, bense kimyayı ama çalışma tarzı beni esas olana götürüyor, yeni ufuklar açıyor. Her gün birbirimizi biraz daha tamamlayıcı oluyoruz. Bir parfüm yaratmak sadece molekülleri karıştırmakla olmaz, koku alma duyumuzun bize duyurduğu her şeyi, hafızamıza nakşettiği tüm izlenimleri yazmakla başlar, tıpkı bir kayıt cihazı iğnesinin plağın balmumu yüzeyine bir müzik nakşetmesi gibi.

Sevgili Daldry, bütün bunları size yazarken, zevk aldığım bir meşgale olmakla birlikte, niyetim sadece kendimden bahsetmek değil, sizin de çalışmalarınızın hangi safhasında olduğunuzu öğrenmek isterim.

Biz ortağız. Dolayısıyla sadece benim çalışmam söz konusu

olamaz. Londra'daki o harika lokantada imzaladığımız anlaşmaya göre, sizin de, İstanbul'un en güzel kavşağını resmederek yeteneğinizi konuşturmak gibi bir göreviniz olduğunu hatırlayınız. Bir sonraki mektubunuzda, ben sizi Galata Köprüsü'nde beklerken aldığınız notların eksiksiz bir listesini okuyabilirsem çok memnun olacağım. O güne dair hiçbir şeyi unutmadım, sizin de unutmamış olduğunuzu umut ediyorum. Çünkü tablonuzda hiçbir ayrıntının eksik olmamasını diliyorum. Bunu yazılı bir ödev olarak kabul edin ve gözlerinizi devirmeyin... Gerçi, çoktan devirdiğinizi görür gibiyim. Biraz fazla okul gezdim şu son günlerde.

Eğer tercih ederseniz, sevgili Daldry, bu arzuhalimle size meydan okuduğumu kabul edin.. Londra'ya döndüğümde, yarattığım parfümü getirip önünüze koyacağıma söz veriyorum ve onu kokladığınızda, buradan yanınızda götürdüğünüz bütün hatıralarınızın canlanacağını iddia ediyorum. Bunun karşılığında sizin de tamamlanmış tablonuzu bana göstereceğinizi ümit ediyorum. İkimiz de kendi tarzımızla, Galata ve Cihangir'de geçirdiğimiz günleri anlatacağımıza göre, ortak bir tarafları olacak.

Burada daha uzun bir süre kalmak niyetinde olduğumu böyle dolambaçlı bir yolla ifade etmiş bulunduğum için özür dileme sırası bende.

Buna hem ihtiyacım var hem de arzuluyorum. Her zamankinden daha özgür hissediyorum kendimi, hatta hiç böylesi bir özgürlük tatmadığımı ve bunun beni sarhoş ettiğini bile söyleyebilirim. Diğer taraftan, devamlı mirasınızı yiyen bir mali külfet olmak da istemiyorum. Haftalık havaleleriniz, gereğinden fazla ayrıcalıklı koşullarda yaşamamı sağladı, oysa böyle bir konfora da, böyle bir lükse de ihtiyacım yok. Refakatine çok kıymet verdiğim Can, Üsküdar'daki bir evde bana güzel bir oda ayarladı, kendi evine de yakın üstelik. Orayı bana yengelerinden biri kiralayacak. Mutluluktan uçuyorum, yarın otelden ayrılacağım ve gerçek bir İstanbullu gibi hayatımı yaşamaya başlayacağım. Itriyatçıya gidebilmek için her sabah yaklaşık bir saatlik bir yolum olacak, akşam eve dönüş biraz daha uzun sürecek ama hiç şikâyetim yok, günde iki defa vapurla Boğaz'ı geçmek bizim Londra metrosunun derinliklerinde dolaşmak kadar sıkıntılı bir iş değil. Can'ın yengesi, Üsküdar'da işlettiği lokantada bana garsonluk da teklif etti. Orası semtin en iyi lokantası, her geçen gün gelen turist sayısı da artıyor. Onun açısından da dükkânda bir İngiliz çalıştırmak avantajlı bir durum. Can bana mönüdeki yemekleri okumayı ve lokantanın mutfağında aşçıbaşı olan Can Ana'nın kocası tarafından hazırlanan yemeklerin nelerden oluştuğunu Türkçe ifade etmeyi öğretecek. Haftanın son üç günü orada çalışacağım ve kazancım, elbette sizinle birlikteykenki hayatımı değil, ama sizden evvelki hayatımı sürdürebilmem ve ihtiyaçlarımı karşılayabilmem için rahat rahat yetecek bana.

Sevgili Daldry, İstanbul'a karanlık çökeli epey oluyor. Bu oteldeki son gecem. Uyumadan evvel, odamdaki lüksün tadını çıkaracağım. Her akşam, vaktiyle kaldığınız odanın önünden geçerken, size iyi akşamlar diyordum; Üsküdar'a yerleşince de öyle yapmaya devam edeceğim, Boğaz'a bakan pencere mden de olsa.

Bu mektubun arkasında, size adresimi yazacağım. Mektubuma yazacağınız cevabı sabırsızlıkla bekliyorum. Umarım yazmanızı istediğim liste de içinde olur.

Kendinize iyi bakın.

Dostça kucaklıyorum sizi.

Alice

Alice,
Madem öyle emrettiniz...

Tramvayla ilgili olanlar:
İçi ahşap kaplama, tavan tahtaları eskimiş, yolcularla vatmanı ayıran çivit rengi camlı kapı, makinistin demir manivelası, iki soluk tavan lambası, eski krem rengi boya, birçok yerde kabarıp dökülmüş.
Galata Köprüsü'yle ilgili olanlar:
Paralellik bakımından hiç başarılı olmayan iki sıra tramvay hattının raylarının uzandığı parke yollar; düzensiz kaldırımlar, taş parapetler, dökme demirden pas lekeli iki siyah parmaklık, demirin taşla buluştuğu yerlerde çürüme belirtileri var; dirsek

dirseğe beş balıkçı, biri, hafta ortası balık peşinde koşmaktansa okulda olsa daha iyi olacak bir velet. Tepesine, kırmızı beyaz çizgili bir kumaş gerilmiş arabasının arkasında duran bir karpuz satıcısı; omzuna hintkenevirinden bir heybe asmış, kasketini ters giymiş ve tütün çiğneyen (biraz sonra da tükürecek) bir gazete satıcısı; bir incik boncuk satıcısı, acaba sattıklarıyla birlikte kendisini de denize atsa daha mı iyi olur diye düşünerek Boğaz'a bakıyor; bir yankesici, ya da en azından tekinsiz bir tip; karşı kaldırımda, suratının haline bakılırsa uzun zamandır işleri pek de iyi gitmeyen bir işadamı, koyu mavi bir takım elbise giymiş, şapkası ve beyaz tozluklu ayakkabıları var; yan yana yürüyen iki kadın, muhtemelen kardeşler, biraz ileride merdivenlerden kıyıya doğru inen bir denizci.

Kıyı demişken, orada da rengârenk sandalların bağlı olduğu iki küçük dubalı iskele var; sandalların bazılarının gövdesi kırmızı ve çivit rengi çizgili, bazıları ise beyaz ve sarı şeritli. Beş adam, üç kadın ve iki çocuğun beklediği bir iskele.

Tepeye doğru çıkan sokağın perspektifi, eğer yeterince dikkatli bakılırsa, bir çiçekçinin vitrinini seçmemize imkân sağlıyor; yanı sıra bir kırtasiye, bir tütüncü dükkânı, bir manav, bir bakkal ve bir kahvehane; onun ilerisinde yol dönüyor ve daha fazlası görünmüyor.

Gökyüzündeki renk çeşitliliğini sizinle paylaşmıyorum, kendime saklıyorum, onu artık resimde görürsünüz. Boğaz'ı ise bol bol seyrettik birlikte, vapur pervanelerinin yarattığı su girdaplarında meydana gelen ışık yansımaları gözünüzün önüne geliyordur.

Uzakta Üsküdar ve tepesine doğru tüneyen evler. Sizin artık orada yaşayacağınızı öğrenmiş olarak, elbette oraları daha dikkatli detaylandıracağım; minare başlıkları, Boğaz'dan geçen yüzlerce gemi, mavna, futa ve kotra... Tüm bunlar biraz dağınık oldu, kabul ediyorum, ama sınıf geçme sınavımı başarıyla verdiğimi umuyorum.

Bu mektubu da, bana verdiğiniz yeni adrese postalayacağım ve görme imkânına erişemediğim o mahallede elinize ulaşacağını umut edeceğim.

Sadık dostunuz,

Daldry

Hamiş: Selamlarımı Can'a iletmek konusunda bir zorunluluk hissetmeyin, yengesine de öyle. Unutmadan, pazartesi, salı ve perşembe yağmur yağdı, çarşamba hava ılıktı, cuma ise çok güneşliydi...

Daldry,

Geldik martın son günlerine. Geçen hafta size yazamadım. Bir yandan Cihangir'deki zanaatkârın atölyesinde geçen günler, diğer yandan Üsküdar'daki lokantada geçen akşamlar derken, evime döndüğümde kendimi yatağa bırakır bırakmaz uyuduğum çok oldu. Artık lokantada haftanın her günü çalışıyorum. Benimle gurur duyardınız, tabak çanak taşımakta belli bir çabukluk kazandım, fazla zayiat vermeden her bir elimde üçer tane taşımayı becerebiliyorum. Can Ana, rehberimizin yengesine burada herkes öyle diyor, bana karşı çok nazik. Bana ikram ettiği her şeyi yesem Londra'ya tulum gibi şişmanlamış olarak dönerdim.

Her sabah Can gelip evimin önünden beni alıyor, iskeleye kadar birlikte yürüyoruz. Yürüyüş on beş dakikayı geçiyor ama keyifli de oluyor. Yeter ki poyraz esmesin. Son haftalarda, sizin burada olduğunuz zamana göre epey soğuk yaptı hava.

Boğaz'ı geçmek hâlâ harikulade. Her seferinde, çalışmak için Avrupa'ya gittiğimi ve akşam dönüşte de Asya'daki evime gideceğimi düşünüp eğleniyorum. Vapurdan iner inmez otobüse biniyoruz. Bazen benim yüzümden geç kaldığımızda, önceki gece bahşişlerden kazandığımın hepsini dolmuşa veriyorum. Otobüs biletinden biraz daha pahalı, ama taksiden çok daha ucuz.

Cihangir'e geldikten sonra da, semtin dik yokuşlu sokaklarını tırmanmak gerekiyor. Geliş gidiş saatlerim epey düzenli olduğundan sık sık aynı seyyar ayakkabıcıya rastlıyorum, tam o sırada evinden çıkmış oluyor, omzuna büyük tahta bir kasa asmış, neredeyse kendisi kadar ağır görünüyor. Selamlaşıyoruz. O şarkı söyleyerek yamaçtan inerken ben de tersine, yukarı çıkıyorum. Bir de, birkaç bina ileride, evinin eşiğinde durup sırtlarında okul çantalarıyla çocuklarının gidişini seyreden kadın var.

Sokağın köşesinde kaybolana kadar gözleriyle onları takip ediyor. Yanından geçerken bana gülümsüyor, gözlerinde akşam oluncaya kadar geçmeyecek bir endişe sezinliyorum. Yavruları yuvalarına dönünce rahatlayacak ancak.

Muhabbeti ilerlettiğim bir de bakkal var. Her sabah bana tezgâhından istediğim bir meyveyi veriyor. Bilin bakalım neden! Rengimin fazla soluk olduğunu ve o meyvelerin sağlığıma iyi geleceğini söylüyor. Beni sevdiğini düşünüyorum, ben de onu seviyorum. Öğleyin, ıtriyatçı amca, hanımının yanına gittiğinde, Can'ı o küçük bakkala götürüyorum ve oradan öğle yemeği için bir şeyler alıyoruz. Muazzam bir semt mezarlığının ortasında, büyük bir incir ağacının gölgesinde taş bir banka oturuyoruz ve orada yatanların mazide kalmış yaşamlarını yeniden yazarak eğleniyoruz. Sonra ben atölyeye dönüyorum, amca benim için oraya geçici bir org yerleştirdi. Ben de kendi adıma, ihtiyaç duyduğum bütün malzemeyi satın aldım. Araştırmalarımda ilerliyorum. Şu anda mesela, toz hissini verecek koku üzerinde çalışıyorum. Dalga geçmeyin, hatıralarımın her köşesine sinmiş durumda toz. Toprak kokuları, duvar kalıntıları, çakıllı yollar, tuz, çamur, ölü ağaç kabuklarında birbirine karışan bütün bu kokular var onda. Itriyatçı amca bana bazı bulgularını öğretiyor. Aramızda gerçek bir iş birliği oluştu. Akşam olduğunda da Can'la birlikte, geldiğimiz yoldan geri dönüyoruz. Otobüse biniyoruz, çoğu zaman iskelede vapur beklemek biraz uzun geliyor, bilhassa hava soğuk olduğunda. Ama İstanbullulardan oluşan kalabalığa karışıyorum ve her geçen gün, buraya ait olduğum hissi biraz daha büyüyor; bunun neden bu denli başımı döndürdüğünü bilemiyorum ama böyle bir durum var. Şehrin ritmine ayak uydurarak yaşıyorum ve bu da bana keyif veriyor. Can Ana'yı dükkâna her gün gelmeme izin vermesi için ikna etmemin sebebi, bunun beni mutlu etmesi. Dolu masaların arasında zikzaklar çizmeyi, aşçının yemekler hazır olduğunda, ben yeterince çabuk gelip almayınca bağırmasını seviyorum; çok yüksek sesle bağıran kocasını susturmak için Can Ana el çırptığında, komilerin birbirlerine gülümsemesini seviyorum. Lokanta kapanır kapanmaz Can'ın amcası son kez bağırıyor ve bizi mutfağa çağırıyor. Hepimiz büyük ahşap masanın etrafına oturduktan sonra, masanın üstüne bir örtü atıyor ve sizin de bayılacağınız bir akşam yemeği veriyor bize. Bütün bunlar burada yaşadığım hayata dair ufacık anlar ve bu anlar beni hayatımda hiç olmadığım kadar mutlu ediyor.

Bütün bunları size borçlu olduğumu unutmuyorum Daldry, size ve sadece size. Günün birinde Can Ana'nın dükkânının kapısını itip içeri girdiğinizi görmeyi isterdim, burada yiyeceğiniz yemekler gözlerinizi yaşartırdı. Sık sık eksikliğinizi duyuyorum. Umarım yakında haberlerinizi alırım, ama liste istemem bu sefer. Son mektubunuz sizden hiç bahsetmiyordu, oysa ben sizi okumak istiyordum.

Dostunuz,

Alice

Alice,

Postacı mektubu bu sabah getirdi. Getirdi demek doğru değil, doğrusu, suratıma fırlattı. Adam gerçekten kötü günündeydi, iki haftadır benimle konuşmuyor. Sizden haber alamamak hakikaten beni endişelendirmişti, başınıza bir şey gelmiş olmasından korkuyordum ve bu nedenle her gün posta servisini suçluyordum. Mektubunuz orada bir yerde kaybolmuş olabilir diye birkaç defa da postaneye gittim. Bu sefer benim hiç kabahatim yok ama, sadece işlerini doğru yapmadıklarını söylüyor olmam gerekçesiyle, oradaki gişe memuruyla küçük bir ağız dalaşı yaşadım. Sanki Majestelerinin posta servisinde hiçbir şey kaybolmaz yahut gecikmez! Bunu postacıya da söyledim gerçi, ama o da hiç hoş karşılamadı. Bu üniformalı adamlar gülünçlük raddesinde alıngan oluyorlar.

Sizin yüzünüzden şimdi gidip onlardan özür dilemem lazım. Sizden rica ediyorum, eğer işiniz, bana hiç zaman ayıramayacak kadar vaktinizi alıyorsa, en azından yazamayacak kadar meşgul olduğunuzu yazmak için birkaç dakikanızı ayırın. Yersiz bir endişeyi dindirmek için birkaç kelime yeter. İstanbul'da olmanızdan kendimi sorumlu tuttuğumu unutmayın, dolayısıyla, orada sağ ve salim olduğunuzdan emin olmak istememe anlayış gösterin.

230

Mektubunuzda, Can'la her gün öğle yemeğini birlikte yiyecek kadar ilişkiyi ilerletmiş olduğunuzu keyifle okudum. Üstelik bir mezarlıkta! Takdir edersiniz ki, yiyip içip canlanmak için mezarlık biraz tuhaf bir yer ama sizi memnun ediyorsa benim diyeceğim bir şey olmaz.

Çalışmalarınız beni çok heyecanlandırdı. Eğer gerçekten toz algısı yaratmak istiyorsanız İstanbul'da kalmanıza gerek yok, mümkün olduğunca çabuk evinize dönün, evinizde salt algıyı çokça aşan bir durumla karşılaşacaksınız.

Kendimden bahsetmemi istiyordunuz... Sizin gibi, ben de iş başındayım ve Galata Köprüsü fırça darbelerimle ufaktan vücut bulmaya başladı. Şu son günlerde, resme yerleştireceğim insan figürlerinin taslaklarıyla ve Üsküdar'daki evlerin detaylarıyla uğraşıyorum.

Bir kütüphanede, Boğaz'ın Asya kıyısının güzel perspektiflerini gösteren eski gravürler buldum. Çok işime yarayacaklar. Her gün, öğle saatleri geldiğinde evimden çıkıyorum, sokağımızın köşesinde öğle yemeğimi yiyorum, mekânı biliyorsunuz, size tasvir etmeme gerek yok. Oraya gittiğimiz bir gün, arkamızdaki bir masada tek başına yemek yiyen dul kadını hatırlıyor musunuz? İyi bir haberim var, sanırım matemi bitti ve biriyle tanıştı. Dün, hayli kötü giyimli ama yüzü daha ziyade sempatik denebilecek, kendi yaşlarında bir adam onunla birlikte geldi ve birlikte yemek yediklerine şahit oldum. Âşık olmanın önünde hiçbir engel yok, yaş kaç olursa olsun, değil mi?

Öğleden sonra sizin eve gidiyorum, ortalığı biraz topladıktan sonra akşama kadar resim yapıyorum. Çatıdan içeri giren ışık bende neredeyse bir aydınlanma yarattı. Daha önce hiç bu kadar iyi çalışmamıştım.

Cumartesileri Hyde Park'ta dolaşmaya gidiyorum. Her hafta sonu bardaktan boşanan yağmur sayesinde, neredeyse kimseyle karşılaşmıyorum ve buna bayılıyorum.

Kimseyle karşılaşmıyorum demişken, hafta başında, sokakta arkadaşlarınızdan biriyle karşılaştım. Aniden önüme çıkıp kendini tanıtan Carol diye biri. Sizi azarlamak için kapınıza dadandığım o akşamdan bahsedince, yüzünü hatırlar gibi oldum. Bu vesileyle o akşamki davranışım nedeniyle de sizden özür dilemiş olayım. Ama arkadaşınız beni paylamak için gelmedi yanıma, birlikte seyahate çıktığımızı biliyordu ve dönmüş olabileceğinizi umut etmişti. Henüz dönmediğinizi söyledim ve birlikte çay içmeye gittik. Orada, ona sizden bahsetme patavatsızlığında bulundum. Elbette ona her şeyi anlatacak vaktim olmadı, hastanedeki vardiyasına yetişmesi gerekiyordu; o bir hemşire... Ben de, en iyi arkadaşınızın ne iş yaptığını size söylediğime göre aptalın teki olmalıyım. Ama yazdıklarımın üstünü karalamaktan nefret ederim.

İstanbul'da geçirdiğimiz günler Carol'ı çok heyecanlandırdı, başka hikâyeler de anlatayım diye, gelecek hafta birlikte bir akşam yemeği sözü verdim ona. Merak etmeyin, bu benim için kesinlikle bir angarya değil, arkadaşınız çok çekici biri.

İşte böyle sevgili Alice, mektubumdan da anlayacağınız gibi, benim buradaki hayatım sizinki kadar egzotik değil. Ama sizin gibi, ben de mutluyum.

Dostunuz,

Daldry

Hamiş: Son mektubunuzda, devamlı Can'dan bahsederken şöyle yazmışsınız: "Her sabah Can gelip evimin önünde beni alıyor." İstanbul'un artık "eviniz" olduğunu mu söylemeye çalışıyorsunuz?

Anton,
Mektubuma üzücü bir haberle başlayacağım. Geçtiğimiz pazar günü Oğuz Zemirli evinde vefat etti, sabahleyin aşçısı bulmuş, koltuğunda uyur gibi oturuyormuş.

Can'la birlikte cenaze törenine gitmeye karar verdik. Az kişi olacağını zannediyordum ve korteje iki kişinin daha katılmasında bir sakınca olmayacağını düşünüyordum. Ama küçücük mezarlıkta Oğuz Bey'i mezarına kadar götürmek için itişen yüzlerce kişiydik. Anlaşılan, adamcağız bütün bir mahallenin hafızası haline gelmişti. Özrüne rağmen, tramvayları alt etme iddiasındaki genç Oğuz güzel bir hayat sürmüştü, orada bulunanlar, hatırasının etrafında tebessümlerini ve üzüntülerini paylaşarak bunu ispatlıyordu. Tören sırasında, gözlerini benden ayırmayan bir adam vardı. Neden böyle bir arzuya kapıldı bilmiyorum, ama Can onunla tanışmam için çok ısrarcı oldu ve üçümüz birlikte Beyoğlu'nda küçük bir pastaneye çay içmeye gittik. Adam merhumun yeğenlerinden biriydi. Çok üzüntülü görünüyordu. İlginç bir tesadüf, adamı ikimiz de daha önce görmüştük, o trompeti aldığım dükkânın sahibiydi. Neyse, kendimden yeteri kadar bahsettim. Demek Carol'la karşılaştınız! Buna çok sevindim, altın bir kalbi vardır ve buna uygun mesleği de seçmiştir. Umarım onunla birlikte iyi zaman geçirmişsinizdir. Önümüzdeki pazar, eğer hava müsait olur ve iyice yumuşarsa, Can'la ve Oğuz Bey'in yeğeniyle Prens Adaları'na pikniğe gideceğiz; size daha önceki bir mektubumda bahsetmiştim oradan. Can Ana, bana haftada bir gün izin mecburiyeti koydu, ben de itaat ettim.

Resminizde ilerleme kaydettiğinizi ve çatımın altında çalışmaktan zevk aldığınızı okuduğuma sevindim. Aslında, sizi elinizde fırçanızla kendi evimde hayal etmek hoşuma gidiyor ve her akşam, giderken, ortamı şenlendirmek için renklerinizden ve kendi çılgınlığınızdan bir tutam bırakıyor olduğunuzu umuyorum (buna, dostlar arasında, iltifat denir).

Sık sık size yazma isteğine kapıldığım oluyor, ama o kadar yorgun oluyorum ki aynı sıklıkta vazgeçiyorum. Aslında size daha birçok şey anlatmak istediğim bu mektubu burada kesiyorum, zira gözlerim kapanıyor. Sizin sadık bir dostunuz olduğumu ve her akşam yatmadan evvel Üsküdar'daki evimin penceresinden size en samimi duygularımı gönderdiğimi unutmayın.

Kucaklıyorum sizi,

Alice

Hamiş: Türkçe öğrenmeye karar verdim ve bu çok hoşuma gidiyor. Can bana öğretiyor ve onu bile şaşırtacak bir hızla ilerleme kaydediyorum. Neredeyse aksansız konuştuğumu ve benimle gurur duyduğunu söylüyor. Siz de duyarsınız umarım.

Çok sevgili Suzie!

Şaşırmış gibi yapmayın canım... Adım Ethan olduğu ve bana "sevgili Daldry" diye hitap ettiğiniz halde son mektubunuzda adımı Anton diye değiştirdiniz.

En az bir önceki kadar gecikerek elime ulaşan bu son mektubunuzu yazarken, aklınızı fetheden bu Anton kimdir?

Eğer karalama yapmaktan nefret etmeseydim, şu âna kadar yazdıklarımın hepsini silerdim, çünkü size keyfimin kaçtığını düşündürebilirdi. Aslında yanlış değil, birkaç gündür, çalışmalarım beni tatmin etmiyor. Üsküdar'daki evler ve bilhassa sizin yaşadığınız ev beni fena halde zorluyor. Baktığımız Galata Köprüsü'nden çok küçük göründüklerini takdir edersiniz ama şimdi siz orada yaşadığınız için, onları kocaman ve belirgin bir şekilde resmetmek istiyorum, ki siz kendi evinizi ayırt edebilin.

Son mektubunuzda çalışmalarınızdan hiç bahsetmediğiniz dikkatimi çekti. Bunu, endişeye kapılan ortağın değil, meraka düşen dostun sesi olarak duyun. Hangi aşamadasınız, arzuladığınız o toz algısını yaratabildiniz mi yoksa buradan size bir paket toz göndermemi ister misiniz?

Yaşlı Austin'im son nefesini verdi. Elbette Oğuz Zemirli'nin vefatı kadar elim bir olay değil ama Austin'imle, Oğuz Bey'e nispeten çok daha kadim bir dostluğum vardı. Garaja teslim ederken yüreğimin burkulduğunu itiraf etmek zorundayım. Bunun olumlu tarafı, mirasımın bir bölümünü daha çarçur edebilecek olmam; madem siz bu konuda bana yardım etmekten vazgeçtiniz, ben de haftaya gidip kendime yepyeni bir araba alacağım. Size de kullandırmayı (eğer günün birinde buraya dönerseniz) isterim. Seyahatiniz daha uzayacak gibi göründüğünden, ortak mülk sahibimize sizin kiranızı da ödemeye karar verdim, lütfen bir defa olsun bana güçlük çıkarmama sevimliliğini gösterin, bunda hiçbir acayiplik yok, sonuçta sizin dairenizi de ben tek başıma işgal ediyorum.

Umarım Prens Adaları'ndaki gezintiniz her bakımdan beklentilerinizi karşılamıştır. Pazar gezintilerinden söz açılmışken, ben de bu hafta sonu arkadaşınız Carol'ın sinema davetini kabul ettim. Sinemaya hiç gitmeyen biri olarak, bu fikri çok orijinal buldum.

Sinemada gördüğüm filmin ismini size söyleyemem, çünkü bu bir sürpriz. Filmi daha sonraki bir mektubumda anlatırım.

Evime gitmek üzere çıktığım evinizden, size en sevgi dolu duygularımı gönderiyorum.

Yakında görüşmek üzere, sevgili Alice. İstanbul'daki akşam yemeklerimiz burnumda tütüyor ve Can Ana'yla kocasının lokantası hakkında yazdıklarınız iştahımı açtı.

Daldry

Hamiş: Lisan öğrenmeye yatkınlığınız beni çok memnun etti. Ama yine de, bu konuda tek öğretmeniniz Can ise, size öğrettiği kelimeleri doğrulamak için iyi bir sözlüğe başvurmanızı öneririm.

Bu sadece bir öneri, elbette...

Daldry,

Lokantadan eve yeni döndüm ve asla uyku tutmayacağını bildiğim bir gecenin ortasında size yazmaya koyuldum. Bugün başıma öyle sarsıcı bir şey geldi ki.

Her sabah olduğu gibi Can beni almaya geldi. Üsküdar sırtlarından Boğaz'a doğru iniyorduk. Önceki gece bir köşk yanmıştı, evin cephesi bizim her gün geçtiğimiz sokağın tam ortasına çöktüğü için enkazın etrafından dolaşmak zorunda kaldık. Civar sokaklar da tıklım tıklım dolduğu için biraz büyük bir tur attık.

Mektuplarımdan birinde, kayıp bir yerin hatırasını geri getirmek için tek bir koku yeter dememiş miydim size? Üstüne gül fidanları tırmanmış demir bir parmaklığın yanından geçerken, birden durdum; bir koku bana tuhaf bir şekilde tanıdık gelmişti: ıhlamurla yaban gülü karışımı. Parmaklıklı kapıyı ittik ve bir çıkmaz yolun sonunda zamanın unuttuğu, her şeyin unuttuğu bir ev çıktı karşımıza.

Bahçede ilerledik, yaşlı bir adam, itinayla, ilkbaharla canlanan bitkilerin bakımını yapıyordu. Birden güllerin kokusunu, çakılların kokusunu, kireçli duvarların, ıhlamur yapraklarının göl-

235

gesindeki taş bankın kokusunu tanıdım ve o bahçe hafızamdaki yerini buldu. O bahçeyi, içinde çocuklar varken gördüm, merdivenli sekinin üstündeki mavi kapıyı tanıdım, bu yitik görüntüleri bir rüyaymış gibi görüyordum.

İhtiyar adam bize yaklaşıp ne aradığımızı sordu. Eskiden orada bir okul olup olmadığını öğrenmek istiyordum, bunu sordum ona.

"Evet," dedi bana, "eskiden küçücük bir okuldu ama epey uzun bir zaman önce, bahçıvancılık oynayan yalnız bir adamın konutu haline geldi."

O yaşlı adam bana, yüzyıl başında genç bir eğitimci olduğunu söyledi, okul babasına aitmiş, müdür de oymuş. 1923'te, Cumhuriyet'in kuruluşu esnasında kapanmış ve bir daha da açılmamış.

Gözlüklerini taktı, iyice yaklaştı ve bana öyle dikkatli baktı ki, neredeyse rahatsız hissettim kendimi. Tırmığını bırakıp şöyle dedi:

"Seni bildim, küçük Anuşsun sen."

Önce bunamış olduğunu düşündüm ama sonra, her ikimizin Oğuz Zemirli için de aynı şeyi düşündüğümüz aklıma geldi. Önyargılarımı def edip ona yanıldığını, ismimin Alice olduğunu söyledim.

Beni çok iyi hatırladığını iddia ediyordu, "Bu küçük kayıp kız bakışı, asla unutamam onu," dedi ve bizi kendisiyle birlikte çay içmeye davet etti. Tam salonundaki yerlerimizi almıştık ki, elimi tuttu ve iç çekti.

"Sevgili Anuş, annen ile baban için öyle üzülüyorum ki."

Annem ile babamın Londra'da bir bombardımanda ölüp gittiklerini nereden bilebilirdi? Ona bunu sorduğumda şaşkınlığının daha da arttığını gördüm.

"Annen ile baban İngiltere'ye kaçmayı başardılar mı? Neler söylüyorsun sen, bu mümkün değil?"

Sözleri saçmaydı ama devam etti: "Babam senin babanı iyi tanırdı. O dönemin çılgın gençlerinin vahşeti, ne trajediydi ama! Annenin başına gelenleri hiçbir zaman öğrenemedik. Biliyor musun, tehlikede olan bir tek sen değildin. Her şey unutulsun diye bu okulu kapatmaya zorlandık."

Dediklerinden hiçbir şey anlamıyordum ve hâlâ da o yaşlı adamın anlattıklarının ne anlama geldiğini anlamış değilim . Ama sesindeki içtenlik beni yakalamıştı Daldry.

"Çalışkan, akıllı bir çocuktun ama hiç konuşmazdın. Ağzından tek bir kelime çıktığını duymaya imkân yoktu. Bu, anneni çok üzüyordu. Ona o kadar çok benziyorsun ki, ilk gördüğümde seni o sandım. Ama tabii bu mümkün değil, o çok eskidendi. Sabahları bazen o getirirdi seni buraya, burada okuyabildiğin için çok mutluydu. Seni okuluna kabul eden tek kişi babamdı, diğerleri konuşmama inadın yüzünden seni kabul etmiyorlardı."

Bu adamı sorularımla sıkıştırmaya başladım, annem ile babamın bombaların altında birlikte öldüklerini gördüğüm halde, neden annemin babamınkinden farklı bir yazgısı olduğunu iddia ediyordu?

Bana baktı, üzüntülü görünüyordu, şöyle dedi:

"Sütannen uzun yıllar Üsküdar sırtlarında oturmaya devam etti. Bazen alışverişe çıktığımda ona rastlardım ama karşılaşmayalı epey bir zaman oldu. Belki de öldü artık."

Hangi sütanneden bahsettiğini sordum.

"Yılmaz Hanım'ı da mı hatırlamıyorsun? Halbuki ne çok severdi seni... Ona çok şey borçlusun."

İstanbul'da geçirdiğim yılların hatırasını katiyen geri getiremiyor olmak beni çıldırtıyor. Ve şimdi de, bana kendiminkinden başka bir isimle hitap eden o yaşlı öğretmenin anlaşılmaz sözlerini duymak vaziyeti daha da beter etti. Bana evi gezdirdi ve derslere girdiğim sınıfı gösterdi. Bana ne yaptığımı sordu, evli miydim, çocuklarım var mıydı... Ona mesleğimden bahsettim, bu yola girmiş olmam onu hiç şaşırtmadı, dedi ki:

"Çocukların çoğunun eline bir şey verdiğinizde, tadına bakmak için ağzına götürür, sen ise kokluyordun; onu benimseme ya da reddetme kararını öyle veriyordun, bu tamamen sana özgü bir yöntemdi."

Sonra bizi çıkmazın sonundaki parmaklığa götürdü. Bahçenin yarısını gölgesiyle kaplayan büyük ıhlamur ağacının yanından geçerken o kokuları yeniden duydum ve bunun oraya hayatımda ilk gelişim olmadığına kesinlikle emin oldum.

Can o okula gerçekten gitmiş olduğum fikrinde ama yaşlı

adamın hafızasının artık çok iyi olmadığını, beni başka bir çocukla karıştırdığını, benim kokuları karıştırdığım gibi onun da anıları karıştırdığını söylüyor. Bazı şeyleri hatırladıktan sonra belki başka hatıraların da geri geleceğini, sabırlı olmak ve yazgıya güvenmek gerektiğini söylüyor. Eğer o köşk yanmasaydı, asla o eski okulun parmaklıkları önünden geçmeyecektik. Niyetinin sadece beni rahatlatmak olduğunu bilsem de, Can bütünüyle haksız değil.

Daldry, kafamda o kadar çok cevapsız soru dönüp duruyor ki! Neden o öğretmen bana Anuş diye hitap ediyor? Bahsettiği vahşet nedir? Annem ile babam ölene kadar birlikte değil miydiler? Yoksa niye adam tersini iddia etsin? Kendinden o kadar emin görünüyordu ve haberimin olmaması karşısında o kadar hüzünlendi ki.

Saçmalıktan ibaret olan bu kelimeleri yazdığım için sizden özür dilerim ama bu sözleri daha bugün duydum.

Yarın Cihangir'deki atölyeye döneceğim; her halükârda işin özünü öğrenmiş oldum, burada iki yıl yaşamışım ve bilmediğim bir sebeple, annem ile babam beni karşı tarafta, Üsküdar'da yitik bir çıkmazın sonundaki bir okula göndermişler, yanıma da belki, Yılmaz Hanım diye birini vermişler.

Sizin iyi olduğunuzu umarım bu arada, umarım tablonuz iyi gidiyordur, şövalenizin karşısında keyfiniz artıyordur. Size bir yardımı olacaksa, benim evim, duvarları soluk gül rengi ve beyaz panjurlu üç katlı bir apartmanda.

Çok selamlarımla,

Alice

Hamiş: İsim karışıklığı nedeniyle beni affedin, dalgınlığıma gelmiş. Anton, arada bir yazdığım eski bir arkadaşım. Arkadaş demişken, Carol'la birlikte gördüğünüz film hoşunuza gitti mi?

Sevgili Alice,
(Anuş da çok güzel bir isim bu arada.)

238

Bence de, o öğretmen sizi aynı okula giden başka bir küçük kızla karıştırdı. Aklı yerinde olmayan adamların hafızalarından çıkma hikâyelerle ruh halinizi bozmayı bırakmalısınız artık.

İstanbul'da geçirdiğiniz o iki sene boyunca devam ettiğiniz okulu bulmuş olmanız bence iyi bir haber. Anneniz ile babanızın en zor zamanlarda bile sizin eğitiminizi ihmal etmediklerini gösteren delillere sahipsiniz artık. Başka neyin peşindesiniz?

Cevapsız kalmış sorularınıza kafa yordum ve onları maalesef zalim bir mantıkla açıklayabildim. Savaş döneminde ve kendi zor koşullarında (Bilmem Beyoğlu sakinlerine ulaştırdıkları yardımları hatırlatmam gerekir mi? Bu bile başlı başına tehlikeli bir şeydi) anneniz ile babanızın, günlerinizi başka bir semtte geçirmenizi tercih etmiş olmaları muhtemeldir. Her ikisi de üniversitede çalıştıkları için, bir sütanne tutmuş olmaları da muhtemeldir. İşte, Oğuz Zemirli'nin size dair hiçbir anısı olmamasının sebebi de bu. İlaçlarını almaya geldiğinde siz ya okulda oluyordunuz, ya da Yılmaz Hanım'ın yanında. Esrar çözüldü, artık rahat rahat, hızla ilerlediğini umduğum işinizin başına dönebilirsiniz.

Bana gelince, tablo ilerliyor, arzu ettiğim hızda olmasa da, gayet güzel becerdiğimi düşünüyorum. Daha doğrusu her akşam, sizin evinizden çıkarken kendi kendime böyle söylüyorum, ama ertesi gün geri geldiğimde tam tersini düşünüyorum. Ne yaparsınız, bir ressamın zorlu hayatı işte: düşler ve düş kırıklıkları. Konunuza hâkim olduğunuzu sanırsınız, ama aslında Tanrı'nın cezası fırçalarınız size hükmetmiştir ve kafalarına göre takılmışlardır. Bu vakada, böyle davranan sırf onlar olmasa da...

Bu arada, mektubunuzdan anladığım kadarıyla Londra'yı gittikçe daha az özlüyorsunuz. Ben ise İstanbul'da sizinle birlikte içtiğim o nefis rakıyı aklımdan çıkaramıyorum, hatta, bazı akşamlar Can Ana'nın lokantasında akşam yemeği yeme hayali kurarken yakalıyorum kendimi; bir gün orada ziyaret etmek isterdim sizi. Elbette bunun mümkün olmadığını biliyorum, bu aralar çok çalışıyorum.

Sadık dostunuz,

Daldry

Hamiş: Bir kez daha Prensli Ada'ya piknik yapmaya gittiniz mi? Bu adı hak ediyor mu? Karşılaştınız mı onunla?

Sevgili Daldry,

Mektubum çok geciktiği için beni suçlayacaksınız ama kızmayın, son üç hafta hiç durmadan çalıştım.

Büyük ilerlemeler kaydettim, sadece Türkçe öğrenmekte değil üstelik. Cihangir'deki zanaatkâr amcayla birlikte bir şeyleri somutlaştırmaya yaklaştık. Dün ilk defa, harika bir akor elde ettik. İlkbaharın bunda çok büyük bir etkisi var elbette. Bilseniz Daldry, havaların ısınmasıyla İstanbul nasıl değişti. Can geçtiğimiz hafta sonu beni civardaki kırlara götürdü ve oralarda çok değişik kokular buldum. Şimdi şehrin etrafı güllerle kaplı, yüzlerce çeşit var. Şeftali ve kayısı ağaçları silme çiçek açmış, Boğaz'daki erguvanlar eflatuna kestiler.

Can bana, sıranın yakında katırtırnaklarına geleceğini söylüyor, altın gibi açılacaklar, sonra sardunyalar, begonviller, ortancalar ve başka niceleri. Itriyatçıların yeryüzündeki cennetini keşfettim. Ben de, bu cennette yerleşmiş biri olarak içlerinde en şanslılarıyım. Prensli Ada'yı sormuşsunuz, zengin bitki örtüsüyle ışıl ışıl orası da. Benim oturduğum Üsküdar sırtlarının da aşağı kalır tarafı yok. Mesaim bittiğinde, Can'la sık sık İstanbul'un gizli bahçelerine çekilmiş küçük kahvelere gidip bir şeyler atıştırıyoruz.

Bir ay sonra, sıcak daha da hissedilir bir hale geldiğinde, plaja gidip denize gireceğiz. Görüyorsunuz, burada olmaktan o kadar mutluyum ki, neredeyse sabırsız biri olup çıktım. İlkbaharın daha yarısına gelmeden, yazı iple çekiyorum.

Sevgili Daldry, beni sarhoş eden bu hayatla tanıştırdığınız için size nasıl teşekkür edeceğimi bilemiyorum. Cihangir'deki ıtriyatçının yanında geçen saatleri seviyorum, benim için artık bir akraba haline gelen Can Ana'nın lokantasındaki işimi seviyorum. Ve akşam eve döndüğümde, İstanbul gecelerinin tatlılığına bayılıyorum.

Çok isterdim, bir haftacık da olsa buraya gelseniz, keşfettiğim bütün bu güzellikleri sizinle paylaşsaydım.

Geç oldu, şehir uykuya yattı nihayet, ben de öyle yapacağım. Sizi kucaklıyorum. İmkân bulur bulmaz yine yazacağım. Sadık dostunuz,

Alice

Hamiş: Carol'a, onu özlediğimi söyleyin, haberlerini alırsam sevineceğim.

13

Alice lokantaya ~~giderken,~~ mektubu Daldry'ye postalamak için yolda durdu. Lokantaya girdiğinde Can Ana'yla yeğeninin hararetle bir şeyi tartıştıklarını gördü. Fakat yanlarına yaklaştığında Can Ana sustu, Can'a da susması için gözleriyle işaret etti, bu da Alice'in gözünden kaçmadı.

"Ne oluyor?" diye sordu, önlüğünü üstüne geçirirken.

"Hiç," dedi Can, oysa gözleri tersini söylüyordu.

"İkinizin de çok sinirli bir hali var ama," dedi Alice.

"Bir yenge, yeğenine bir şey söylediğinde ona göz devrilmez ve saygısızlık edilmez," dedi Can Ana sesini yükselterek.

Can kapıyı çarparak lokantadan çıktı, Alice'e veda etmeyi dahi unuttu.

"Durum ciddi galiba," diye devam etti Alice, Can Ana'nın kocasının bir şeyler pişirdiği fırınlara yaklaşarak.

Adam, elinde tahta kaşığıyla Alice'e döndü ve yahnisinin tadına baktırdı.

"Nefis olmuş," dedi Alice.

Aşçı ellerini önlüğüne sürterek kuruladı ve sigarasını içmek için tek kelime etmeden sundurmaya çıktı. Karısına kızgın bir bakış atıp, o da kapıyı çarparak kapattı.

"Amma neşeliymiş bugün ortam," dedi Alice.

"Bu ikisi devamlı bana karşı birlik olur," diye söylendi

Can Ana. "Öldüğüm gün müşterilerimiz bu iki dik kafalının elinden yemek yemektense, benim peşimden mezarlığa kadar gelirler."

"Bana olup bitenleri anlatırsanız belki ben sizin tarafınızda yer alabilirim; ikiye karşı iki daha denk bir mücadele olur."

"Benim şeytan yeğen fazla iyi bir öğretmen ve sen de dilimizi fazla hızlı öğreniyorsun. O kendi işine bakacaktı, sen de kendi işine bakacaktın, en güzeli. Hadi, orada dikilip duracağına içeri git, müşteriler mutfakta değiller. Hadi koş, servis bekliyorlar. Ayrıca kapıyı çarpmaya da kalkma sakın!"

Alice söz dinledi. Kominin yeni kuruladığı tabakları servis masasının üstüne bırakıp, elinde siparişleri not ettiği defterle, ufaktan dolmaya başlayan salona gitti.

Mutfağın kapısı henüz kapanmıştı ki, Can Ana'nın, kocasına sigarasını atıp derhal fırının başına geçmesini buyuran sesi duyuldu.

Akşamın geri kalanı başka bir hasar meydana gelmeden geçti. Ama Alice, mutfaktan her geçtiğinde Can Ana'yla kocasının birbirleriyle konuşmadıklarını tespit etmişti.

Pazartesi akşamları, Alice'in mesaisi asla çok geç saatlere kadar sürmezdi, son müşteriler de gece saat on bir civarı dükkânı terk ederlerdi. Masaları toparlama işini bitirdi, önlüğünü çözdü, ağzının içinde hoşça kal gibi bir şeyler homurdanan aşçı kocayla vedalaştı, sonra komiyle ve en son da Can Ana'yla vedalaştı. Kadın, garip bir ifadeyle Alice'in dışarı çıkmasını izliyordu.

Dışarıda Can, alçak bir duvara oturmuş onu bekliyordu.

"Neredeydin sen? Bir hırsızmış gibi kaçıp gittin. Ne yaptın da yengeni böyle küplere bindirdin? Senin saçmalıkların yüzünden bugün hepimiz korkunç bir akşam geçirdik. Sinirleri tepesindeydi."

"Yengem bir keçiden bile daha inatçıdır, tartıştık, hepsi bu. Yarın her şey yoluna girer."

"Peki neden tartıştığınızı öğrenebilir miyim? Sonuçta, ceremesini ben çekmek zorunda kaldım."

"Eğer size söylersem onu daha da öfkelendirmiş olurum ve yarınki mesai bugünkünden bile beter geçer."

"Neden?" diye sordu Alice. "Benimle ilgili bir şey mi?"

"Hiçbir şey söyleyemem. Neyse, zaten yeterince gevezelik ettik, sizi eve götüreyim, geç oldu."

"Ben büyük bir kızım artık Can, her akşam bana evime kadar eşlik etmek zorunda olmadığını biliyorsun. Şu birkaç ayda evimin yolunu öğrenmeyi başardım. Yolun ilerisinde işte."

"Benimle alay etmeniz hiç hoş değil, sizinle ilgilenmem için bana para ödeniyor. Siz nasıl lokantada işinizi yapıyorsanız, ben de işimi yapıyorum."

"Nasıl yani, para mı ödeniyor sana?"

"Bay Daldry, bana hâlâ haftada bir para göndermeye devam ediyor."

Alice uzunca bir süre Can'a baktı, sonra da bir şey demeden basıp gitti. Can peşinden koşup onu yakaladı.

"Dostluktan da yapıyorum tabii."

"Ne dostluğu! Para alıyormuşsun işte!" deyip adımlarını sıklaştırdı Alice.

"Biri diğerini dışlamaz ki! Ayrıca geceleri sokaklar sandığınız kadar emin yerler değildir. İstanbul büyük bir şehir."

"Ama Üsküdar herkesin birbirini tanıdığı bir köy, bunu bana yüz defa söyledin. Şimdi rahat bırak beni, yolu biliyorum."

"Of tamam," dedi Can, "Bay Daldry'ye yazıp artık para istemediğimi söyleyeceğim, oldu mu?"

"Olan, biraz evvel benimle ilgilenmek için para aldığını söylediğin zaman oldu. Halbuki ona, artık yardımını istemediğimi yazmıştım. Ama görüyorum ki, bir kere daha, o bildiğini okuyor. Bu da beni öfkelendiriyor."

"Birinin size yardım etmesi sizi neden öfkelendiriyor? Saçma bir şey değil mi bu?"

"Çünkü ondan hiçbir şey istemedim ve kimsenin de yardımına ihtiyacım yok."

"Bu daha da saçma, herkesin hayatta birilerine ihtiyacı vardır, hiçbir büyük iş tek başına kotarılamaz."

"Ben yapabilirim!"

"Hayır, siz de yapamazsınız! Cihangir'deki zanaatkârın yardımı olmadan parfümünüzü yapmayı becerebilir miydiniz? Ben sizi oraya götürmesem, atölyesini bulabilir miydiniz? Konsolos'la, Oğuz Zemirli'yle ya da okul müdürüyle karşılaşabilir miydiniz?"

"Abartma, okul müdürüyle senin ne ilgin var?"

"Onun evinin önünden geçen sokaktan gitmeyi kim önerdi? Kim, söyleyin?"

Alice durdu ve Can'ın yüzüne baktı.

"Ne kadar gözü doymaz bir insansınız. Pekâlâ, sen olmasan ne Konsolos'la ne de Oğuz Zemirli'yle tanışabilirdim, yengenin lokantasında çalışamazdım, Üsküdar'da oturamazdım, hatta çoktan İstanbul'dan ayrılmış olurdum. Bunların hepsini sana borçluyum. Tatmin oldun mu?"

"Ayrıca, o okulun bulunduğu çıkmazın önünden de geçmemiş olurdunuz."

"Sana özürlerimi ilettim, bütün geceyi bunları sayarak geçirmeyeceğiz herhalde."

"Hangi noktada özür dilediğinizi anlayamamış olmalıyım. Şu da var: Eğer Daldry beni tutmasa, bütün bu insanları tanımış, yengemin lokantasında iş bulmuş ve onun kiraladığı evde de oturuyor olamazdınız. Özrünüzü genişletip ona da teşekkür edebilirsiniz, en azından düşünce yoluyla. Öyle ya da böyle ona ulaşacağına eminim."

"Ona yazdığım her mektupta bunu yapıyorum zaten çok kıymetli ahlak hocam, ama belki de sadece, bir sonraki mektubumda sana para yollamasını engellemeyeyim diye böyle diyorsun."

"Eğer sizin için yaptığım bunca şeyden sonra işimi kaybetmemi istiyorsanız, bu sizin bileceğiniz iş."

"İşte, tam dediğim gibi, gözü doymaz bir insansınız."

"Siz de yengem kadar inatçısınız!"

"Tamam Can, ben bütün bir akşamlık tartışma dozumu aldım, hatta bir aylık."

"O zaman gidip bir çay içelim ve barışalım."

Önündeki masalar bir çıkmazın sonuna dek uzayan, o saatte hâlâ kalabalık bir lokantaya götürdü Can, Alice'i.

İki kadeh rakı söyledi; Alice başta konuştukları çayı tercih ediyordu ama Can onu dinlemedi.

"Bay Daldry içmekten korkmuyordu ama."

"Sen sarhoş olmayı cesaret mi zannediyorsun?"

"Bilmiyorum, hiç düşünmedim bunu."

"Düşünmeliydin. Sarhoş olmak aptalca bir kaçıştır. Madem seni memnun etmek için rakı tokuşturuyoruz burada, yengenle aranda geçen tartışmanın benimle ne ilgisi olduğunu anlat bakalım."

Can cevap vermekte kararsız kaldı ama Alice'in ısrarı çekimserliğinin hakkından geldi.

"Sizin karşınıza çıkardığım bütün o insanlar yüzünden. Konsolos, Oğuz Zemirli, okul müdürü, gerçi okul müdürüyle karşılaşmamızda benim hiçbir dahlim olmadığını, evinin önünden tesadüfen geçtiğimizi söyledim ona."

"Seni neyle suçluyor ki?"

"Üstüme vazife olmayan işlere bulaşmakla."

"Bu onu neden rahatsız ediyormuş?"

"Başkalarının hayatlarına çok burnunu sokarsan, niyetin iyilik yapmak bile olsa, sonunda onu mutsuz edersin, diyor."

"O halde hemen yarın Can Ana'ya gidip, senin bana sadece mutluluk verdiğini söyleyerek onu rahatlatacağım."

"Yengeme bunu söyleyemezsiniz, sizinle konuştuğumu anlar ve bana kızar. Üstelik, bu tam olarak doğru da değil. Sizi Oğuz Bey'le tanıştırmasaydım, öldüğüne de üzülmezdiniz. Sizi o sokağa götürmeseydim, o yaşlı öğretmenin karşısında kendinizi o denli mutsuz da hissetmezdiniz. Sizi daha önce hiç öyle görmemiştim."

"Sen de artık bir karar ver ama. Ya senin rehberlik yeteneklerin sayesinde gittik o eve, ya da tamamen tesadüfen, hangisi?"

"İkisi de kısmen doğru, diyelim. Tesadüf köşkün yanmasıydı, sizi o sokağa götüren ise bendim. Tesadüf ve ben, birlikte hareket ettik bu olayda."

Alice boşalan bardağını masaya koyup itti, Can da hemen doldurdu.

"İşte şimdi, bana Bay Daldry'yle geçirdiğim keyifli akşamları hatırlattınız."

"Beş dakika olsun, Daldry'yi kafandan çıkarabilir misin?"

"Hayır, sanmıyorum," cevabını verdi Can düşündükten sonra.

"Nereden çıktı bu tartışma?"

"Mutfakta."

"Nerede çıktığını sormuyorum, nereden çıktığını soruyorum."

"Ha, onu söyleyemem, Can Ana'ya söz verdim bu konuda."

"Öyleyse seni sözünden kurtarıyorum. Bir kadın, bir adamın başka bir kadına verdiği sözü iptal edebilir, tabii eğer o ikisi çok iyi anlaşıyor ve bu durum her ikisi açısından da bir sakınca doğurmuyor ise. Bilmiyor muydun bunu?"

"Şimdi mi uydurdunuz?"

"Şu anda."

"Anlamıştım."

"Can, ne oldu da laf bana geldi, söyle hadi."

"Bunun ne önemi var ki?"

"Kendini benim yerime koy, ikimizi, yani Daldry ile beni senin hakkında tartışırken yakaladığını var say, neden olduğunu bilmek istemez miydin?"

"Yo, şart değil. Daldry'nin her zamanki gibi beni eleştirdiğini, sizin beni savunduğunuzu ve onun da, sizi yine böyle davranmakla suçladığını düşünürdüm. Gördüğünüz gibi, falcı olmaya gerek yok."

"Beni çıldırtıyorsun!"

"Beni de sizin yüzünüzden yengem çıldırtacak; berabereyiz yine."

"Pekâlâ, bir anlaşma yapalım, Daldry'ye bir sonraki mektubumda havalelerinle ilgili hiçbir şey yazmayacağım, sen de buna karşılık tartışmanın nasıl başladığını anlatacaksın."

"Buna şantaj denir. Can Ana'ya ihanet etmeye zorluyorsunuz beni."

"Ama ben de Daldry'ye hiçbir şey söylemeyerek, kendi bağımsızlığıma ihanet etmiş oluyorum. Bak, yine berabereyiz."

Can, Alice'e baktı ve bir kez daha kadehini doldurdu.

"İçin önce," dedi gözlerini ondan ayırmadan.

Alice kadehini bir dikişte boşalttı ve sert bir hareketle masaya bıraktı.

"Dinliyorum!"

"Yılmaz Hanım'ı bulduğumu sanıyorum."

Alice'in dehşet içinde bakan gözleri eşliğinde ekledi:

"Sütanneniz... Nerede oturduğunu biliyorum."

"Nasıl buldun onu?"

"Can hâlâ İstanbul'un en iyi rehberi, üstelik bu Boğaz'ın her iki yakası için de geçerli. Yaklaşık bir aydır sağa sola sorular sorup duruyorum. Üsküdar'ın bütün sokaklarını dolaştım ve sonunda onu tanıyan birini buldum. Size söylemiştim, Üsküdar herkesin birbirini tanıdığı bir yerdir; şöyle de diyebiliriz, herkesin, herkesi tanıyan birini tanıdığı bir yerdir... Üsküdar küçük bir köydür."

"Ne zaman onu görmeye gidebiliriz?" diye sordu Alice heyecan içinde.

"Vakti geldiğinde... Ayrıca, Can Ana hiçbir şey bilmeyecek."

"İyi de bundan ona ne? Ayrıca neden bana bundan bahsetmeni istemiyor?"

"Çünkü yengemin her konuda teorileri vardır. Maziye dair şeylerin mazide kalması gerektiğini iddia eder. Eski hikâyeleri canlandırmak hayırlara vesile değildir, der. Zamanın üstünü örttüğü şeyleri açığa çıkarmamak gerekir. Sizi Yılmaz Hanım'a götürürsem size iyilik etmemiş olacağımı düşünüyor."

"Ama neden?"

"Bu konuda hiçbir fikrim yok, belki bunu ancak oraya

gittiğimizde anlayabiliriz. Ama söz verdiniz, sabırlı olacaksınız ve ben bu ziyareti ayarlayana kadar hiçbir şey söylemeden bekleyeceksiniz."

Alice söz verdi. Can, hâlâ ayakta durabiliyorken, onu eve bırakmasına izin versin diye Alice'e yalvardı. Tartışmanın sebebini itiraf edene kadar kaç kadeh içtilerse artık, oyalanarak zaman harcamak gibi bir lüksleri kalmamıştı.

* * *

Ertesi gün Alice, Cihangir dönüşü büyük bir hızla evine koşup üstünü değiştirdi ve lokantaya, akşam yedideki servise yetişti.

Can Ana'nın lokantasındaki hayat normal seyrine dönmüştü. Aşçı koca, fırınlarıyla meşguldü, bir yemek çıkar çıkmaz haykırıyordu, Can Ana kasasından salona hâkimdi. Yerinden ancak müdavimleri karşılamak icap ettiğinde kalkıyordu ve kafasındaki önem sırasına göre, müşterileri hangi masaya oturtacağını bir bakışla işaret ediyordu. Alice siparişleri alıyordu ve mutfakla müşteriler arasında mekik dokuyordu. Komi de elinden gelenin en iyisini yapıyordu.

Akşam saat dokuza doğru, kalabalık bastırdığında, Can Ana taburesinden kalktı ve içini çekerek onlara yardım etmeye gitti.

Can Ana çaktırmadan Alice'i izliyordu, Alice ise Can' ın kendisine açtığı sırrı belli etmemek için çaba gösteriyordu.

Son müşteri de gittikten sonra Can Ana kapının sürgüsünü çekti, bir sandalye alıp masaya kuruldu. Her mesai bitiminde yaptığı gibi, ertesi günün sofralarını kuran Alice'e bakıyordu. Tam Can Ana'nın bitişiğindeki masanın örtüsünü kaldırırken, Can Ana, Alice'in masayı sildiği temizlik bezini alıp elini tuttu.

"Hadi gidip bize naneli çay hazırla hayatım, sonra da iki bardak kapıp yanıma gel."

Azıcık dinlenmeye hiç itirazı yoktu Alice'in. Mutfağa gidip birkaç dakika sonra geri geldi. Can Ana komiye servis penceresini kapatmasını buyurdu. Alice tepsisini masaya bıraktı ve karşısına oturdu.

"Burada mutlu musun?" diye sordu dükkân sahibesi çayları koyarken.

"Evet," diye cevapladı Alice şaşırmış bir halde.

"Cesur birisin," dedi Can Ana, ben de senin yaşındayken öyleydim, iş benim gözümü hiç korkutmazdı. Senle bizim aile arasındaki durumu sen de biraz tuhaf bulmuyor musun?"

"Hangi durumu?"

"Gündüzleri yeğenim sana çalışıyor, akşamları da sen onun yengesine çalışıyorsun. Sanki aile şirketi."

"Hiç bu tarafından bakmamıştım."

"Kocam fazla konuşmuyor, biliyorsun, ona fazla fırsat vermediğimi söylüyor, ikimiz için de ben konuşuyormuşum. Ama seni takdir ediyor ve saygı duyuyor."

"Mahcup oluyorum, ben de hepinizi çok seviyorum."

"Peki ya sana kiraladığım odayı seviyor musun?"

"Oranın sükûnetini seviyorum, manzarası muhteşem ve çok rahat uyuyorum."

"Ya Can?"

"Efendim?"

"Sorumu anlamadın mı?"

"Can harika bir rehber, kuşkusuz İstanbul'un en iyisi; birlikte geçirdiğimiz günlerin sonunda arkadaş bile olduk."

"Güzel kızım, artık günler değil, haftalar söz konusu. Üstelik bu haftalar da aylara dönüştü. Seninle birlikte geçirdiği zamanın farkında mısın?"

"Bana ne anlatmaya çalışıyorsunuz, Can Ana?"

"Sadece ona dikkat etmeni söylüyorum. Bilirsin, yıldırım aşkı yalnızca kitaplarda olur. Gerçek hayatta duygular, ev yapar gibi yavaş yavaş inşa olur, taşın üstüne taş koyarak. Kocama ilk görüşte âşık mı oldum sanıyorsun! Ama, kırk sene birlikte yaşadıktan sonra, o adamı sevmeye başladım, hem de çok. İyi taraflarını sevmeyi, kusurlarına alışmayı öğrendim. Ona kızdığım zaman, dün olduğu gibi mesela, biraz yalnız kalıp düşünüyorum."

"Ne düşünüyorsunuz peki?" diye sordu Alice neşeyle.

"Bir terazi düşünüyorum; bir kefesine, onun sevdiğim yanlarını koyuyorum, öteki kefesine de beni sinirlendiren yanlarını. Dengeye baktığımda, eşit olduklarını, çok hafifçe iyi tarafının ağır bastığını görüyorum. Bunun nedeni, güvenebileceğim bir kocam olması. Can, eniştesinden çok daha akıllı bir adam, ayrıca ondan farklı olarak, yakışıklı da bir adam."

"Can Ana, asla yeğeninizi baştan çıkarmak istemedim."

"Biliyorum. Ama ben Can'dan bahsediyorum. Senin için bütün İstanbul'u elinin tersiyle itebilecek durumda, bunu görmüyor musun?"

"Üzgünüm Can Ana, böyle bir şeyi hiç..."

"Onu da biliyorum. O kadar çok çalışıyorsun ki, hiçbir şeyin farkına varacak durumda değilsin. Neden pazarları buraya gelmene izin vermiyorum sanıyorsun? Hiç olmazsa haftada bir gün, kafanı dinleyebil diye, kalbin atmaya sebep bulsun diye. Ama belli ki Can'ı beğenmiyorsun, o halde onu rahat bırakmalısın. Artık Cihangir'deki zanaatkârın evinin yolunu öğrendin, havalar güzelleşti, oraya tek başına gidebilirsin."

"Yarın bunu ona söylerim."

"Buna gerek yok, ona artık hizmetine ihtiyacın olmadığını söylemen yeter. Eğer şehrin en iyi rehberiyse dediği gibi, derhal kendine yeni bir müşteri bulur."

Alice gözlerini Can Ana'nın gözlerine dikti.

"Artık burada çalışmamı istemiyor musunuz?"

"Böyle bir şey söylemedim, nereden çıkarttın bunu? Seni çok takdir ediyorum, müşteriler de öyle. Her akşam seni görmek beni çok memnun ediyor; gelmesen, Allah bilir ya seni ararım. İşini bırakma, çok iyi uyuduğunu söylediğin ve manzarasını sevdiğin odandan ayrılma. Cihangir'deki işinle ilgilen, göreceksin, her şey çok daha iyi olacak."

"Anlıyorum Can Ana, düşüneceğim."

Alice önlüğünü çıkardı, katladı ve masanın üstüne bıraktı.

"Dün neden kocanıza kızdınız?" diye sordu lokantanın kapısına doğru yürürken.

"Çünkü ben de senin gibiyim hayatım, dobra biriyim ve fazla soru soruyorum. Yarın görüşürüz! Hadi git artık, kapatmak için çıkmanı bekliyorum."

* * *

Can, Alice'i bir bankta bekliyordu. Geçerken ayağa kalktı ve yanına yanaşmasıyla Alice sıçradı.

"Seni fark etmemişim."

"Özür dilerim, sizi korkutmak istememiştim. Çok keyifsiz görünüyorsunuz, kötü bir şeyler mi oldu lokantada?"

"Bilakis, her şey yoluna girdi."

"Can Ana'yla fırtına uzun sürmez zaten. Gelin, sizi eve götüreyim."

"Seninle konuşmalıyım Can."

"Ben de öyle, yürüyelim. Size haberlerim var ve bunları yürürken söylemeyi tercih ederim. Yaşlı öğretmenin, Yılmaz Hanım'la artık karşılaşmamasının nedeni, kadının İstanbul dışında yaşamasıymış. Hayatının son dönemini geçirmek için memleketine dönmüş. Artık İzmit'te yaşıyor, adresini bile aldım."

"Uzak mı orası? Ne zaman gidip görebiliriz?"

"Yaklaşık yüz kilometre, trenle bir saat sürüyor. Deniz yoluyla da gidebiliriz, henüz hiçbir ayarlama yapmadım."

"Neyi bekliyorsun?"

"Onunla gerçekten tanışmak istediğinize emin olmak isterim."

"Tabii ki isterim, bundan niye kuşku duyasın ki?"

"Bilmiyorum, belki de yengem haklıdır, tarihe gömülmüş şeyleri ortaya çıkarmak hayırlara vesile olmaz. Eğer bugün mutluysanız, eskileri çıkarıp da ne yapacaksınız? İleriye bakıp geleceği düşünmek çok daha iyi."

"Maziden korkmamı gerektirecek bir şeyim yok, ayrıca hepimizin tarihini bilme ihtiyacı vardır. Annem ile babamın, hayatımın bir bölümünü benden neden gizlediklerini merak ediyorum. Yerimde olsan sen de bilmek istemez miydin?"

"Peki ya haklı gerekçeleri vardıysa, ya sizi korumak istediyseler?"

"Neden koruyacaklardı beni?"

"Kötü hatıralardan."

"Beş yaşındaydım, hiçbir hatıram yoktu. Zaten hiçbir şey cehaletten daha korkutucu olamaz. Eğer hakikati bilseydim, hakikat her ne ise, en azından kendi kararımı kendim verebilirdim."

"Evlerine dönmek için yaptıkları o gemi yolculuğunun çok acı verici olduğunu sanıyorum, bence anneniz o yolculuğu hatırlamamanız için Allah'a dualar etmiştir. Konuşmamasının nedeni de budur."

"Ben de öyle olduğunu düşünüyorum Can ama bu sadece bir varsayım. Doğrusunu istersen, söylenecekler ne kadar önemsiz de olsa benimle konuşulmasını tercih ederim. Annem nasıl giyinirdi, sabah ben okula gitmeden evvel bana ne söylerdi, Rumeli Han'daki hayatımız neye benziyordu, pazar günleri ne yapıyorduk... Bu da onlarla yeniden ilişki kurmanın bir yolu olurdu, çok kısa da sürse. Vedalaşamayınca yas tutmak da çok zor oluyor... Daha dün ölmüşler gibi özlüyorum onları."

"Yarın Cihangir'deki atölye yerine, sizi Yılmaz Hanım'a götüreceğim. Ama yengeme hiçbir şey söylemeyeceksiniz. Söz mü?" diye sordu Can, Alice'in evinin önünde.

Alice ona dikkatle baktı.

"Hayatında biri var mı Can?"

"Hayatımda çok kişi var, Bayan Alice. Dostlar ve çok geniş bir aile. Hatta benim tercih edeceğimden biraz fazla kalabalık bir aile."

"Sevdiğin biri var mı demek istedim."

"Eğer kalbimde bir kadın olup olmadığını soruyorsanız, Üsküdar'daki bütün güzel kadınların her gün oraya

253

girip çıktığını söyleyebilirim size. Bunun herhangi bir maliyeti olmadığı gibi, sessizce sevmek kimseye de bir rahatsızlık vermiyor. Haksız mıyım? Peki ya siz, sizin sevdiğiniz biri var mı?"

"Önce ben sordum."

"Ne anlattı yengem size? Araştırmalarınızda size yardımcı olmayayım diye aklına geleni söyleyebilir o. Bir şeye takıldı mı ondan inatçısı yoktur, size evlenme teklif etmek istediğime dahi ikna edebilir sizi. Ama sizi temin ederim, böyle bir niyetim yok."

Alice, Can'ın elini eline aldı.

"Buna bir saniye olsun inanmadığıma yemin ederim sana."

"Böyle yapmayın," diye iç çekti Can elini çekerek.

"Dostluğumu göstermek istedim sadece."

"Olabilir. Ama dostluk, iki farklı cinsten varlık arasında hiçbir zaman masum değildir."

"Seninle aynı fikirde değilim, en yakın arkadaşım bir erkek, çocukluğumuzdan beri tanışıyoruz."

"Onu özlemiyor musunuz?"

"Özlemez olur muyum! Her hafta mektup yazarım ona."

"O da bütün mektuplarınıza cevap yazıyor mu?"

"Hayır, ama sağlam bir mazereti var, mektuplarımı ona göndermiyorum."

Can, Alice'e gülümsedi ve geri geri yürümeye başladı.

"Peki hiç kendinize sormadınız mı, o mektupları neden asla yollamıyorum diye? Artık gitme vakti geldi sanırım, geç oldu."

* * *

Sevgili Daldry,

Bu mektubu yazdığım esnada kalbim paramparça. Sanıyorum bu yolculuğun sonuna geldim, bu mektubu size yazmamın sebebi, henüz dönmeyeceğimi bildirmek, en azından uzunca bir süre. Müteakip satırları okuyunca, neden olduğunu anlaya-caksınız.

Dün sabah, sütannemle buluştum. Can beni Yılmaz Hanım'a götürdü. Taş döşeli bir yolun tepesindeki bir evde oturuyor. Eskiden o yol toprakmış. Şunu da söylemem lazım size: Bu sokağın ucunda, büyük bir merdiven bulunuyor...

Her zaman olduğu gibi, erken bir saatte Üsküdar'dan ayrılmışlardı ama Cihangir'e değil, Can'ın söz verdiği gibi, Haydarpaşa Garı'na gitmişlerdi. Tren saat dokuz buçukta perondan ayrılmıştı. Yüzünü kompartımanın camına yaslayan Alice, sütannesinin neye benzediğini sormuştu kendi kendine. Acaba onun yüzü bazı hatıraları canlandıracak mıydı? Bir saat sonra İzmit'e vardıklarında bindikleri taksi onları şehrin en eski mahallesinde bir tepeye çıkarmıştı.

Yılmaz Hanım'ın evi, sahibesinden çok daha yaşlıydı. Ahşap ev tuhaf bir şekilde yana yatmıştı, çöktü çökecek gibiydi. Cephedeki kaplamaları tutan eski çivilerden başka bir şey yoktu, onların da başları aşınmıştı. Tuz, pencerelerin pervazlarını çürütmüş, geçirdiği onca kışın etkisi çerçevelerine yansımıştı. Alice ile Can bu can çekişen binanın kapısına vurdular. Yılmaz Hanım'ın oğlu olduğunu düşündükleri biri onları salona aldığında, Alice sobada yanan odun reçinesinin kokusuyla çarpıldı. Kaymaklanmış süt kokan eski kitaplar, taze toprak dinginliği veren halı, hâlâ yağmur kokan bir çift eski çizme.

"Yukarıda," dedi adam eliyle üst katı işaret ederek, "ona bir şey söylemedim, sadece ziyaretçin var dedim."

Üstüne bastıkça sallanan merdivenden çıkarken, Alice saçaklardaki lavanta kokusunu, korkulukların cilasındaki keten yağını, un kokan kolalanmış kumaşları ve Yılmaz Hanım'ın odasında da, yalnızlık kokan naftalini ayırt etti.

Yılmaz Hanım yatağına oturmuş kitap okuyordu. Gözlüklerini burnunun ucuna doğru kaydırdı ve kapısını vuran çifte baktı.

Yanına doğru gelen Alice'in yüzünü tanıdı, nefesini tuttu, uzun bir iç geçirdikten sonra gözleri yaşla doldu.

Alice'in o yatakta gördüğü sadece yaşlı bir kadındı, hiç tanıdık gelmemişti ama Yılmaz Hanım onu kollarının arasına alıp hıçkırarak sarıldığında...

... burnum onun ensesinde, çocukluğumun güzel kokusunu tanıdım, geçmişimdeki kokulara, yatmaya gitmeden önce aldığım öpücüklerin kokusuna kavuştum. Bu çocukluğun içinde, sabahları açılan perdelerin hışırtısını, sütannemin, "Anuş kalk, Boğaz'da çok güzel bir gemi var, gelip görmen lazım," diye bağırdığını duydum.

Mutfaktaki sıcak süt kokusunu hatırladım, kuşkirazı ağacından yapılmış masanın ayaklarını görür gibi oldum, altına saklanmayı ne çok severdim. Merdiven basamaklarının babamın adımlarının altında gıcırdayışını duydum ve bir anda, siyah mürekkeple çizilmiş bir resimde iki surat gördüm.

İki annem ve iki babam vardı Daldry, şimdiyse hiç yok.

Yılmaz Hanım'ın gözlerini kurulaması uzun zaman aldı, elleri yanaklarımı okşuyor, dudakları beni öpücüklere boğuyordu. Durmaksızın adımı tekrarlıyordu: "Anuş, Anuş, benim küçücük Anuşum, güneşim benim, yaşlı sütanneni görmeye gelmişsin." Bu sefer ben de ağlamaya başladım Daldry, hiçbir şeyi bilmiyor olduğum için ağladım, beni doğuranlar büyüdüğümü göremedikleri için ağladım, sevdiğim, beni yetiştiren kişiler hayatımı kurtarmak için beni evlat edindiler diye ağladım. Benim adım Alice değil, Anuş, İngiliz olmadan evvel bir Ermeniydim ve soyadım da Pendelbury değildi.

Beş yaşındayken sessiz bir çocuktum, hiç konuşmayan küçük bir kızdım, nedenini kimse bilmezdi. Sadece kokulardan oluşan bir evrenim vardı, benim dilim kokulardı. Babam kunduracıydı ve büyük bir atölyesi ve Boğaz'ın her iki yakasında iki dükkânı vardı. Yılmaz Hanım'ın dediğine göre İstanbul'un en saygın kunduracısıydı, şehrin dört bir yanından müşterisi gelirdi. Babam Pera'daki dükkânla meşgul oluyordu, annem ise Kadıköy'dekine bakıyordu. Her sabah, Yılmaz Hanım beni Üsküdar'daki bir çıkmazın sonundaki okuluma götürüyordu. Annem ile babam çok çalışıyorlardı ama babam her pazar bizi atlı arabayla gezintiye çıkarıyordu.

1914 senesinin başında, bana bakan bilmem kaçıncı doktor

dilsizliğimin bir kader olmadığını, bazı ilaçlar sayesinde şiddetli kâbuslarla geçen gecelerimin teskin olabileceğini ve uykuma kavuştuğum takdirde dilimin de çözülebileceğini söylemişti. Babamın İngiliz bir eczacı müşterisi vardı, zordaki ailelere yardım ederdi. Yılmaz Hanım'la ben, her hafta İstiklal Caddesi'ne gitmeye başladık.

O eczacının karısını görür görmez, gayet duyulur bir sesle ismini haykırırmışım.

Bay Pendelbury'nin hazırladığı ilaçların mucizevi etkileri varmış. Altı ay sonunda bir melek gibi uyur hale gelmişim ve günden güne konuşmaya başlamışım. 25 Nisan 1915'e kadar, mutlu bir hayatım olmuş.

O gün, İstanbul'un bütün Ermeni ileri gelenleri, entelektüeller ve gazeteciler, doktorlar, öğretmenler, tüccarlar kanlı baskınlar yapılarak tutuklandı. Yakalananların çoğu yargısız infaz edildi, kurtulanlar da Adana ve Halep'e sürüldü.

Öğleden sonra, katliamın dedikodusu babamın atölyesine ulaştı. Türk dostları gelip haber vermişti, ailesini alıp derhal güvenli bir yere gitmesi gerekiyordu. Ermeniler, o dönemki düşman Ruslarla işbirliği yapmakla suçlanıyordu. Bunun gerçekle hiçbir ilgisi yoktu ama milliyetçi çılgınlık zihinleri ele geçirmişti, İstanbulluların azımsanamayacak bir kısmının karşı durmasına rağmen, cinayetler işleniyor ve cezasız kalıyordu.

Babam mümkün olduğu kadar çabuk yanımıza gelmeye çalıştı, ama yolda bir devriyeyle karşılaştı.

"Baban iyi bir insandı," dedi bana Yılmaz Hanım, "sizi kurtarmak için karanlıkta koşuyordu. Limanın yakınlarında yakaladılar onu. Ayrıca baban dünyanın en cesur insanlarından biriydi, gözü dönmüş saldırganlar babanla işlerini bitirip onu ölüme terk ettikten sonra, ayağa kalkmayı başardı. Yaralarına rağmen yürüdü ve Boğaz'ı geçmek için bir yol buldu. Vahşet henüz Kadıköy'e ulaşmamıştı.

Kanlar içinde geldiğini gördük, yüzü şişmiş, tanınmaz haldeydi. Uyuduğunuz odaya gitti, siz uyanmayın diye, ağlamaması için annene yalvardı. Bizi, annenle beni, salonda bir araya topladı ve şehirde olanları anlattı. İşlenen cinayetleri, yakılan evleri, taciz edilen kadınları. İnsanlıktan çıktıkları zaman, insanların ne kadar saldırgan olabildiklerini anlattı. Bize, her ne pahasına sizi korumamız gerektiğini söyledi. En kısa zamanda şehri terk etmek gerekiyordu, at arabasını koşumlamak ve olayların muhtemelen bu denli çığırından çıkmadığı taşra vilayetlerine gitmek gerekiyordu. Baban, sizi ailemin yanına götürmemi rica etti. Burada, İzmit'teki bu evde, birkaç ay geçirdin. Ve annen, göz yaşları içinde, neden kendisinin de onlarla gelmediğini sorduğunda, hiç unutmuyorum, şu cevabı verdi baban: 'Biraz oturacağım ama sadece yorulduğum için.'

Çok gururlu bir insandı, sizi bir mızrak gibi dimdik tutan insanlar gibi, her koşulda sizi dimdik ayakta durmaya zorlayan insanlar gibi.

Sandalyesinde oturur halde, gözlerini kapadı, annen diz çökmüş, ona sarılıyordu. Baban bir elini onun yanağına koydu, ona gülümsedi, sonra da uzun bir iç çekti. Başı yana düştü, başka da bir şey söyleyemedi. Baban, gülümsemesi dudaklarında, karar verdiği gibi annene bakarak öldü.

Babanla annen kavga ettiklerinde babanın bana söylediğini hiç unutamam: 'Merak etmeyin Yılmaz Hanım, çok çalıştığımız için sinirleniyor ama yaşlandığımızda kırlarda ona güzel bir ev alacağım, etrafı bağ bahçe olacak ve o da dünyanın en mutlu kadını olacak. Ben de Yılmaz Hanımcığım, çabalarımızın karşılığı olan o evde öldüğümde, bu dünyadan çekip giderken son gördüğüm şeyin karımın gözleri olmasını istiyorum.'

Baban bana bunları, annen de duysun diye çok yüksek sesle söylemişti. O zaman annen birkaç dakika bekliyor, baban tam paltosunu giyerken kapıya gelip ona, 'Nereden biliyorsun önce senin gideceğini? Ben de, senin Tanrı'nın cezası işlerin yüzünden yorgunluktan ölürken, göreceğim son şey kundura pençeleri olacak,' diyordu.

Sonra annen ona sarılıp şehrin işinde en titiz kunduracısı olduğunu ama ondan başka koca istemeyeceğini söylüyordu.

Babanı yatağa yatırdık, annen, sanki uyuyormuş gibi yanına uzandı. Ona sarılıyor ve sadece ikisinin duyabileceği aşk sözcükleri fısıldıyordu. Benden sizi uyandırmamı istedi ve babanın bizden istediği gibi, orayı terk ettik.

Atları arabaya koşarken annen bir bavul hazırlıyordu. İçine

birkaç eşyayla birlikte şu resmi koydu, bak şurada, çerçevelerin içinde duruyor, annen ile baban."

Pencereye doğru gittim Daldry ve çerçeveyi elime aldım. Yüzleri bana hiç tanıdık gelmedi ama ebediyetten bana gülümseyen o adamla o kadın, benim gerçek annemle babamdı.

"Gece çok uzun saatler boyunca yol aldık," diye devam etti Yılmaz Hanım, "ve şafak sökmeden İzmit'e vardık. Orada ailem sizi karşıladı.

Annenin acısı dinecek gibi değildi. Günlerinin büyük bir kısmını, pencereden görebileceğin şu ıhlamur ağacının altında oturarak geçiriyordu. Kendini daha iyi hissettiği zamanlar seni tarlada gezmeye götürürdü, gül ve yasemin toplardınız. Yolda, sen bize duyduğun bütün kokuları anlatırdın.

Huzura kavuştuğumuzu zannediyorduk, bu gözü kararmış vahşetin dizginlendiğini, İstanbul'da yaşanan dehşetin bir gecelik olduğunu sanmıştık. Ama yanılıyorduk. Nefret bütün ülkeye yayılacaktı. Haziran ayında genç yeğenim geldi soluk soluğa, şehrin aşağı mahallelerinde Ermenilerin yakalandığını haykırıyordu. Hepsini ite kaka garın etrafında topluyorlar, sonra da mezbahaya götürülen kurbanlıklara bile gösterilmeyen bir muameleyle, hayvan taşınan vagonlara yüklüyorlardı.

Boğaz'daki büyük evlerden birinde yaşayan bir kız kardeşim vardı. O kadar güzel bir kızdı ki, zengin ileri gelenlerden birinin gönlünü çalmıştı. Evine davetsiz girilemeyecek kadar erk sahibi bir adamdı. Kız kardeşim ve kocası altın kalpli insanlardı ve kimsenin, hangi sebeple olursa olsun, bir kadının ya da çocuklarından birinin tek bir saç teline bile zarar vermesine müsaade etmezlerdi. Bir aile toplantısı yaptık ve hava kararır kararmaz, benim sizi onlara götürmeme karar verdik. Akşam saat onda, Anuşçuğum, dünmüş gibi hatırlıyorum, küçük siyah bavulu aldık ve İzmit sokaklarının karanlığında yola çıktık. Sokağımızın sonundaki merdivenin tepesinden bakınca, göğe yükselen alevler görünüyordu. Ermenilerin liman civarındaki evleri yanıyordu. Kaç defa, Ermeni cemaatini kılıçtan geçiren saldırgan grupların yanından geçtik kim bilir. Eski bir kilisenin yıkıntıları arasına saklandık. Masum olduğumuzdan, felaketin geçtiğini sandık, saklandığımız yerden çıktık. Annen seni elinden tutuyordu ve birden, bizi gördüler."

Yılmaz Hanım anlatmayı kesti, hıçkırıyordu, bense onu kollarımda yatıştırmaya çalışıyordum. Mendilini aldı, yüzünü kuruladı ve keder dolu hikâyesini anlatmaya devam etti.

"Beni affetmelisin Anuş, otuz beş seneden fazla geçti üstünden, ama hâlâ hıçkırıklara boğulmadan anlatamıyorum. Annen senin önünde diz çöktü ve şöyle dedi: 'Sen benim hayatımsın, küçük bebeğim, her ne pahasına olursa olsun yaşaman lazım.' Kendi başına ne gelirse gelsin, sana mukayyet olacağını ve nerede olursan ol, onun kalbinde olacağını söyledi. Seni bırakmak zorunda olduğunu ama seni asla terk etmeyeceğini söyledi. Bana doğru yaklaştı, senin elini benimkine tutuşturdu ve bizi bir garajın karanlık kapısından içeri itti. Hepimize sarıldı ve bana, sizi korumam için yalvardı. Sonra, gecenin karanlığında tek başına gitti, kendini gözlerini kan bürümüş saldırganların önüne attı. Bizim olduğumuz tarafa gelmesinler, bizi görmesinler diye, o onlara doğru gitti.

Adamlar onu alıp götürdükten sonra, sizi evvelden bildiğim patikalardan geçirerek tepeden aşağı indirdim. Kuzenim bizi küçük bir koyda, iskeleye bağlı balıkçı sandalında bekliyordu. Denize açıldık ve gün doğmadan epey önce gideceğimiz yere vardık. Sonra bir süre yürüdük ve en sonunda kız kardeşimin evine vardık."

Anneme ne olduğunu sordum, Yılmaz Hanım'a.

"Bunu hiçbir zaman kesin olarak bilemedik," cevabını verdi. "Sadece İzmit'te, dört bin Ermeni tehcir edildi, bütün imparatorlukta ise o trajik yaz boyunca yüz binlercesi öldürüldü. Bugün kimse bundan bahsetmiyor, herkes susuyor. Olaylara şahit olup da canını kurtaranların sayısı o kadar az ki! Onları dinlemek istemediler. Özür dileyebilmek için çokça alçakgönüllülük ve cesarete ihtiyaç var. Nüfus mübadelesinden bahsedildi ama inan bana, bu bambaşka bir şeydi. Kilometrelerce uzunlukta adam, kadın ve çocuğun ülkeyi güneye doğru yürüdüklerini duydum. Bir kısmı hayvan vagonlarına doldurularak, bir kısmı rayları yürüyerek, aç biilaç geçmek zorunda kaldılar. Yürüyecek gücü kalmayanlar kafalarına kurşunu yiyorlardı. Bir kısmı çöl ortasında açlıktan, susuzluktan ve hastalıktan ölüme terk edildiler.

O yaz seni kız kardeşimin evinde saklarken, kendimi en kötüsüne hazırlasam da bütün bunlardan habersizdim. Annenin gittiğini görmüştüm, döneceğini de zannetmiyordum. Senin için korkuyordum.

O trajedinin ertesi günü, yeniden sessiz dünyana döndün, artık konuşmak istemiyordun.

Bir ay sonra, kız kardeşimle kocası İstanbul'un yeniden sükûnete kavuştuğuna ikna olduklarında, seni İstiklal Caddesi'ndeki eczacıya götürdüm. Karısını yeniden gördüğünde kollarını açıp ona doğru koştun. Onlara, başınıza gelenleri anlattım.

Beni anlamalısın Anuş, korkunç bir seçim yapmam gerekiyordu, seni korumak için kabul ettim.

Eczacının karısı sana büyük bir sevgi duyuyordu ve sen de onu seviyordun. Onun yanındayken birkaç kelime olsun, konuşuyordun. Seni Taksim'deki parklarda gezmeye götürdüğümde bazen o da yanımıza gelirdi, sana bazı yapraklar, otlar, çiçekler koklatır ve sana isimlerini öğretirdi; onun yanında, hayata dönüyordun sanki. İlaçlarını almaya geldiğim bir akşam, eczacı yakında ülkelerine döneceklerini söyledi ve seni de yanlarına almayı teklif etti. Bana, İngiltere'de güvende olacağına, sana bakacaklarına dair söz verdi. Karısıyla birlikte, sahip olamadıkları çocuk için hayal ettikleri hayatı sana yaşatacaklarını söyledi. Onların yanında artık bir yetim olmayacağına, hiçbir şeyinin, bilhassa da şefkat ve sevginin eksik olmayacağına söz verdiler.

Seni bırakmak, gitmene göz yummak çok büyük bir acıydı benim için ama ben sadece bir sütanneydim, kız kardeşim uzun süre sizi saklayamazdı ve ikinizi birden büyütebilecek gücüm yoktu. Sen daha hassastın, o ise böyle bir yolculuk için fazla küçüktü. O yüzden hayatım, seni kurtarmayı tercih ettim."

Sevgili Daldry, bu hikâyenin sonunda gözyaşlarımın tamamını akıtmış olduğumu sanıyordum ama inanın, dahası da varmış.

Yılmaz Hanım'a neden devamlı "siz" dediğini ve "sen daha hassastın" derken, beni kimle kıyasladığını sordum.

Yüzümü ellerinin arasına aldı ve onu affetmemi istedi. Beni erkek kardeşimden ayırdığı için onu bağışlamamı istedi.

Yeni ailemle birlikte Londra'ya gelişimden beş sene sonra, İngiliz ordusu, yenilmiş imparatorlukta İzmit'i işgal etti, ne tesadüf, değil mi?

1923 senesi içinde, Cumhuriyet kurulmak üzereyken, Yılmaz Hanım'ın kayınbiraderi önce ayrıcalıklarını, sonra da hayatını kaybetti.

Kız kardeşi, başka bir sürü insanın yaptığı gibi, yeni bir cumhuriyet kurulurken mağlup imparatorluğu terk etti. İngiltere'ye göç etti ve tek varlığı olan birkaç mücevheriyle Brighton'da deniz kenarında bir yere yerleşti.

Falcı kadın her bakımdan haklıydı. Ben İstanbul'da doğdum, Holborn'da değil. Beni, hayatımda en fazla yeri kaplayacak adama götürecek kişilerle de birer birer karşılaştım.

Şimdi onu bulmaya gideceğim, çünkü onun var olduğunu biliyorum artık.

Bir yerlerde bir erkek kardeşim var, adı da Rafael.

Kucak dolusu sevgilerimle,

Alice

* * *

Alice o günü Yılmaz Hanım'ın yanında geçirdi.

Merdivenlerden inmesine yardım etti. Çardağın altında, Can ve Yılmaz Hanım'ın yeğeniyle birlikte öğle yemeği yedikten sonra, ikisi birlikte gidip büyük ıhlamur ağacının altına oturdular.

O öğleden sonra, sütannesi Alice'e, Anuş'un babasının İstabullu bir kunduracı, annesinin de iki güzel çocuk anası mutlu bir kadın olduğu bir geçmişe dair hikâyeler anlattı.

Ayrılık vakti geldiğinde, Alice onu sık sık ziyaret edeceğine söz verdi.

Can'a, deniz yoluyla dönmek istediğini söyledi; onları İstanbul'a götüren gemi iskeleye yanaşırken kıyıdaki bütün yalılara baktı ve bir heyecana kapıldığını hissetti.

Aynı akşam, gecenin bir saati Daldry'ye yazdığı mektubu posta kutusuna atmak için aşağı indi. Daldry mektubu bir hafta sonra aldı. Yazdıklarını okurken kendisinin de ağladığını, Alice'e hiçbir zaman itiraf etmedi.

14

İstanbul'a döndüğünde Alice'in aklında tek bir düşünce vardı, kardeşini bulmak. Yılmaz Hanım, on yedi yaşındayken rızkının peşine, İstanbul'a gittiğini söylemişti Alice'e. Senede bir kez onu ziyarete gelir, arada bir de kart atardı. Balıkçı olmuştu. Hayatının büyük bir kısmı denizde, büyük balıkçı teknelerinde geçiyordu.

Yaz boyunca her pazar, Alice, Boğaziçi boyunca bütün koyları arşınladı. Bir balıkçı teknesi yanaştığında rıhtıma koşuyor ve tekneden inen denizcilere Rafael Kaşadoryan diye birini tanıyıp tanımadıklarını soruyordu.

Temmuz, ağustos ve eylül geçti.

Bir pazar akşamı, sonbahar akşamının ılıman havasından istifade eden Can, Alice'i, Daldry'nin o çok sevdiği lokantada yemeğe davet etmişti. O akşam masalar dışarıda, mendireğin üstündeydi.

Muhabbetlerinin orta yerinde Can birden konuşmayı kesti. Sonsuz bir şefkatle Alice'in elini tuttu.

"Bir husus var ki, haksızdım... Ama başka bir hususta ise daima haklıydım," dedi.

"Seni dinliyorum," dedi Alice gülümseyerek.

"Hatalıydım, bir erkekle bir kadın arasında sahiden bir dostluk olabilirmiş, benim dostum oldunuz Alice,

Anuş Pendelbury."

"Peki hangi konuda daima haklıydın?" diye sordu Alice tebessümünü bozmadan.

"Ben gerçekten İstanbul'un en iyi rehberiyim," dedi Can büyük bir kahkaha koyuvererek.

"Bundan hiçbir zaman şüphe etmedim!" diye haykırdı Alice, Can'ın kahkahası ona da sirayet etmişti. "Peki neden şimdi söylüyorsun bana bunu?"

"Çünkü, eğer erkek bir ikiziniz varsa hayatta, iki masa arkanızda oturuyor şu anda."

Alice'in gülmesi kesildi, arkasını döndü ve nefesini tuttu.

Arka masada, kendisinden biraz daha genç bir adam, bir kadınla yemek yiyordu.

Alice sandalyesini itip ayağa kalktı. Aşması gereken birkaç metre bitip tükenmez göründü gözüne. Adamın yanına geldiğinde, lafını böldüğü için özür diledi ve isminin Rafael olup olmadığını sordu.

Kendisine bu soruyu soran yabancı kadının suratını sokak lambalarının solgun ışığında görünce, adamın yüz hatları kaskatı kesildi.

Ayağa kalktı ve gözlerini Alice'in gözlerine dikti.

"Sanırım sizin ablanızım," dedi Alice titrek bir sesle, "ben Anuş'um, her yerde seni aradım."

15

"Senin evinde kendimi rahat hissediyorum," dedi Alice pencereye doğru giderek.

"Çok küçük ama yatağımdan Boğaz'ı görebiliyorum, zaten çok zaman geçirmiyorum burada."

"Görüyor musun Rafael? Alın yazısına inanmazdım, hayatta tutacağımız yolu gösterdikleri söylenen o küçük işaretlere inanmazdım. Bize istikbalimizi anlatan falcı kadınlara, geleceği söyleyen kartlara inanmazdım. Mutluluğa inanmazdım, hele günün birinde seninle karşılaşacağıma, hiç inanmazdım."

Rafael ayağa kalkıp Alice'in yanına geldi. Bir yük gemisi boğaza giriyordu.

"Sence Brighton'daki falcı kadın, Yaya'nın[1] kız kardeşi olabilir mi?"

"Yaya kim?"

"Küçükken sütannemize böyle hitap ederdin, ismini doğru söyleyemezdin. Benim için o hep Yaya'ydı. Bana, kız kardeşinin, İngiltere'ye gittiğinden beri hiçbir hayat belirtisi göstermediğini söylemişti. Kaçmıştı. Sanıyorum içten içe, Yaya bundan utanıyordu. Eğer falcı kadın oysa, dünya gerçekten küçük demektir."

1. (Erm.) Nine. (Y.N.)

266

"Senin bulabilmem için dünyanın yeterince küçük olması gerekiyordu zaten."

"Neden bana öyle bakıyorsun?"

"Sana saatlerce bakabilirim. Kendimi bu dünyada tek başıma zannediyordum, oysa şimdi sen varsın."

"Peki şimdi ne yapmayı düşünüyorsun?"

"Temelli olarak buraya yerleşmeyi. Bir mesleğim, belki günün birinde Can Ana'nın lokantasından ayrılmamı ve biraz daha büyük bir ev tutmamı sağlayacak bir tutkum var. Ayrıca kökenlerime dönmek istiyorum, kaybettiğim zamanı telafi etmek, seni tanımak istiyorum."

"Ben genelde denizde oluyorum ama sanırım burada kalman beni mutlu eder."

"Peki ya sen Rafael, hiç Türkiye'den ayrılma isteği duymadın mı?"

"Nereye gidecektim? Türkiye dünyanın en güzel ülkesi, ayrıca benim ülkem."

"Ya annemiz ile babamızın ölümü, bunu affedebildin mi?"

"Affetmek gerekiyordu, herkes bu suça ortak değildi. Bizi kurtaran Yaya'yı ve ailesini düşün. Beni yetiştirenler Türktü, bana hoşgörüyü de öğrettiler. İyi bir insanın cesareti, binlerce gaddarın vahşetine bedeldir. Bak şu pencereden, İstanbul ne kadar güzel!"

"Hiç beni arama arzusu duymadın mı?"

"Çocukken senin varlığından haberim yoktu. Yaya, ancak on altı yaşıma geldiğimde bana senden bahsetti. Bunun sebebi de yeğeninin ağzından kaçırmasıydı. O gün, bana bir ablam olduğunu itiraf etti. Hâlâ hayatta olup olmadığını ise bilmiyordu. Yapmak zorunda kaldığı seçimden bahsetti. İkimize birden bakamayacaktı. Beni seçtiği için ona bozulma, bir kız çocuğunun kaderi o dönem çok belirsizdi, oysa erkek çocuk, onu büyütenler açısından yaşlılıklarında çok daha büyük faydalar vaat ediyordu. Yılda iki kere ona biraz para gönderiyorum. Seni terk etmesinin sebebi, daha az sevmesi değildi, yapabileceği başka bir şey yoktu."

"Biliyorum," dedi Alice, erkek kardeşine bakarak, "ama

seni tercih ettiğini ve senin ondan uzaklaşmanı kabul edemeyeceğini de söyledi bana."

"Sahiden bunu söyledi mi Yaya?"

"Yemin ederim."

"Sana karşı çok nazik olmamış ama bunun beni yine de memnun ettiğini söylemezsem, dürüst davranmamış olurum."

"Ay sonunda, Londra'ya gidebileceğim kadar param olacak. Orada sadece birkaç gün kalacağım, eşyalarımı paketlemek, buraya göndermek, arkadaşlarımla vedalaşmak ve anahtarlarımı temelli olarak komşuma vermek falan gibi işlerim var."

"Ona teşekkür de edebilirsin bu arada, bir araya gelişimizi ona borçluyuz."

"Çok şeker bir adamdır, biliyor musun, yolculuğumun sonunda bulacağım hayatımın adamının, erkek kardeşim olabileceği aklının köşesinden bile geçmedi. Ama senin var olduğunu biliyordu."

"Fala senden daha fazla inanıyordu demek."

"Eğer benim fikrimi istiyorsan, onun bütün isteği şövalesini benim çatının altına yerleştirmekti. Yine de ona çok şey borçlu olduğumu teslim ediyorum. Bu akşam, Londra'ya gideceğimi ona yazacağım."

* * *

Sevgili Alice-Anuş,

Önceki mektuplarınız beni fazlasıyla sarsmıştı, bu akşam elime geçen mektup daha da derinden etkiledi.

Demek hayatınızın geri kalanını İstanbul'da sürdürmeye karar verdiniz. Tanrım, komşumu o kadar özleyeceğim ki. Ama sizin mutlu olduğunuzu bilmek, bana da öyle olmam için bir sebep vermiş oluyor.

Londra'ya ay sonunda geleceğinizi ve sadece birkaç gün kalacağınızı yazmışsınız. Sizi görmeyi çok isterdim, lakin hayat kararını başka türlü vermiş.

Bu hafta bir hanım arkadaşımla tatile çıkmaya karar verdim ve planı değiştirme şansım da maalesef yok. Arkadaşım izin başvurusunu yaptı bile. Bu Tanrı'nın cezası ülkede, yani bizim ülkemizde, işleme konmuş başvuruları değiştirmenin ne kadar zor olduğunu siz de bilirsiniz.

Birbirimizi göremeyecek olmamız fikrini kabul edemiyorum. Daha uzun kalabilmenizi isterdim ama sizin de, kendinize göre, bazı sorumluluklarınız olduğunu anlayabiliyorum. Can Ana'nız, size birkaç gün izin vermekle zaten yeterince yardımcı olmuş.

Gerekenleri yaptım ve kendinizi evinizde rahat hissedin diye şövalemi, boyalarımı ve fırçalarımı sizin dairenizden çıkardım. Evi mükemmel bir halde bulacaksınız. Yokluğunuzu fırsat bilip, kış soğuğunu içeri alan pencere pervazını tamir ettim. Eğer pinti ev sahibimizin elden geçirmesini bekleseydik, herhalde soğuktan ölürdünüz. Ama artık bir önemi yok. Aralık ayı geldiğinde, güney İngiltere'ninkinden çok daha ılıman bir iklimde yaşıyor olacaksınız.

Alice, hâlâ sizin için yaptıklarım nedeniyle bana teşekkür ediyorsunuz; şunu bilin ki, bana bu dünyada bir erkeğin hayal edebileceği en güzel seyahati yaşattınız. İstanbul'da sizinle birlikte geçirdiğim haftalar hayatımın en güzel anıları arasında yerlerini aldılar ve bundan böyle aramıza girecek mesafe ne olursa olsun, daima gerçek bir dost olarak kalbimdeki yerinizi koruyacaksınız. Bir gün, o harika şehre gelip sizi görebilmeyi ve sizin de bana yeni hayatınızı anlatacak zamanı bulabilmenizi ümit ediyorum.

Sevgili Alice, sadık seyahat arkadaşım, mektup arkadaşlığımızın da devam edeceğini ümit ediyorum, bu kadar düzenli olmasa bile.

Sizi özlüyorum ama bunu daha önce de yazdım. Sizi kucaklıyorum, madem arkadaş arasında bunlar söylenebiliyor.

Sadık dostunuz,

Daldry

Hamiş: Ne tuhaf, postacı (*pub*'da barıştık onunla) bana son mektubunuzu getirdiği sırada, ben de resmimi bitirmekle meşguldüm. Onu size göndermeyi düşünüyordum ama bu aptalca bir fikirmiş. Aylar süren bu uzun yokluğunuz boyunca resmini yaptığım şeyin daha da güzelini görebilmeniz için pencerenizi açmanız yetecek artık.

* * *

Alice odasının kapısını kapadı. Elinde büyük bir bavulla sokaktan yukarı doğru yürüdü, öbür elinde de daha küçük bir bavul vardı. Lokantaya girdiğinde Can Ana, kocası ve İstanbul'un en iyi rehberi onu beklemekteydiler. Can Ana ayağa kalktı, Alice'in elinden tuttu ve beş kişilik hazırlanmış bir masaya götürdü onu.

"Bugün şeref konuğumuz sensin," dedi, "burada olmayacağın dönem için birini tuttum, ama sadece burada olmayacağın dönem için! Otur bakalım, bu uzun seyahatten önce bir şeyler yemelisin. Kardeşin gelmiyor mu?"

"Teknesi bu sabah limana girecekti, umarım zamanında gelir, beni havaalanına götürmeye söz verdi."

"Ama ben götürecektim siz oraya!" diye itiraz etti Can.

"Artık bir arabası var, onu reddedemezsin, çok kırılır," dedi Can Ana yeğenine bakarak.

"Yepyeni sayılır! Benden önce sadece iki sahibi olmuş, üstelik biri, gayet titiz bir Amerikalı. Bay Daldry'den para almıyorum artık. Sizin için çalışmayı da bırakınca, bana aylık düzenli ödeme yapan bir sürü yeni müşterim oldu. İstanbul'un en iyi rehberi, müşterilerini şehrin her yerine, hatta şehir dışına götürebilecek durumda olmalı. Geçtiğimiz hafta bir çifti Karadeniz kıyısındaki Rumelihisarı'na götürdüm ve gitmemiz sadece iki saat sürdü."

Alice, camdan bakarak Rafael'in gelişini bekliyordu, ama yemek bittiğinde Rafael hâlâ ortalarda yoktu.

"Kararı deniz verir, bilirsin," dedi Can Ana, "mesela balık çok bolsa ya da hiç yoksa, belki yarın dönerler."

"Biliyorum," diye iç çekti Alice. "Nasıl olsa geri döneceğim."

"Artık gitmemiz lazım," dedi Can, "yoksa uçağı kaçıracaksınız."

Can Ana, Alice'e sarıldı ve Can'ın güzel arabasına kadar ona eşlik etti. Kocası iki bavulu bagaja koydu, Can ona ön kapıyı tuttu.

"Ben kullanayım mı?" diye sordu Alice.

"Şaka mı ediyorsunuz?"

"Kullanmayı öğrenmiştim ama?"

"Ama bunu değil!" diyerek, Can arabanın içine itti Alice'i.

Anahtarı çevirdi ve gurur içinde motorun homurtusunu dinledi.

Alice "Anuş" diye bir bağırış duydu ve arabadan indi, kardeşi ona doğru koşuyordu.

"Biliyorum," dedi arka koltuğa yerleştikten sonra, "çok geç kaldım ama benim hatam değildi, bir ağa takıldık. Limandan buraya mümkün olduğunca çabuk geldim."

Can debriyajı bıraktı ve Ford Üsküdar sokaklarında ilerlemeye başladı.

Bir saat sonra Yeşilköy Havaalanı'na vardılar. Terminalin önünde Can, Alice'e iyi yolculuklar diledi ve onu kardeşiyle baş başa bıraktı.

Alice havayolu şirketinin kontuarına gitti, bavullardan birini verdi, diğerini ise yanına aldı.

Hostes ona hemen pasaport kontrolüne gitmesini söyledi, uçağa binmeyen tek yolcu o kalmıştı, herkes onu bekliyordu.

"Ben denizdeyken," dedi Rafael, Alice'i kapıya götürürken, "şu falcı kadının hikâyesini uzun uzun düşündüm. Yaya'nın kız kardeşi o mudur, değil midir bilmiyorum ama vaktin olursa gidip onu görmen ilginç olur, çünkü önemli bir noktada hata yaptı."

"Neden bahsediyorsun?" diye sordu Alice.

"Sen o falcı kadının söylediklerini dinlerken, hayatında en fazla yeri tutacak adamın o esnada arkandan geçtiğini söylememiş miydi?"

"Evet," dedi Alice, "bunlar onun sözleri."

"O halde, sevgili ablacığım, bunu söylediğim için üzgünüm ama, o adam ben olamam. Türkiye'den hiç ayrılmadım ve son 23 Aralık'ta da Brighton'da değildim."

Alice birkaç saniye boyunca kardeşine baktı.

"O sırada arkanda olabilecek başka birini mi düşünüyorsun?" diye sordu Rafael.

"Belki de," dedi Alice elindeki bavula sıkıca sarılarak.

"Birazdan gümrükten geçeceğini hatırlatırım sana, yanından hiç ayırmadığın o çantada ne saklıyorsun?"

"Bir trompet."

"Trompet mi?"

"Evet trompet, ayrıca belki senin bana sorduğu sorunun cevabını da," dedi Alice gülümseyerek.

Alice kardeşine sarıldı ve kulağına fısıldadı:

"Eğer biraz gecikirsem meraklanma, geri döneceğime söz veriyorum."

16

Londra, 31 Ekim 1951, Çarşamba

Taksi Victoria tarzı evin önünde durdu. Alice bavullarını alıp merdivenleri tırmandı. Üst katın sahanlığı sessizdi, komşusunun kapısına baktı ve kendi dairesine girdi.

Evi cilalı ahşap kokuyordu. Atölyesi bıraktığı gibiydi; yatağın yanındaki taburenin üstünde, bir vazonun içinde üç beyaz lale buldu.

Paltosunu çıkarıp çalışma masasının başına geçti. Elini masasının üstünde gezdirip, cam çatıdan Londra'nın gri gökyüzüne baktı.

Sonra yatağının yanına gitti, içinde trompet ve dikkatle paketlediği bir şişe parfüm olan çantayı açıp, parfümü önüne koydu.

Sabahtan beri bir şey yememişti. Hâlâ sokağın köşesindeki bakkaldan alışveriş yapacak vakti vardı.

Yağmur yağıyordu. Şemsiyesi yoktu ama Daldry'nin yağmurluğu portmantoda aslı duruyordu. Alice onu üstüne aldı ve çıktı.

Bakkal onu gördüğüne çok sevinmişti, aylardır ondan alışveriş yapmıyordu, bu da onu şaşırtmıştı. Sepetini doldururken Alice adama uzun bir seyahate çıktığını ve yeniden gideceğini anlattı.

Bakkal ona borcunu söylediğinde ceplerini karıştırdı, yağmurluğun kendisine ait olmadığını unutmuştu. Ceplerin birinde bir anahtarlık, diğerinde ise bir kâğıt parçası buldu. Daldry'nin onu Brighton'daki fuara götürdüğü geceden kalma bilet koçanını tanıyınca gülümsedi. Alice, cüzdanında bakkala vereceği parayı ararken, kâğıt elinden kayıp yere düştü. Elleri dolu bir şekilde çıktı dükkândan, her zamanki gibi biraz fazla yiyecek almıştı.

Eve dönüşte, Alice aldıklarını yerleştirdi. Çalar saatini görünce hazırlanma vaktinin geldiğini fark etti. O akşam Anton'ı ziyaret edecekti. Trompetin çantasını kapattı ve ne giyeceğini düşündü.

Girişteki küçük aynanın önünde makyajını yaparken, Alice bir şüpheye kapıldı, kafası bir ayrıntıya takılmıştı.

O akşam, gişelerin kapalı, girişin bedava olduğu geldi aklına.

Ruj tüpünün kapağını kapadı, yağmurluğun yanına koştu, ceplerini bir kez daha karıştırdı ama sadece anahtarlığı bulabildi. Merdivenleri ve sokağı koşarak geçip bakkala gitti yeniden.

"Biraz evvel," dedi bakkala dükkânın kapısını iterken, "yere bir kâğıt düşürdüm, gördünüz mü onu?"

Bakkal ona dükkânının tertemiz tutulduğunu söyledi; eğer biri yere bir kâğıt düşürmüşse, çoktan çöp kutusunu boylamış olmalıydı.

"Çöp kutusu nerede?" diye sordu Alice.

"Biraz evvel, olması gerektiği gibi, bidona boşalttım hanımefendi... Bidon da avluda. Herhalde bidonu..."

Bakkal cümlesini tamamlayamadı, Alice çoktan dükkânı dolaşmış ve avluya varan kapıyı açmıştı. Şaşkına dönen bakkal da peşinden gitti ve yere diz çökmüş müşterisini, ortaya saçtığı pislikleri eşelerken görünce kollarını havaya kaldırdı.

Yanına çömeldi ve aradığı o kıymetli hazinenin neye benzediğini sordu.

"Bir bilet," dedi Alice.

"Piyango biletidir umarım."

"Hayır, Brighton Pier'e eski bir giriş bileti sadece."

"Herhalde önemli bir manevi değeri var."

"Olabilir," dedi Alice parmaklarının ucuyla bir portakal kabuğunu iterek.

"Olabilir mi?" diye haykırdı bakkal. "Çöp bidonumu devirmeden evvel bundan emin olsaydınız ya!"

Alice bakkalın sorusuna cevap vermedi, en azından hemen vermedi. Bakışları bir kâğıt parçasına takılmıştı.

Kâğıdı aldı, açtı ve Pier Brighton'a giriş biletinin üzerindeki tarihi görünce bakkala döndü:

"Evet, olağanüstü bir manevi değeri var."

17

Daldry merdivenleri sessiz adımlarla çıkıyordu. Kapısına geldiğinde, paspasın üstünde cam bir şişe ve küçük bir zarf buldu. Şişenin üstündeki etikette *İstanbul* yazıyordu ve yanındaki kartta da: "En azından ben sözümü tuttum..."

Daldry tıpayı çıkardı, gözlerini kapadı ve parfümü kokladı. Üst notası mükemmeldi. Daldry gözleri kapalı bir halde, Boğaz kenarındaki erguvanların altına gitti birdenbire. Cihangir'in dik yokuşlarından yürüdüğü hissine kapıldı, yeterince hızlı tırmanmadığı için bağıran Alice'in duru sesini duyar gibi oldu. Çeşmelerin yıpranmış taşlarının üstüne akan serin suyun toprak, çiçek ve tozdan oluşan akorunun tatlı kokusunu duydu. Gölgeli avlulardaki çocukların çığlıklarını, vapur düdüklerini, İstiklal Caddesi'nde tramvayların cızırtısını duydu.

"Başardınız, iddianızı kazandınız, sevgili dostum," diye iç çekti Daldry evinin kapısını açarken.

Işığı yaktı ve kapı komşusunu salonun ortasındaki koltukta otururken görünce olduğu yerde sıçradı.

"Ne yapıyorsunuz burada?" diye sordu şemsiyesini kenara koyarken.

"Ya siz?"

"Ne olacak," dedi Daldry oldukça alçak bir sesle, "size ne kadar tuhaf görünürse görünsün, evime giriyorum."

"Tatilde değil miydiniz?"

"Tam anlamıyla bir işim yok, öyle olunca tatil de..."

"İltifat etmek için söylemiyorum ama bu benim penceremden gördüğümden daha güzel olmuş," dedi Alice pencerenin yanında duran şövalenin üstündeki büyük resmi göstererek.

"Ama yine de bir iltifat bu, üstelik İstanbul'da yaşayan biri söylüyor. Bu yersiz sorumu bağışlayın ama içeri nasıl girdiniz?"

"Yağmurluğunuzun cebinde duran anahtarla."

"Onu buldunuz mu? İyi bari, çok sevdiğim bir yağmurluktur, iki gündür onu arıyordum."

"Benim portmantomda asılıydı."

"Bu, durumu açıklıyor."

Alice koltuktan kalkıp Daldry'ye doğru yürüdü.

"Size bir sorum var. Ama, bir kerecik olsun, bana yalan söylemeyeceğinize dair söz vermelisiniz!"

"Ne demek, 'bir kerecik olsun'?"

"Çekici bir hanımla seyahatte değildiniz galiba?"

"Planım iptal oldu," diye hoşnutsuzca mırıldandı Daldry.

"Arkadaşınızın adı Carol mıydı?"

"Ne münasebet! Arkadaşınızla iki defa karşılaştım, ikisi de sizin evinizdeydi, ilki görgüsüz biri gibi evinize daldığımda, ikincisi de ateşiniz çıktığında. Ve üçüncü bir defa da sokağın köşesindeki *pub*'da. Ama o sefer beni tanımadı bile, o sayılmaz dolayısıyla."

"Birlikte sinemaya gittiniz sanıyordum," dedi Alice bir adım ilerleyerek.

"Peki tamam, bazen yalan söylediğim oluyor ama sadece gerekli olduğunda."

"Yani en yakın arkadaşımla birbirinizden hoşlandığınızı söylemeniz mi gerekmişti bana?"

"Kendime göre sebeplerim vardı."

"Peki ya şu duvarın önündeki piyano? Alt komşumuz çalıyor sanıyordum."

"Bu mu? Bir asker yemekhanesinden aldığım şu eski

şeyi mi diyorsunuz? Ben buna piyano demezdim. Neyse, sorunuz neydi? Tamam, doğruyu söyleyeceğime söz veriyorum."

"23 Aralık akşamı, Brighton Pier'de miydiniz?"

"Neden bunu soruyorsunuz bana?"

"Çünkü yağmurluğunuzun öteki cebinde bu duruyordu," dedi Alice ona bileti uzatarak.

"Sorunun cevabını bildiğinize göre pek de adil oynamıyorsunuz," dedi Daldry gözlerini kaçırarak.

"Ne zamandan beri?" diye sordu Alice.

Daldry uzun uzun iç çekti.

"Bu eve girdiğiniz ilk andan beri. Bu merdivenden çıktığınızı gördüğüm ilk andan beri. Ve o zamandan beri içimdeki keder büyüdükçe büyüdü."

"Madem bana karşı hisleriniz vardı, beni kendinizden uzaklaştırmak için neden elinizden geleni ardınıza koymadınız? İstanbul seyahati aslında tam da benden uzaklaşmak içindi, değil mi?"

"Eğer şu falcı kadın Türkiye yerine ayı seçseydi bile, başka türlü davranmazdım. 'Neden?' diyeceksiniz; benim aldığım eğitimi almış bir adamın aşkından çıldırmak üzere olduğunu anladığında neler yapabileceğini hayal edemezsiniz. Bütün hayatım boyunca sizden ürktüğüm kadar kimseden ürkmedim. Sizi bu kadar çok seviyor olmam, babama benzeme korkumu doruklara çıkarıyordu. Ve ne olursa olsun, sevdiğim kadına öyle bir acı yaşatamazdım. Şu anda size söylemiş bulunduğum her şeyi derhal unutursanız, size müteşekkir olurum."

Alice, Daldry'ye doğru bir adım attı, parmağını dudağına koydu ve kulağına fısıldadı:

"Susun ve sarılın bana, Daldry."

* * *

Alice ile Daldry cam çatıdan süzülen ışıkla, erkenden uyandılar.

Alice çayı hazırladı, Daldry, kendisine uygun bir kıyafet verilmedikçe yataktan çıkmayı reddediyordu. Alice'in verdiği ropdöşambrı giymesi ise söz konusu bile değildi.

Alice tepsiyi yatağa getirdi, Daldry kızarmış ekmeğine yağ sürerken Alice haylaz bir sesle sordu:

"Size söz verdiğim için unutmak zorunda olduğum dünkü sözleriniz, bu çatının altında resim yapmaya devam edebilmek için çevirdiğiniz başka bir dümen değildir umarım?"

"Bir an bile olsun, bundan en ufak bir şüphe duyarsanız, fırçamı ömrümün sonuna kadar bırakmaya hazırım."

"Bu son derece ağır bir bedel olurdu," cevabını verdi Alice, "hele bana, kavşak resimleri yaptığınızı söylediğiniz an size âşık olduğum düşünülürse, epey aptalca da olurdu."

Son

24 Aralık 1951 günü Alice ile Daldry Brighton'a gittiler. Kuzey rüzgârı esiyordu ve o akşamüstü Pier'in üstü buz kesmişti. Fuar stantları açıktı, tek eksik fal bakan bir kadındı, onun kulübesi sökülmüştü.

Alice ile Daldry onun sonbaharda öldüğünü ve kendi isteği üzerine küllerinin, iskelenin ucundan denize savrulduğunu öğrendiler.

Dirseğini korkuluğa dayamış açıklara bakarken, Daldry, Alice'e tüm gücüyle sarılıyordu.

"Yaya'nın kız kardeşi olup olmadığını hiçbir zaman öğrenemeyeceğiz anlaşılan," dedi Daldry düşünceli bir şekilde.

"Hayır, ama ne önemi var artık bunun?"

"Aynı fikirde değilim, bu da kendi çapında önemli bir şey. Kadının sahiden sütannenizin kız kardeşi olduğunu varsayalım, o halde 'geleceğinizi görmedi', belki de sizi tanımıştı... İkisi aynı şey değil."

"Ne gözü doymaz bir insansınız! İstanbul'da doğduğumu gördü, yapacağımız yolculuğu önceden söyledi, karşılaşacağım altı kişiyi saydı: Can, Konsolos, Oğuz Zemirli, Kadıköy'deki yaşlı öğretmen, Yılmaz Hanım ve kardeşim Rafael. Ve bu altı kişinin beni ulaştıracağı kişiyi, hayatımda en fazla yeri olacak adamı, yedinci kişiyi, yani sizi söyledi."

Daldry ağzına bir sigara koydu ama yakmadı, rüzgâr çok güçlü esiyordu.

"Evet, en sonunda yedinci... yedinci," diye söylendi, "sürecek mi bilmiyoruz ki!"

Alice, Daldry'nin daha sıkı sarıldığını hissetti.

"Neden, istemiyor musunuz?"

"İstiyorum elbette. Ama siz? Henüz bütün kusurlarımı bilmiyorsunuz. Belki de zaman içinde bunlara tahammül edemeyeceksiniz."

"Ya hâlâ bilmediğim iyi taraflarınız da varsa?"

"Evet doğru, ben bunu düşünmemiştim..."

Teşekkürler

Pauline, Louis ve Georges.
Raymond, Danièle ve Lorraine.
Rafael ve Lucie.
Susanna Lea.
Emmanuelle Hardouin.
Nicole Lattès, Leonello Brandolini, Antoine Caro,
Brigitte Lannaud
Élisabeth Villeneuve, Anne-Marie Lenfant, Arié Sberro,
Sylvie Bardeau,
Tine Gerber, Lydie Leroy,
Éditions Robert Laffont'un tüm çalışanları.
Pauline Normand, Marie-Ève Provost.
Léonard Anthony, Sébastien Canot, Romain Ruetsch,
Danielle Melconian,
Katrin Hodapp, Laura Mamelok, Kerry Glencorse,
Moïna Macé.
Brigitte ve Sarah Forissier.
Véronique Peyraud-Damas ve Renaud Leblanc,
Air France Müze Arşivi,
Jim Davies,
British Airways (BOAA) Müzesi
ve
Çalışmalarıyla araştırmalarıma yardımcı olan Olivia Giacobetti,
Pierre Brouwers, Laurence Jourdan, Ernest Mamboury,
Yves Ternon.